John Grinder & Richard Bandler
Kommunikation und Veränderung
Die Struktur der Magie II

AF120773

- www.junfermann.de
- planetpsy.de
- blogweise.junfermann.de
- www.facebook.com/junfermann
- www.youtube.com/user/junfermann
- www.instagram.com/junfermannverlag

JOHN GRINDER & RICHARD BANDLER

KOMMUNIKATION UND VERÄNDERUNG

DIE STRUKTUR DER MAGIE II

Aus dem Amerikanischen von
Hildegard Höhr und Theo Kierdorf

Copyright © der deutschen Übersetzung	Junfermann Verlag, Paderborn 1982 9., neu übersetzte Auflage 2010
Copyright der Originalausgabe	Science an Behavior Books, Inc. 1976
Titel der amerikanischen Originalausgabe	*The Structure of Magic, Volume II* *by John Grinder & Richard Bandler*
Übersetzung aus dem Amerikanischen	Theo Kierdorf und Hildegard Höhr
Reihenentwurf / Covergestaltung	Christian Tschepp
Layout & Satz	Space Type, Köln

Alle Rechte vorbehalten.

Das Werk einschließlich aller seiner Teile ist urheberrechtlich geschützt.
Jede Verwendung außerhalb der engen Grenzen des Urheberrechtsgesetzes ist ohne Zustimmung des Verlages unzulässig und strafbar. Dies gilt insbesondere für Vervielfältigungen, Übersetzungen, Mikroverfilmungen und die Einspeicherung und Verarbeitung in elektronischen Systemen.

Wir behalten uns eine Benutzung des Werkes für Text und Data Mining i.S.v. § 44b UrhG vor.

Junfermann Verlag GmbH, Driburger Straße 24d, D-33100 Paderborn, Tel.: +49 5251 1344-0, E-Mail: infoteam@junfermann.de

Bibliografische Information der Deutschen Nationalbibliothek	Die Deutsche Nationalbibliothek verzeichnet diese Publikation in der Deutschen Nationalbibliografie; detaillierte bibliografische Daten sind im Internet über http://dnb.d-nb.de abrufbar.

ISBN 978-3-87387-735-1

Inhalt

1 | Repräsentationssysteme – unterschiedliche Landkarten für das gleiche Gebiet 7
2 | Inkongruenz 31
3 | Unscharfe Funktionen (fuzzy functions) 99
4 | Familientherapie – die zarte Blume 123
5 | Formale Notation 163

Nachwort 193
Anmerkungen 195
Literatur 200

*Wir widmen dieses Buch
Leslie Cameron,
einer der kreativsten Familien-
therapeutinnen der Welt,
&
Steve Gilligan,
einem der besten
Hypnotiseure der Welt,
in tiefstem Respekt.*

1 Repräsentationssysteme

Unterschiedliche Landkarten für das gleiche Gebiet

Einleitung

In unserem Buch *Metasprache und Psychotherapie (Struktur der Magie I)* begannen wir, die wie magisch wirkenden Künste überragender Psychotherapeuten detailliert und in einer Form zu erläutern, die Fachkollegen zu verstehen vermögen. Wir machten Sie dort mit den intuitiven Erkenntnissen dieser psychotherapeutischen Zauberer über die Sprache vertraut und erschlossen Ihnen durch die möglichst detaillierte Beschreibung der Prozesse die Möglichkeit, eigene intuitive Einsichten zu entwickeln und zu nutzen und so Ihre therapeutische Kompetenz zu verbessern. Im hier vorliegenden zweiten Band werden wir Ihnen mehr über die Erkenntnisse jener Magier bezüglich der Sprache berichten. Wir möchten Ihnen mehr über ihre intuitiven Einsichten mitteilen und Ihnen erläutern, wie sie systematisch versuchen, ihren Klienten zu vermitteln, wie sie ihre Welt auf andere Arten repräsentieren und kommunizieren können. Wir hoffen, daß Sie sich beim Lesen dieses Buches an einige bereits in *Struktur der Magie I* herausgearbeitete Inhalte erinnern werden.

Wir Menschen leben in einer »realen Welt«, auf die wir allerdings nicht direkt oder unmittelbar einwirken, sondern indem wir uns an einer oder mehreren Landkarten von ihr orientieren. Diese Landkarten, auch Repräsentationssysteme genannt, unterscheiden sich zwangsläufig von dem Gebiet, das sie mit Hilfe von drei universellen Verfahren abbilden, die Menschen zu diesem Zweck benutzen: *Generalisierung*, *Tilgung* und *Verzerrung*. Wenn Menschen zur Therapie zu uns kommen und ihren Schmerz und ihre Unzufriedenheit zum Ausdruck bringen, beruhen die Einschränkungen, die sie erleben, gewöhnlich auf der Art, wie sie die Welt *repräsentieren* – also nicht auf der Welt selbst.

Das am gründlichsten untersuchte und bisher am besten verstandene unter den Repräsentationssystemen, die Menschen zum Abbilden von Vorgängen bzw. Ereignissen benutzen, ist die menschliche Sprache. Und das klarste und umfassendste Modell der natürlichen Sprache ist die Transformationsgrammatik. Insofern ist die Transformationsgrammatik ein Meta-Modell – eine Repräsentation der Struktur der menschlichen Sprache – welche selbst eine Repräsentation der Welt des Erlebens ist.

Die Sprachsysteme des Menschen sind selbst abgeleitete Repräsentationen eines umfassenderen Modells: der Summe aller Erlebnisse des betreffenden Menschen. Die Transformationslinguistik hat eine Anzahl von Konzepten und Mechanismen entwickelt, mit deren Hilfe sich beschreiben läßt, inwiefern die Redeweise von Menschen – ihre Oberflächenstrukturen – im Grunde auf ihrer vollständigen sprachlichen Repräsentation basiert – den Tiefenstrukturen. Die Transformations- oder Meta-Modelle beschreiben diese Konzepte und Mechanismen sehr klar – es handelt sich dabei um Spezialfälle der gängigen Abbildungsprozesse Generalisierung, Verzerrung und Tilgung.

Wir wandten die Konzepte und Mechanismen des Transformationsmodells des sprachlichen Repräsentationssystems auf den therapeutischen Bereich an und entwickelten so ein formales Meta-Modell für die Therapie. Dieses formale Meta-Modell ist:

a. *deutlich*, insofern es den Therapieprozeß Schritt für Schritt beschreibt und so ermöglicht, das Meta-Modell zu erlernen; dies ist die Voraussetzung für die Entwicklung und Anwendung einer klar umrissenen und schrittweise vorgehenden Strategie in der Therapie;
b. *unabhängig von Inhalten*, insofern das Modell sich mit der Form des Prozesses befaßt und deshalb universell anwendbar ist.

Das Meta-Modell basiert ausschließlich auf den intuitiven Einsichten, die jeder Muttersprachler hat, wenn er seine Sprache benutzt. Die übergeordnete Implikation des Meta-Modells für die Therapie ist die Annahme der *Wohlgeformtheit in der Therapiesituation*. Diese besteht in einer Anzahl von Bedingungen, welche die Oberflächenstrukturen, die der Klient in der Therapie nutzt, erfüllen müssen, um akzeptabel zu sein. Durch die Nutzung dieser adäquaten Grammatik für die Therapie können wir als Therapeuten unsere Klienten darin unterstützen, die Teile ihrer Repräsentationen zu erweitern, die sie beeinträchtigen und einschränken. Dadurch wird ihr Leben so bereichert, daß sie mehr Möglichkeiten erkennen, sich zu verhalten, mehr Chancen, die Freuden und den Reichtum zu genießen, die das Leben ihnen zu bieten hat. Ergänzt durch die bereits vorhandenen Helferfähigkeiten eines Therapeuten kann man mit einer erheblichen Beschleunigung dieses Wachstums- und Veränderungsprozesses rechnen. Insofern sind die Idee des Wachstums und ihre praktische Umsetzung ein wichtiger Bestandteil von *Die Struktur der Magie*.

Die Landkarte ist nicht das Gebiet

Einer der wichtigsten Schlüsse, zu denen wir in *Struktur der Magie I* gekommen sind, lautet, daß die Landkarte sich zwangsläufig von dem Gebiet, das sie repräsentiert, unterscheiden muß und daß jede Landkarte sich in irgendeiner Weise von jeder anderen Landkarte unterscheidet. Die Landkarte oder das Modell (Abbild), von dem wir bisher gesprochen haben, ist eine vereinfachte Darstellung eines komplexeren Prozesses. Bei der Landkarte, von der bisher die Rede war, handelt es sich in Wahrheit um mehrere Landkarten, die entstehen, wenn wir unsere Erlebnisse mit Hilfe von – wie wir es nennen – *Repräsentationssystemen* abbilden.

Input-Kanäle

Menschen beziehen die Informationen über die Welt, die sie umgibt, hauptsächlich über drei Input-Kanäle, nämlich über die des *Sehens, Hörens* und des *Fühlens* (der *kinästhetischen* Wahrnehmung von Körperempfindungen). (Außerdem gibt es noch zwei allgemein akzeptierte Kanäle für sensorischen Input: die für das Riechen und das Schmecken; doch diese werden für die Beschaffung von Informationen über die Welt, die uns umgibt, offenbar nur selten genutzt.)[1] Jeder der drei genannten Kanäle für sensorischen Input versorgt uns laufend mit Informationen, mit deren Hilfe wir unser Erleben organisieren. Jeder einzelne der genannten Kanäle verfügt über eine Anzahl spezialisierter Rezeptoren, die ganz bestimmte Arten von Informationen registrieren bzw. übermitteln. Beispielsweise unterscheiden Neurophysiologen Farbrezeptoren im Auge – die Zapfen im Zentrum (der Fovea) des Auges – von den (nicht dem Farbsehen dienenden) Stäbchen, die sich am Rande des Auges befinden. Auch für den kinästhetischen Input-Kanal hat man spezialisierte Rezeptoren nachgewiesen, die Druck, Temperatur, Schmerz und Tiefenempfindungen registrieren (sog. Propriozeptoren). Die Zahl der Unterscheidungsmöglichkeiten beschränkt sich nicht auf die Zahl der in den verschiedenen Kanälen vorhandenen spezialisierten Rezeptoren. Außerdem liefern Kombinationen sich wiederholender Reizmuster, die sich auf einen oder mehrere der spezialisierten Rezeptorentypen in den verschiedenen sensorischen Kanälen beziehen, komplexere Informationen. Beispielsweise läßt sich das generelle Empfinden von Nässe innerhalb des Gesamtbereichs der wichtigsten Rezeptoren einer Anzahl unterschiedlicher kinästhetischer Spezialrezeptoren zuordnen und so untergliedern. Weiterhin können mehrere Input-Kanäle zusammen Informationen noch komplexerer Art liefern. Beispielsweise erreichen uns Eindrücke über die Beschaffenheit einer Oberfläche (Textur) aufgrund einer Kombination visueller, kinästhetischer und (in manchen Fällen auch) auditiver Reize.

Für unseren augenblicklichen Zusammenhang reicht zunächst der Hinweis, daß die Informationen, die wir über einen der Input-Kanäle empfangen, in Form einer Landkarte (oder eines Modells) gespeichert oder repräsentiert werden können, die (oder das) sich von dem betreffenden Kanal an und für sich unterscheidet. Das vielleicht am häufigsten vorkommende Beispiel hierfür ist die Fähigkeit, über die jeder von uns verfügt: visuelle Informationen in Form *natürlicher Sprache* zu repräsentieren – also in Form von Wörtern, Phrasen und Sätzen unserer Muttersprache. Wahrscheinlich ebenso verbreitet, wenn auch meist nicht bewußt, ist die Fähigkeit, aus den über den auditiven Sinneskanal empfangenen Informationen Bilder zu formen. Während ich hier sitze und diesen Satz tippe, höre ich das Knistern und Zischen von Holzstücken, die hinter mir in einem offenen Kamin brennen. Indem ich diese auditive Information als Input nutze, entwickle ich ein inneres Bild von den brennenden Holzstücken. So erzeuge ich aus auditivem Input eine visuelle Repräsentation. Wenn Sie, lieber Leser, nun einmal kurz innehalten und sich der Geräusche bewußt werden, die in Ihrer Umgebung auftreten, ohne daß Sie den Fokus Ihres Blicks verändern, werden Sie feststellen, daß Sie zu vielen der Geräusche, die Sie registriert haben, visuelle Bilder entwickeln können. Mit dieser Fähigkeit – aus den Informationen eines Input-Kanals mit Hilfe von Informationen, die aus einem anderen Input-Kanal stammen, Repräsentationen zu erzeugen – werden wir uns später in diesem Buch befassen.

Repräsentationssysteme

Jeder Mensch verfügt über unterschiedliche Möglichkeiten, die Art, wie er die Welt erlebt, zu repräsentieren. Im folgenden werden einige Beispiele dafür aufgeführt, welche Repräsentationssysteme wir alle benutzen können, um unsere Erlebnisse und Erlebensweisen darzustellen.

Nach allgemeiner Auffassung verfügen wir als Menschen über fünf Sinne, mit deren Hilfe wir zur Welt in Kontakt treten können: Wir *sehen*, wir *hören*, wir *fühlen*, wir *schmekken* und wir *riechen*. Außer mit Hilfe dieser sensorischen Systeme können wir das, was wir erleben, auch mit Hilfe eines Sprachsystems repräsentieren. Wir können das, was wir erlebt haben, direkt in dem Repräsentationssystem speichern, das am engsten mit dem betreffenden sensorischen Kanal verbunden ist. Beispielsweise können wir die Augen schließen und ein inneres Bild von einem roten Quadrat aufbauen, das allmählich grün und später blau wird, oder das Bild eines silbern und schwarzen Spiralwirbels, der sich gegen den Uhrzeigersinn dreht, oder das Bild eines Menschen, den wir gut kennen. Wir können die

Augen aber auch schließen (oder dies nicht tun) und eine kinästhetische Repräsentation entwickeln (eine Körperempfindung, ein Gefühl), indem wir unsere Hände flach an eine Wand legen und so kräftig wie möglich drücken, so daß wir spüren, wie sich die Muskulatur in unseren Armen und Schultern anspannt und wir den Boden unter unseren Füßen wahrnehmen. Wir können uns auch der »prickelnden« Empfindung bewußt werden, die durch die Hitze der Flammen eines offenen Feuers entsteht, oder des Drucks mehrerer leichter Bettdecken, die unseren wohlig müden Körper umhüllen, während wir sanft in die Matratze einsinken. Oder wir entscheiden uns, die Augen zu schließen (oder dies nicht zu tun) und im Geiste eine auditive Repräsentation (einen Klang oder ein Geräusch) zu erzeugen – das leise Klopfen von Regentropfen, das Krachen eines fernen Donnerschlags und das anschließende Rollen in den sonst so stillen Bergen, das Quietschen schlingernder Reifen auf einer stillen Landstraße oder das Getöse einer Taxihupe im Verkehrslärm einer Großstadt. Oder wir schließen die Augen und erzeugen eine gustatorische Repräsentation des sauren Geschmacks einer Zitrone oder der Süße von Honig oder der Salzigkeit eines zu alt gewordenen Kartoffel-Chips. Wir können weiterhin die Augen schließen (oder nicht) und eine olfaktorische (Geruchs-)Repräsentation von einer Duftrose oder von verdorbener Milch oder vom stechenden Aroma eines billigen Parfums zu erzeugen.

Vielleicht haben einige beim Lesen der Beschreibungen im vorigen Absatz schon allein aufgrund des Lesens innerlich eine bestimmte Farbe oder Bewegung wahrgenommen – vielleicht haben sie Härte, Wärme oder Rauheit gespürt oder ein bestimmtes Geräusch gehört oder bestimmte Geschmäcke oder Gerüche erlebt. Es kann sein, daß Sie alle genannten Empfindungen oder nur einige davon erlebt haben. Vielleicht haben Sie manche differenzierter und unmittelbarer erlebt als andere. Es kann aber auch sein, daß Sie einige der beschriebenen Phänomene gar nicht erlebt haben. Genau um diese Unterschiede beim Erleben geht es uns hier. Diejenigen unter Ihnen, die ein scharfes, klares *Bild* eines Erlebnisses vor Augen hatten, verfügen über ein gut entwickeltes visuelles Repräsentationssystem. Diejenigen, die sehr klar ein Gewicht, eine Temperatur oder eine Oberflächenbeschaffenheit wahrgenommen haben, haben ein sehr hochentwickeltes kinästhetisches Repräsentationssystem. Und so kann es sich auch mit allen anderen unsere fünf Sinne betreffenden Möglichkeiten, das, was wir erleben, zu repräsentieren, verhalten.

Vielleicht ist Ihnen aufgefallen, daß in der Beschreibung im vorigen Absatz etwas fehlt: Die Beschreibungen im vorvorigen Absatz, wo es um visuelle, kinästhetische, auditive, gustatorische und olfaktorische Erlebnisse ging, wurden nicht im jeweiligen sensorischen System selbst repräsentiert, sondern in einem völlig anderen System – nämlich einem sprachlichen: dem *digitalen* Repräsentationssystem. Wir haben die Erlebnisse in den verschiedenen Repräsentationssystemen mit Wörtern, Phrasen und Sätzen beschrieben, die wir sorgfältig ausgewählt haben. – Wollen wir beispielsweise etwas in einem visuellen Repräsentationssystem beschreiben, dann wählen wir dafür Wörter wie:

schwarz ... klar ... Spirale ... Bild

Wollen wir hingegen etwas in einem auditiven Repräsentationssystem beschreiben, bevorzugen wir Wörter wie:

klopfen ... still ... quietschen ... krachen

Dieser Satz ist ein Beispiel für die Art, wie wir unser Erleben sprachlich repräsentieren. Unsere Fähigkeit, Erlebnisse in unseren verschiedenen Repräsentationssysteme jeweils verbal zu repräsentieren – also im digitalen System – wirft Licht auf eine der nützlichsten Eigenschaften unseres sprachlichen Repräsentationssystems: auf seine Universalität. Mit seiner Hilfe können wir ausdrücken, wie wir jedes andere Repräsentationssystem erleben. Deshalb bezeichnen wir unser sprachliches Repräsentationssystem als *digitales* System. Wir können mit seiner Hilfe eine Landkarte unserer Welt erstellen. Mit dem Satz

Er führte mir einige anschauliche Bilder vor Augen

schaffen wir eine *sprachliche* Landkarte (bzw. Beschreibung) unserer *visuellen* Landkarte von etwas, das wir erlebt haben. Wir können eine sprachliche Repräsentation entwickeln, indem wir verschiedene Repräsentationssysteme miteinander verbinden. Nehmen wir einmal an, wir benutzen folgenden Satz:

Sie torkelte rückwärts und stolperte über das brüllende Tier, das sich vor Schmerz wand, den bitterer Rauch, der die Sonne verdunkelte, verursacht hatte.

Dies ist ein Beispiel für die Benutzung einer sprachlichen Repräsentation, die eine Anzahl von Landkarten unseres Erlebens voraussetzt, mindestens je eine für die fünf Repräsentationssysteme.

Beispielsweise:

torkeln	setzt voraus	visuelle & kinästhetische Landkarte
rückwärts	setzt voraus	visuelle & kinästhetische Landkarte
stolpern	setzt voraus	visuelle & kinästhetische Landkarte
brüllen	setzt voraus	auditive Landkarte
sich winden	setzt voraus	visuelle & kinästhetische Landkarte
Schmerz	setzt voraus	kinästhetische Landkarte
bitter	setzt voraus	gustatorische & olfaktorische Landkarte

Abgesehen davon, daß die Sprache es uns ermöglicht, Beschreibungen der fünf Repräsentationssysteme zu entwickeln, können wir mit ihrer Hilfe auch ein Modell oder eine Landkarte ihrer selbst kreieren. So repräsentiert der vorige Satz in einem sprachlichen Repräsentationssystem ein Charakteristikum eben dieses (sprachlichen) Repräsentationssystems – und das gleiche gilt auch für den Satz, den Sie gerade lesen. Sprachliche Repräsentationssysteme sind reflexiv (selbstbezüglich) und folglich Meta-Repräsentationssysteme. Das heißt, daß wir ein sprachliches Modell der Sprache selbst entwickeln und dieses benutzen können, um Landkarten von den übrigen fünf Repräsentationssystemen zu kreieren.

Mittlerweile ist Ihnen vielleicht schon aufgefallen, daß es Ihnen in bestimmten Repräsentationssystemen leichter fällt, ein Erlebnis anschaulich zu repräsentieren als in anderen. Beispielsweise könnten Sie, wenn Sie die Augen schließen, in der Lage sein, im Geiste sehr klar Ihren engsten Freund zu sehen, wohingegen es Ihnen wesentlich schwerer fallen könnte, im Geiste den Duft einer Rose zu erleben. Vielleicht haben Sie auch festgestellt, daß es Ihnen besonders leichtfällt, im Geiste eine Taxi-Hupe zu hören, wohingegen Sie große Schwierigkeiten haben, sich Ihren engsten Freund vorzustellen. In mehr oder minder starkem Maße verfügt jeder von uns über die Fähigkeit, in jedem der fünf sensorischen Repräsentationssysteme Landkarten zu kreieren. Allerdings haben wir in der Regel eine Vorliebe für ein bestimmtes oder auch für mehrere Repräsentationssysteme, die wir dann als Landkarte zur Orientierung häufiger benutzen als andere. Und im Gegensatz zu anderen verfügen wir in diesem häufiger benutzten Repräsentationssystem meist über eine größere Anzahl von Unterscheidungsmöglichkeiten, mit deren Hilfe wir das, was wir erleben, enkodieren können – was bedeutet, daß wir das oder die betreffenden Repräsentationssysteme in stärkerem Maße schätzen als die übrigen.[2] Beispielsweise ist es für Leser mit einem besonders stark entwickelten visuellen Repräsentationssystem wahrscheinlich kein Problem, die Augen zu schließen und deutlich ein rotes Quadrat zu »sehen«, das anschließend zuerst grün und dann blau wird. Und wahrscheinlich können die Betreffenden sich auch ein sehr differenziertes und klares Bild von ihrem engsten Freund vorstellen. Und sie glauben höchstwahrscheinlich, daß es anderen Lesern dieses Buches genauso ergangen ist wie ihnen – daß sie das gleiche erlebt haben. Aber das ist nicht immer der Fall. Bei uns allen sind jeweils unterschiedliche Repräsentationssysteme besonders gut entwickelt bzw. wir schätzen jeweils andere besonders. Diese Unterschiede sind manchmal nur gering, manchmal fallen sie aber auch sehr stark aus. Viele Menschen können sich Bilder nur sehr verschwommen vorstellen und einige gar nicht. Manche brauchen längere Zeit, bis sie ein anschauliches Bild von etwas aufgebaut haben, wohingegen andere dies fast auf der Stelle können. Solche starken Unterschiede in der Fähigkeit, eine Repräsentation aufzubauen, sind nicht nur beim visuellen Repräsentationssystem, sondern auch bei allen anderen zu finden.

Somit unterscheidet sich die Landkarte oder das Weltmodell jedes einzelnen Menschen nicht nur von der Welt selbst und von den Landkarten und Weltmodellen anderer Menschen, sondern jeder Mensch schätzt auch ein anderes Repräsentationssystem besonders. Und weil das Repräsentationssystem, das Person X besonders schätzt, ein völlig anderes ist als dasjenige, das Person Y bevorzugt, können wir voraussagen, daß beide das »gleiche« Ereignis in der realen Welt völlig unterschiedlich erleben werden.

Hört sich beispielsweise ein Musiker ein Musikstück an, so ist das für ihn ein komplexes Erlebnis. Er vermag darin bestimmte Klangmuster zu erkennen, diese zu repräsentieren und sie zu genießen, was ein Mensch, dessen visuelles Repräsentationssystem am stärksten entwickelt ist, nicht kann (weder hinsichtlich der bewußten Wahrnehmung noch bezüglich seines Verhaltens). Ein Maler, der einen Sonnenuntergang erlebt, vermag Unterschiede wahrzunehmen, die einem Menschen, bei dem das kinästhetische Repräsentationssystem am stärksten entwickelt ist, verschlossen bleiben. Und ein Kenner guter Weine erkennt subtile Unterschiede im Bouquet verschiedener Weine, die Menschen entgehen, wenn bei ihnen nicht das gustatorische Repräsentationssystem in Verbindung mit dem olfaktorischen am stärksten entwickelt ist.

Wie Sie erkennen können, welches Repräsentationssystem Sie bevorzugen

Um festzustellen, welches Repräsentationssystem ein bestimmter Klient bevorzugt, braucht der Therapeut nur auf die Prädikate zu achten, die der Klient benutzt, um seine Erlebnisse zu beschreiben. Dabei entscheidet der Klient (meist unbewußt) darüber, welche Art von Wörtern das, was er erlebt hat, am besten repräsentiert. Bei einer bestimmten Gruppe, *Prädikate* genannt, handelt es sich um Wörter, mit deren Hilfe Menschen die Prozesse und Beziehungen innerhalb eines Erlebnisses beschreiben. Prädikate sind in den Sätzen, mit denen ein Klient sein Erleben beschreibt, als Verben, Adjektive und Adverbien enthalten. Der folgende Satz enthält Beispiele für alle drei genannten Arten von Prädikaten:

Sie sah den lila Pyjama deutlich.

Die Prädikate in diesem Satz sind:

Verb: *sah*
Adjektiv: *lila*
Adverb: *deutlich*

Übungen

Die drei nachfolgenden Übungen ermöglichen Ihnen:

    a. Ihre Fähigkeit, Prädikate zu erkennen, zu verbessern;
    b. das mit diesen Prädikaten jeweils verbundene Repräsentationssystem (bzw. die Repräsentationssysteme) zu identifizieren und
    c. sich der Prädikate bewußt zu werden, die mehrere konkrete Personen benutzen.

ÜBUNG A | Prädikate

Identifizieren Sie die in den folgenden Sätzen enthaltenen Prädikate.

Er fühlte sich unwohl dabei, wie sie das krabbelnde Kind festhielt.

Verben: fühlte, festhielt
Adjektiv: krabbelnd
Adverb: unwohl

Die betörend schöne Frau beobachtete, wie der silberne Wagen an dem einladend glitzernden Schaufenster vorbeischoß.

Verben: beobachten, vorbeischießen
Adjektive: silbern, glitzernd

Er schrie laut auf, als er hörte, wie der Reifen des Wagens in den ruhigen Straßen quietschte.

Verben: schreien, hören
Adjektiv: ruhig
Adverb: laut

Der Mann berührte den modrigen Boden des naßkalten Gebäudes.

Verb: berühren
Adjektive: modrig, naßkalt

ÜBUNG B | Repräsentationssysteme anhand von Prädikaten identifizieren

Nachdem Sie die Prädikate in den obigen Sätzen identifiziert haben, schauen Sie sich diese noch einmal an, um festzustellen, auf welches Repräsentationssystem jedes von ihnen hindeutet. Beachten Sie dabei, daß einige Prädikate nicht eindeutig auf ein bestimmtes Repräsentationssystem verweisen – beispielsweise könnte das Prädikat *leicht*, je nachdem, wie es benutzt wird, auf ein kinästhetisches oder ein visuelles Repräsentationssystem verweisen. Und wenn das Prädikat *anspannen* in einem Satz verwendet wird wie:

Sie spannte ihren Körper an,

kann es sowohl mit einem visuellen als auch mit einem kinästhetischen Repräsentationssystem verbunden sein, denn man kann das in dem Satz beschriebene Erlebnis entweder durch Berührung oder durch Beobachtung der Muskelkontraktionen im Körper der Betreffenden verifizieren. Wenn Sie sich unsicher sind, um welches Repräsentationssystem es sich in einem konkreten Fall handelt, können Sie dies unter anderem dadurch herausfinden, indem Sie sich fragen, was Sie tun müßten, um die durch das Prädikat und den zugehörigen Satz vorgegebene Beschreibung zu verifizieren.

Übrigens können die meisten Teilnehmer unserer Ausbildungsseminare einfach nicht glauben, daß wir ausschließlich aufgrund von Prädikaten herausfinden können, welche Repräsentationssysteme ein bestimmter Klient bevorzugt. Vergegenwärtigen Sie sich bitte einmal, daß nur ein sehr kleiner Teil der normalen sprachlichen Kommunikation wirklich metaphorisch ist. Die meisten Menschen drücken sich ziemlich direkt aus, wenn sie ihre Erlebnisse beschreiben, auch wenn dies in einem beiläufigen Gespräch geschieht. Bemerkungen wie: »Ich sehe [bzw. Mir ist klar], worauf Sie hinaus wollen«, benutzen häufig Menschen, deren Sicht der Welt hauptsächlich von Bildern bestimmt ist. Folglich ist das Repräsentationssystem, das die Betreffenden am höchsten schätzen, das visuelle. Man kann mit Recht behaupten, daß sie aus dem, was sie hören, »Bilder machen«. Nachdem die Teilnehmer unserer Ausbildungsseminare diese anfängliche Phase des Nichtglaubens durchlaufen haben, fangen sie an, anderen Menschen auf diese für sie neuartige Weise zuzuhören, und staunen, was sie dadurch über sich selbst und die Menschen in ihrer Umgebung lernen können. In einer anschließenden dritten Phase lernen sie dann den Wert dieses neuen Wissens zu schätzen.

Wir hoffen, daß auch Sie anfangen werden, sich selbst und den Menschen in Ihrer Umgebung auf die beschriebene Weise zuzuhören. Deshalb möchten wir Sie nun bitten, folgende Übung auszuführen. Sie wird Ihnen helfen, sich die neuen Fertigkeiten anzueignen.

ÜBUNG C | Identifizieren der Prädikate eines bestimmten Menschen

Nehmen Sie sich für jeden Tag vor, sich die Prädikate einer bestimmten Person bewußt zu machen. Stellen Sie jeweils fest, welchem Repräsentationssystem die Prädikate, die Sie aus den Äußerungen der Person heraushören, zuzurechnen sind. Nachdem Sie die Prädikate gehört und das bevorzugte Repräsentationssystem identifiziert haben, fragen Sie die Person direkt, wie sie ihr Erleben zum gegenwärtigen Zeitpunkt organisiert.

Ist das bevorzugte Repräsentationssystem das visuelle, dann stellen Sie folgende Fragen:

Entwickeln Sie in Ihrem Kopf Bilder?
Haben Sie visuelle Vorstellungen vor Augen, während Sie mit mir reden und mir zuhören?
Sehen Sie (bzw. Ist Ihnen klar), worauf ich hinaus will?

Ist das bevorzugte Repräsentationssystem der Person das kinästhetische, dann stellen Sie folgende Fragen:

Fühlen Sie, was Sie sagen?
Berührt Sie, was ich sage?

Ist das bevorzugte Repräsentationssystem das auditive, dann stellen Sie folgende Fragen:

Hören Sie in Ihrem Kopf Stimmen?
Hören Sie das, was ich sage, in Ihrem Kopf?

Probieren Sie diese Übungen aus, und Sie werden mit Sicherheit viel über sich selbst und die Menschen in Ihrer Umgebung lernen. Wir raten Ihnen dringend, Fragen aller Art zu stellen, die Ihnen zu verstehen helfen, wie Menschen in diesen unterschiedlichen Repräsentationsmodi ihr Erleben organisieren.

Output-Kanäle

Menschen repräsentieren ihre Erlebnisse nicht nur mittels unterschiedlicher Repräsentationssysteme, sondern auch ihre Kommunikation basiert auf diesen Systemen. Kommunikation findet in unterschiedlichen Formen statt, unter anderem in Form der natürlichen Sprache, von Körperhaltungen, Körperbewegungen und Stimmcharakteristika. Alle diese Aspekte bezeichnen wir als *Output-Kanäle*. Mit diesen verschiedenen Kommunikationsformen werden wir uns später in diesem Buch eingehender beschäftigen.

Meta – na und?

Die Sprache des Klienten sprechen

Bisher haben wir hier beschrieben, auf welche verschiedenen Arten Menschen ihr Erleben organisieren, indem sie bestimmte Repräsentationssysteme bevorzugt benutzen, beispielsweise das visuelle, das kinästhetische, das auditive und das der natürlichen Sprache. Diese Informationen darüber, wie Ihre Klienten ihre Welt organisieren, können Ihnen, wenn Sie sie verstanden haben, in verschiedener Hinsicht nützlich sein. Zunächst einmal kann ein Therapeut, der versteht, wie Klienten die Welt erleben und repräsentieren, diesen Erlebnisse ermöglichen, mit deren Hilfe sie ihr Leben verändern können. Beispielsweise beschreiben wir in Kapitel 6 von *Struktur der Magie I*, wie ein Therapeut erkennen kann, wann es ratsam ist, eine bestimmte Technik anzuwenden. Wird der Klient beispielsweise von Katastrophenängsten vor einem zukünftigen Ereignis, für das er keine Referenzstruktur (Bezugsstruktur) hat, geplagt, kann ihm eine geführte Phantasie oder eine spontane Traumsequenz diese Referenzstruktur liefern. Möglicherweise wird Ihnen in diesem Zusammenhang auffallen, daß Phantasien bei Menschen, die das visuelle Repräsentationssystem bevorzugen, wirksamer sind als bei auditiv orientierten Personen.

Denken Sie als nächstes einmal darüber nach, wie Sie als Therapeut einem Klienten bei einem Enactment helfen würden – bei der erneuten Darstellung eines früheren Erlebnisses. Organisiert der Betreffende sein Erleben primär visuell (d. h. mit Hilfe von Bildern), können Sie unter anderem dafür sorgen, daß er eine Möglichkeit hat, das aufgrund des Enactments Erlebte auf diese Weise zu repräsentieren. Dazu können Sie ihn Helfer auswählen lassen, die in dem zu reinszenierenden Ereignis Rollen spielen sollen, so daß der Klient die Inszenierung des Geschehens real vor sich *sieht*. Organisiert der Klient sein Erleben primär kinästhetisch (also aufgrund von Körperempfindungen), dann hilft es ihm besser, *das Gefühl zu erfassen* (das alle an der Situation Beteiligten hatten), wenn er selbst die an dem Geschehen beteiligten Personen aktiv darstellt.

Schon in *Struktur der Magie I* haben wir darauf hingewiesen, daß eine der Arten, auf die Menschen ihre Welt verkümmern lassen – auf die sie sich einschränken und sich Wahlmöglichkeiten rauben –, darin besteht, einen Teil des Erlebten zu tilgen. Klammert ein Mensch ein bestimmtes Repräsentationssystem völlig aus seinem Erleben aus, so werden dadurch sowohl sein Weltmodell als auch sein Erleben eingeschränkt. Hat der Therapeut die bevorzugten Repräsentationssysteme eines Klienten identifiziert, weiß er, welche Teile der Welt – und dazu zählt auch der Therapeut selbst – für den betreffenden Klienten verfügbar sind. Nehmen wir an, das Weltmodell des Klienten birgt eine Einschränkung, die ihm Schmerzen zufügt, und das Bewältigungsmuster, das ihn hindert, sich zu verändern, erfordert, daß er das betreffende Erlebnis visuell repräsentieren kann, dann weiß der Therapeut, welche Art von Erlebnis er dem Klienten ermöglichen muß, um ihm zu helfen, seine Situation zu verändern. Einem Klienten zu helfen, eine alte Art der Organisation seines Erlebens zu reaktivieren oder eine neue zu entwickeln – ob es darum geht, »in Kontakt zu sein«, »klar zu sehen« oder »genau hinzuhören« –, ist sowohl für den Klienten selbst als auch für den Therapeuten ein äußerst wirksames und bewegendes Erlebnis.

Vertrauen

Verstehen Sie die Repräsentationssysteme Ihres Klienten, dann zeigt sich als zweites und wahrscheinlich wichtigstes Ergebnis Vertrauen. Die meisten Psychotherapien erachten es für sehr wichtig, daß der Klient dem Therapeuten vertraut; allerdings erläutern sie nur selten, wie ein Therapeut dieses Vertrauen gewinnen kann. Ihr Klient vertraut Ihnen, wenn er glaubt, daß Sie ihn erstens verstehen und ihm zweitens zu einem erfüllenderen Leben verhelfen können. Deshalb lautet die entscheidende Frage: Wie kann der Klient diesen Glauben entwickeln? Die Antwort hängt damit zusammen, welche Repräsentationssysteme Klienten benutzen, um ihr Erleben zu organisieren. Nehmen wir einmal an, wir haben es mit einem Klienten zu tun, dessen bevorzugtes Repräsentationssystem das kinästhetische ist. Wir hören uns zunächst an, wie der Betreffende sein Erleben beschreibt; anschließend überprüfen wir, ob wir das, was er sagt (sein Weltmodell), verstehen, und schließlich formulieren wir aufgrund des Resultats unsere Fragen an ihn – bzw. wir strukturieren unsere gesamte Kommunikation mit ihm – mit kinästhetischen Prädikaten. Wenn wir bei der Kommunikation mit einem Klienten, der sein Erleben kinästhetisch organisiert, vorzugsweise kinästhetische Prädikate benutzen, erleichtern wir es ihm, uns zu verstehen, und außerdem weiß er (bzw. in diesem konkreten Fall *fühlt* er), daß wir ihn verstehen. Dieser Prozeß des Anpassens der Prädikate mit dem Ziel, Klienten das Verständnis unserer Mitteilungen zu erleichtern, ist die Grundlage und der Anfang von Vertrauen. Ein Klient wie der weiter oben beschriebene *fühlt*, daß der Therapeut ihn verstanden hat, und weil der Therapeut ihn verstanden hat, *fühlt* er auch, daß der Therapeut ihm helfen kann.

Übung | Prädikate anpassen

Hören Sie jeden Tag einem bestimmten Menschen genau zu, und stellen Sie fest, welche Art von Prädikaten er verwendet, um herauszufinden, welches Repräsentationssystem ihm am wichtigsten ist. Benutzen Sie dann die im folgenden abgebildete Übersetzungstabelle, um ihre eigenen sprachlichen Reaktionen auf das bevorzugte Repräsentationssystem Ihres Klienten abzustimmen, indem Sie bei der Formulierung Ihrer Antworten entsprechende Prädikate verwenden. Benutzen Sie die Tabelle wie folgt: In der linken Spalte finden Sie Formulierungen potentieller Mitteilungen an den Klienten. In den folgenden Spalten finden Sie Äquivalente zu diesen Botschaften, die jeweils im Sinne eines der drei wichtigsten Repräsentationssysteme formuliert sind.

Bedeutung	kinästhetisch	visuell	auditiv
Ich verstehe Sie (nicht).	Was Sie sagen, fühlt sich für mich (nicht) richtig an.	Ich sehe (nicht) [bzw.: Mir ist (nicht) klar], worauf Sie hinaus wollen.	Ich höre Sie (nicht) deutlich.
Ich möchte Ihnen etwas mitteilen.	Ich möchte, daß Sie mit [etwas] in Fühlung sind / bleiben.	Ich möchte Ihnen etwas zeigen (z. B. ein Bild) [auch: vor Augen führen].	Ich möchte, daß Sie sich genau anhören, was ich Ihnen zu sagen habe.
Beschreiben Sie mir genauer, was Sie im Moment erleben.	Bringen Sie mir nahe, was Sie im Augenblick fühlen.	Vermitteln Sie mir ein klares Bild von dem, was Sie im Moment sehen.	Erklären Sie mir ausführlicher, was Sie im Moment zu sagen haben.
Mir gefällt, wie ich Sie und mich im Moment erlebe.	Ich finde, das fühlt sich gut an. Ich habe ein sehr gutes Gefühl bei dem, was wir tun.	Das wirkt auf mich sehr einleuchtend und klar.	Das klingt in meinen Ohren sehr gut.
Verstehen Sie, was ich sage?	Fühlt sich das, was ich Ihnen nahezubringen versuche, für Sie richtig an?	Ist Ihnen klar, was ich Ihnen vor Augen führen will?	Klingt das, was ich zu Ihnen gesagt habe, für Sie richtig?

Indem Sie die Prädikate bewußt so wählen, daß sie den von Ihrem Kommunikationspartner bevorzugten entsprechen, können Sie sich mit diesem Menschen klarer und direkter verständigen.

Sobald Sie Wesen und Bedeutung der Repräsentationssysteme völlig verstanden haben, können Sie aufgrund dieses Wissen Ihre Erlebnisse mit Ihren Klienten strukturieren. Und dadurch können Sie Ihren Klienten helfen, mit Problemen auf neuartige Weisen fertig zu werden, ihre Hoffnungen und Träume wahr werden zu lassen und und so ihr ganzes Leben zu einem positiven Erlebnis permanenten Wachsens und nie endender Entwicklung zu machen.

Meta-Taktiken

1. Prädikate anpassen oder nicht anpassen?

Wenn Sie mit Ihren Klienten sprechen und wenn Sie ihnen Fragen stellen, geschieht dabei mehr, als daß Worte gewechselt werden. Im gesamten ersten Band der *Struktur der Magie* versuchten wir Ihnen zu vermitteln, wie Sie Klienten Fragen so stellen können, daß sie der Oberflächenstruktur ihrer Kommunikationsweise entsprechen. Das Repräsentationssystem, auf das die vom Klienten benutzten Prädikate hindeuten, ist gemäß der von uns entwickelten Terminologie eine *Meta-Form*. Wenn Sie möchten, daß Ihr Klient Sie versteht und Ihnen vertraut, können Sie diese fördern, indem Sie die gleiche Art von Prädikaten verwenden wie er. Falls Sie einen Klienten dazu bringen möchten, Ihnen wichtige Informationen zu offenbaren, kann er Ihnen leichter in der gewünschten Weise antworten und klare Aussagen formulieren, wenn Sie bei der Formulierung Ihrer Fragen Prädikate verwenden, die seinem bevorzugten Repräsentationssystem entsprechen. Fragen an einen visuell orientierten Klienten können wir etwa wie folgt formulieren:

»Wie *sehen* Sie die Situation?«
»Was könnte Sie Ihrer *Sicht* gemäß hindern?«

Und wenn wir das Meta-Modell bei einem kinästhetisch orientierten Klienten anwenden, könnten wir fragen:

»Wie *fühlen* Sie sich bezüglich dieser Situation?«
»Was hindert Sie nach Ihrem *Gefühl*?«

Wenn Sie Prädikate variieren, helfen Sie Ihren Klienten, Ihnen mehr Informationen zu übermitteln. Wir haben in den vergangenen Jahren (im Rahmen berufsbegleitender Ausbildungsseminare) Therapeuten beobachtet, die ihren Klienten ohne Vorkenntnisse über die Repräsentationssysteme Fragen stellten. In der Regel benutzten die Betreffenden Prädikate der von *ihnen selbst* bevorzugten Repräsentationssysteme. Hier ein Beispiel:

KLIENTIN *(visuell orientiert)*: Mein Mann sieht mich einfach nicht als einen wertvollen Menschen an.
THERAPEUT *(kinästhetisch orientiert)*: Wie fühlen Sie sich dabei?
KLIENTIN *(visuell)*: Wie bitte?
THERAPEUT *(kinästhetisch)*: Wie empfinden Sie es, daß Ihr Mann nicht das Gefühl hat, Sie seien ein wertvoller Mensch?
KLIENTIN *(visuell)*: Das ist eine schwierige Frage. Ich weiß es nicht.

Die Sitzung ging in diesem Stil endlos weiter, bis der Therapeut schließlich den Therapieraum verließ und zu den Autoren dieses Buches sagte:

»Ich *fühle* mich frustriert; diese Frau macht mir die Arbeit unglaublich *schwer*. Sie widersetzt sich allem, was ich tue.

Wir haben mit eigenen Ohren gehört und mit eigenen Augen gesehen, wie Therapeuten mit solchen dysfunktionalen Kommunikationsbemühungen viele wertvolle Stunden vergeudeten. Der Therapeut im obigen Skript bemühte sich redlich, seiner Klientin zu helfen, und die Klientin bemühte sich redlich, mit dem Therapeuten zu kooperieren, doch beiden fehlte jegliche Sensibilität für die Repräsentationssysteme der anderen Seite. Unter solchen Umständen ist die Kommunikation zwischen Menschen in der Regel ziemlich willkürlich und mühsam. Wenn ein Kommunikationspartner versucht, mit einem anderen zu kommunizieren, der Prädikate eines anderen Repräsentationssystems bevorzugt, kommt es häufig sogar zu gegenseitigen Beschimpfungen.

Kinästhetiker klagen oft, auditiv und visuell orientierte Menschen seien unsensibel. Visuell Orientierte klagen, auditiv Orientierte schenkten Ihnen keine Beachtung, weil sie während eines Gesprächs keinen Blickkontakt zu ihnen herstellen. Und auditiv Orientierte klagen, Kinästhetiker hörten ihnen nicht zu. Das Resultat ist in der Regel, daß Angehörige der einen Gruppe denjenigen einer anderen Boshaftigkeit oder Schlechtigkeit vorwerfen oder sie sogar als pathologisch bezeichnen. Doch kehren wir noch einmal zur Grundprämisse des Buches *Struktur der Magie I* zurück:

Wenn wir verstehen wollen, warum Menschen sich selbst immer wieder Schmerzen zufügen und warum sie ihre eigene Unzufriedenheit verstärken, sollten wir uns vergegenwärtigen, daß Sie weder schlecht noch verrückt oder krank sind. Sie tun nach ihrem eigenen Verständnis das Beste, was sie tun können – womit gemeint ist, daß sie die beste Entscheidung treffen, die sie im Rahmen ihres Weltmodells treffen können. Mit anderen Worten: Das Verhalten von Menschen, so merkwürdig es uns auch erscheinen mag, ist in jedem Fall sinnvoll, wenn man es im Zusammenhang der Entscheidungsmöglichkeiten sieht, die das jeweilige Weltmodell der Betreffenden zuläßt.

Basiert das Weltmodell eines Menschen auf dem visuellen Repräsentationsmodus, ist die Unfähigkeit des Betreffenden, eine Frage zu beantworten, die eine kinästhetische Repräsentationsweise voraussetzt, keine Form von Widerstand, sondern ein Hinweis auf die Grenzen dieses Weltmodells. Für den Therapeuten wird die Unfähigkeit des Klienten, solche Fragen zu beantworten, sogar zu einem Vorteil, weil er so Informationen darüber erhält, welche Art von Erleben dem Klienten helfen wird, sein Weltmodell zu erweitern. Aufgrund der primär visuellen Orientierung des Weltmodells der Klientin aus unserem obigen Beispiel könnte die mangelnde Berücksichtigung des kinästhetischen und auditiven Repräsentationssystems darin die Ursache für die Unzufriedenheit der Frau mit ihrem Ehemann sein. Und genau so war es tatsächlich. Nachdem die Autoren den Therapeuten aufgefordert hatten, die Arbeit mit der Frau fortzusetzen, gelang es ihm, von ihr folgende Informationen zu erhalten: Die Frau wußte, daß ihr Mann sie nicht als wertvoll *ansah*.

THERAPEUT: Woher wissen Sie, daß er Sie nicht als wertvoll ansieht?
KLIENTIN: Ich *ziehe* mich für ihn schön *an*, und er *merkt* es nicht einmal. *(Die Klientin bringt damit implizit ihre Annahme zum Ausdruck, ihr Mann habe ebenso wie sie ein visuell orientiertes Weltmodell.)*
THERAPEUT: Und woher wissen Sie, daß er es nicht merkt?
KLIENTIN: Er begrapscht mich nur und schaut mich dabei nicht an. *(Der Mann reagiert kinästhetisch und hält nicht genug Abstand, um seine Frau anschauen zu können.)*

Der Therapeut könnte dieser Frau nun beibringen, daß ihre Landkarte nicht mit dem Gebiet identisch ist, und dabei könnte er auf zwei Arten vorgehen: *Erstens* könnte er ihr vermitteln, daß ihr Mann die Welt anders erlebt als sie und daß das, was sie aufgrund von Gedankenlesen herausgefunden zu haben glaubt (siehe *Struktur der Magie I*, Kapitel 4) nicht der Realität ihres Mannes entspricht. Vielleicht hat er sie durchaus bemerkt, jedoch im Sinne seines Weltmodells auf sie reagiert (d. h. kinästhetisch). *Zweitens* könnte der Therapeut mit dieser Frau an der Entwicklung eines kinästhetischen Repräsentationssystems arbeiten, das ihre Weltsicht in vielerlei Hinsicht erweitern würde.

Eine Möglichkeit, dies zu erreichen, besteht in der bewußten Anpassung der verwendeten Prädikate an das jeweils bevorzugte Repräsentationssystem, statt weiterhin völlig willkürlich beliebige Prädikate zu benutzen. Der Therapeut könnte die Frau im Rahmen des obigen Transkripts fragen:

»Wie *fühlen* Sie sich, wenn Sie *sehen*, daß Ihr Mann Sie nicht beachtet?«

Beim Stellen dieser Frage merkt der Therapeut möglicherweise, daß die Klientin nicht in der Lage ist, sie zu beantworten. Ist ihr dies tatsächlich nicht möglich, kann der Therapeut sie zur Entwicklung eines kinästhetischen Repräsentationssystems anleiten.

THERAPEUT: Schließen Sie bitte die Augen, und stellen Sie sich ein Bild Ihres Ehemanns vor. Sehen Sie ihn? *(Klientin nickt.)* Gut. Dann beschreiben jetzt bitte, was Sie sehen.
KLIENTIN: Er sitzt einfach da und ignoriert mich.
THERAPEUT: Achten Sie beim Anschauen dieses inneren Bildes auf eventuell im Bauchbereich auftauchende Empfindungen sowie auf Gefühle der Anspannung im Rücken oder in den Armen. Was spüren Sie beim Anschauen des Bildes?
KLIENTIN: Ich bin mir nicht sicher.
THERAPEUT: Beschreiben Sie es einfach so gut, wie Sie können.
KLIENTIN: Ich glaube, mein Rücken ist ein wenig steif, und …

Auf diese Weise können Sie Ihren Klienten, so wie dieser Frau, die Entwicklung neuer Repräsentationssysteme ermöglichen, durch die ihre Weltbeschreibungen oder Landkarten erweitert werden. Dies hat mit Sicherheit eine Erweiterung des Weltmodells der Betreffenden zur Folge und erschließt ihnen so neue Entscheidungsalternativen. Leider konzentrieren sich zahlreiche psychotherapeutische Ansätze schon viel zu lange darauf, die Suche nach den *richtigen* Antworten zu forcieren. Die Verfechter einiger Therapierichtungen haben auditive Repräsentationen als »analytisch« kritisiert und erklärt, es sei wichtiger, den physischen Kontakt zu den Klienten zu verstärken. Hingegen brauchen wir nach unserer Erfahrung alles, was unser Potential uns zu bieten hat – den kinästhetischen ebenso wie den visuellen und den auditiven Repräsentationsmodus. Die Interventionstechniken und -formen aller Psychotherapien bilden ein gewaltiges Reservoir an Ressourcen, die uns alle helfen können, dieses Ziel zu erreichen. Viele Therapieformen bieten Techniken an, die es Klienten ermöglichen, klar zu *sehen*, was in ihrem Leben vor sich geht, während andere ihnen helfen zu hören.

Diese Art der systematischen Nutzung aller Therapieansätze kann nur bewirken, daß Sie mit einer größeren Zahl von Klienten zuverlässiger erfolgreich arbeiten können.

2. Der Wechsel zu einem anderen Repräsentationssystem

Wie wir in *Struktur der Magie I* wiederholt erwähnt haben, stellen wir bei Menschen, die zu uns zur Therapie kommen, weil sie das Gefühl haben, in ihrem Leben festzusitzen und über nicht genug Entscheidungsalternativen zu verfügen, regelmäßig fest, daß ihre Welt in Wahrheit so vielfältig und abwechslungsreich ist, daß sie durchaus bekommen könnten, was sie sich wünschen; doch ist die Art, wie sie sich ihre Welt darstellen, *nicht* so vielfältig und abwechslungsreich, daß sie daraus schließen könnten, sie könnten ihre Ziele mit dem, was sie haben, erreichen. Anders ausgedrückt: Durch die Art, wie wir alle das, was wir erleben, uns selbst gegenüber darstellen, können wir uns entweder Schmerzen zufügen oder uns einen anregenden Prozeß des Lebens und Wachsens ermöglichen. Konkreter gesagt bedeutet dies: Wenn wir uns dafür entscheiden (ob bewußt oder nicht), bestimmte Arten von Erlebnissen in einem von uns bevorzugten Repräsentationsmodus zu repräsentieren, entstehen dadurch entweder selbstverursachte Schmerzen oder neue Möglichkeiten. Es folgen Beispiele für diesen Prozeß. Beachten Sie bitte, daß in allen beschriebenen Fällen die Meta-Taktik des Wechselns von einem Repräsentationssystem in ein anderes es dem Klienten ermöglicht, den Schmerz oder die Blockierung von zukünftigem Wachstum und Veränderung zu überwinden.

George, ein junger Mann Ende Zwanzig, hatte sich bereit erklärt, sich im Rahmen einer Ausbildungsgruppe für Therapeuten behandeln zu lassen. Er wurde aufgefordert, in die Mitte des Raumes zu kommen, sich dort hinzusetzen und zu erklären, woran er arbeiten wolle. Daraufhin beschrieb er ziemlich umständlich, wie es ihm im Laufe des Tages ergangen war, bis er seine Schilderung schließlich unterbrach. Er zuckte vor Schmerz zusammen und klagte über starke Kopfschmerzen, die ihn schon seit Stunden quälten. Er erklärte, aufgrund der unerträglichen Kopfschmerzen könne er sich nicht mehr auf seinen Bericht konzentrieren. Der Therapeut beschloß, mit Hilfe der Meta-Taktik II direkt an der körperlichen (kinästhetischen) Repräsentation zu arbeiten. Nachdem er sich genau angehört hatte, welche Art von Prädikaten George bei der Beschreibung seiner Schwierigkeiten benutzte, wurde ihm klar, daß das wichtigste Repräsentationssystem für George das visuelle war. Dies ließen Äußerungen wie die folgenden vermuten:

»Ich *sehe* nicht, was meine Kopfschmerzen mit ... zu tun haben sollen.«
»Ich versuche, auf Dinge zu *achten*, die ...«
»Ich bin im Moment nicht richtig klar. Wenn ich nur auf ... *fokussieren* könnte.

Dann stellte der Therapeut einen leeren Stuhl vor den Stuhl, auf dem George saß, und sagte:

THERAPEUT: George, schauen Sie sich den Stuhl an, der vor Ihnen steht. Sie sehen, daß er im Moment leer ist. Nun lassen Sie zu, daß sich Ihre Augen schließen, und erhalten Sie im Geiste ein klares, fokussiertes Bild von dem leeren Stuhl vor Ihnen aufrecht. Und nun malen Sie mit Worten ein Bild von Ihren Kopfschmerzen, so lebendig und farbig, wie Sie es nur können. Ich möchte, daß Sie sich genau anschauen, wie Ihre Muskeln verkrampft und angespannt sind und Ihnen dadurch so starke Schmerzen bereiten. Haben Sie ein klares Bild vor Augen?

GEORGE: Ja, ich sehe es ganz klar vor mir. (*George beschreibt seine Kopfschmerzen mit Hilfe visueller Formulierungen, wobei der Therapeut ihm immer wieder Fragen stellt [die visuelle Prädikate enthalten], um ihm zu helfen, sein Erleben bildlich darzustellen.*)

THERAPEUT: Und jetzt, George, atmen Sie tief und rhythmisch. *(Hier nähert sich der Therapeut George physisch, und er hilft ihm verbal und kinästhetisch [mit Hilfe von Berührung], ein tiefes und rhythmisches Atemmuster zu entwickeln.)* George, ich wollte erreichen, daß Sie beim Ausatmen klar sehen – bei jedem Atemzug, wenn Sie ausatmen – daß Sie den gesamten Schmerz, den Ihre Kopfschmerzen Ihnen bereiten, ausatmen. Ich möchte, daß Sie sehen, wie sich die Kopfschmerzen allmählich auflösen, wie sie durch die Nasengänge aus Ihrem Kopf fließen, nun weiter durch die Nase und aus den Nasenöffnungen heraus, mit jedem tiefen Atemzug, jedem Ausatmen, daß Sie diese Wolke von fließendem, wirbelndem Schmerz in den leeren Stuhl vor Ihnen ausatmen; sehen Sie den Schmerz dort, und entwickeln Sie ein klares Bild davon, wie er sich dort auf dem Stuhl befindet, während Sie weiter tief ausatmen. Signalisieren Sie mir durch ein Nicken, wann Sie die Wolke der Schmerzen vor Ihrem inneren Auge auf dem Stuhl vor Ihnen sehen.

George signalisierte durch Nicken, daß er dies geschafft hatte. Dann half der Therapeut ihm, aus dieser wirbelnden Schmerzwolke auf dem Stuhl vor ihm ein Gesicht und einen Körper zu formen. Es war das Gesicht und der Körper eines anderen Menschen, dem gegenüber George etwas, das ihm wichtig war, noch nicht ausgedrückt hatte – mit dem er also noch etwas klären mußte, das bisher nicht zum Abschluß gebracht worden war. Nachdem George dies getan hatte, beugte der Therapeut sich zu ihm vor und fragte ihn, wie er sich in diesem Moment fühle. George lächelte und antwortete, wobei er etwas erstaunt wirkte:

»Wieso? Ich *fühle* mich gut, völlig fokussiert – und meine Kopfschmerzen sind gänzlich verschwunden!!«

Dieser spezifische Prozeß der Arbeit mit einem jungen Mann, der unter starken Kopfschmerzen litt, dauerte nur wenige Minuten. Es handelt sich hier nur um ein Beispiel für die effektive Nutzung der Meta-Taktik 2. Wir haben dabei festgestellt, daß Menschen, die bestimmte Arten von Erlebnissen in ihrem kinästhetischen Repräsentationssystem repräsentieren, sich selbst Schmerzen zufügen können. Wenn es dem Therapeuten wie im beschriebenen Fall gelingt herauszufinden, welches Repräsentationssystem der Klient abgesehen vom kinästhetischen am höchsten schätzt, kann er ihm helfen, das Erlebnis, das ihm Schmerzen bereitet, neu zu kodieren oder neu zu repräsentieren und es auf diese Weise vom kinästhetischen System in ein anderes besonders geschätztes Repräsentationssystem zu verlagern. Der Therapeut hilft dem Klienten also, ein Erlebnis aus einem Repräsentationssystem, in dem es Schmerzen verursacht, in ein anderes zu verlagern, wo es keine Schmerzen verursacht und der Klient besser mit ihm fertig werden kann. Aus diesem konkreten Fall und anderen ähnlichen Fällen läßt sich somit verallgemeinernd ableiten: Wenn ein Klient Schmerz empfindet (was der Botschaft entspricht, daß er ein Erlebnis kinästhetisch auf eine Weise repräsentiert hat, die ihm Schmerzen bereitet), hat der Therapeut folgende beide Möglichkeiten, mit diesem Schmerz umzugehen:

a. Er kann das Repräsentationssystem identifizieren, das der Klient (abgesehen vom kinästhetischen) am höchsten schätzt.
b. Er kann dem Klienten ein Erlebnis ermöglichen, das diesen dazu veranlaßt, die Repräsentation *vom* kinästhetischen *in* ein anderes von ihm besonders geschätztes Repräsentationssystem zu übertragen.

Dies bedeutet:

Dabei wird das Meta-Modell selbst als die Abbildungsfunktion verstanden, die ein Erlebnis aus einem beliebigen Repräsentationssystem in eine digitale (aus Wörtern, Phrasen und Sätzen bestehende) Repräsentation befördert.

Also:

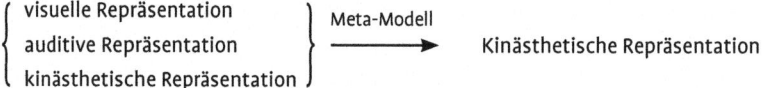

Susan, eine Frau Ende Dreißig, bat uns, an einem Abend im Kontext einer unserer Fortbildungsgruppen für Therapeuten mit ihr zu arbeiten. Sie wurde gebeten, in die Mitte des Raumes zu treten und zu erklären, woran sie arbeiten wolle. Sie klagte darüber, daß in ihrem Geist sehr plastische Bilder auftauchten. Sie habe schon mit den verschiedensten Methoden versucht, diese Bilder loszuwerden, werde jedoch immer noch von ihnen verfolgt, und dies hindere sie daran, viele Dinge, die ihr eigentlich wichtig seien, zu tun. Die Therapeuten achteten genau auf die Art der Prädikate, die die Frau bevorzugte, und stellten so fest, daß sie das kinästhetische Repräsentationssystem am höchsten schätzte. Daraufhin forderten sie Susan auf, die Bilder, die sie verfolgten, so genau wie möglich zu beschreiben. Nach dem Abschluß der Beschreibung wurde sie aufgefordert, die gesamte Sequenz noch einmal durchzugehen und diesmal zusätzlich alle Einzelheiten ihrer visuellen Bilder kinästhetisch darzustellen. – Sie »verkörperte« also die verschiedenen Bestandteile ihrer visuellen Phantasie und erlebte sie so direkt in ihrem Körper. Der gesamte Prozeß dauerte etwa 20 Minuten, und nach Abschluß dieses Enactments erklärte Susan, die visuellen

Bilder, die sie bisher verfolgt hatten, seien verschwunden, und sie fühle sich wesentlich stärker als vorher.

Auch diese zweite Episode veranschaulicht die Wirksamkeit der Meta-Taktik 2. Die Frau, deren primäres Repräsentationssystem das kinästhetische war, hatte Schwierigkeiten, mit einer Anzahl zudringlicher visueller Vorstellungsbilder fertig zu werden. Ihr wurde geholfen, ihre Erlebnisse im visuellen Repräsentationssystem in das von ihr am höchsten geschätzte (kinästhetische) Repräsentationssystem zu überführen. Auf diese Weise wurden die Erlebnisse in eine Form gebracht, mit der sie besser zurechtkam, und sie konnte dieselben daraufhin als Kraftquelle nutzen. Hieraus läßt sich folgende Verallgemeinerung ableiten: Wenn ein Klient mit einem bestimmten Erlebnis in einem Repräsentationssystem Probleme hat, das nicht das von ihm am höchsten geschätzte ist, kann ein Therapeut ihm helfen, das betreffende Erlebnis in das Repräsentationssystem zu übertragen, das der Klient am höchsten schätzt. Menschen schätzen im allgemeinen das Repräsentationssystem am höchsten, in dem ihnen die maximale Anzahl von Unterscheidungsmöglichkeiten zur Verfügung steht – und das ist in der Regel auch dasjenige, in dem sie mit Problemen am besten fertig werden.

Somit gilt:

$$\text{Repräsentationssystem X} \longrightarrow \text{Repräsentationssystem Y}$$

wobei Y das Repräsentationssystem ist, das der Klient am höchsten schätzt.

3. Repräsentationssysteme hinzufügen

Die dritte Meta-Taktik, die ein Therapeut in Zusammenhang mit Repräsentationssystemen nutzen kann, besteht darin, der Referenzstruktur des Klienten ein weiteres Repräsentationssystem hinzuzufügen. Durch dieses Hinzufügen wird das Weltmodell des Klienten stark erweitert, und ihm erschließen sich viele neue Alternativen. Versuchen Sie sich einmal vorzustellen, wie stark sich die Situation eines Menschen verändert, dessen Erlebensweise bisher völlig im Sinne von Körperempfindungen (also kinästhetisch) organisiert war, wenn er plötzlich in der Lage ist, seine Erlebnisse visuell zu repräsentieren. Diese Veränderung ermöglicht ihm buchstäblich, eine völlig neue Sicht des Lebens zu entwickeln, und erschließt ihm eine neue Art, wichtige Entscheidungen zu treffen. Meta-Taktik 3 unterscheidet sich von Meta-Taktik 2 insofern, als das Erleben in diesem Fall im aktuellen Repräsentationssystem verbleibt – es also nicht in ein anderes Repräsentationssystem übertragen wird – und einfach nur eine weitere vollständige Repräsentation des gleichen Erlebnisses *hinzukommt*.

Mary Lou, eine Frau Mitte Vierzig, arbeitete im Rahmen einer Ausbildungsgruppe für Therapeuten. Während die Klientin ihre Schwierigkeiten zum Ausdruck brachte, fiel dem behandelnden Therapeuten auf, daß sich jedesmal die Klangfarbe ihrer Stimme veränderte, wenn sie sich kritisch über ihr eigenes Verhalten äußerte. Sie sprach dann buchstäblich mit einer anderen Stimme. Deshalb forderte der Therapeut Mary Lou auf, einige ihrer selbstkritischen Äußerungen zu wiederholen und währenddessen auf ihre Stimme zu achten. Nachdem sie dies getan hatte, beugte sich der Therapeut zu ihr vor und fragte sie, wessen Stimme sie benutzt habe. Sie antwortete, es sei die Stimme ihres Vaters gewesen. Daraufhin forderte der Therapeut sie auf, die Augen zu schließen und die Stimme im Inneren ihres Kopfes zu hören. Das war für die Klientin kein Problem. Ihre nächste Aufgabe bestand darin, beim Hören der Stimme ihres Vaters gleichzeitig in ihrer Vorstellung zu sehen, wie sich der Mund ihres Vaters bewegte, wie seine Lippen die Wörter, die er sprach, formten. Nachdem ihr dies gelungen war, erhielt sie den Auftrag, sich auch das restliche Gesicht ihres Vaters visuell vorzustellen.

Im weiteren Verlauf der Arbeit mit Mary Lou benutzte der Therapeut die Stimme des Vaters der Klientin, um sie zur Entwicklung einer vollständigen visuellen Repräsentation anzuleiten, die der Stimme entsprach, die sie weiterhin in ihrem Kopf hörte. Nachdem der Therapeut die visuelle und die auditive Repräsentation koordiniert hatte, benutzte er dieses Material als Grundlage für ein Enactment, wobei Mary Lou sowohl sich selbst als auch ihren Vater spielte. Somit waren in dieser letzten Phase alle drei Repräsentationssysteme im Spiel: das auditive, das visuelle und das kinästhetische. Die Technik des Enactments – ausgehend von einer auditiven Repräsentation die anderen beiden Repräsentationssysteme (das visuelle und das kinästhetische) hinzuzufügen, was Meta-Taktik 3 entspricht – ermöglichte Lou die Konfrontation mit einigen schwerwiegenden Blockaden, die ihr weiteres inneres Wachstum behinderten, und deren Überwindung.

Diese Episode mit Mary Lou veranschaulicht den Einsatz von Meta-Taktik 3. Dem Therapeuten fällt eine plötzliche Veränderung im Verhalten eines Klienten auf. Ausgehend von dem Repräsentationssystem, in dem die plötzliche Veränderung zutage getreten ist, entwickelt er eine umfassendere Referenzstruktur (siehe *Struktur der Magie I*, Kapitel 6). Auf diese Weise findet er einen Bereich, in dem sich die Repräsentationssysteme – dasjenige, in dem die Veränderung stattgefunden hat, und dasjenige, das er hinzufügt – überlappen. Weil das ursprüngliche Repräsentationssystem im vorliegenden Fall das auditive war (und es konkret um die Stimme eines anderen Menschen ging), ließ der Therapeut die Klientin ein visuelles Bild des Mundes entwickeln, der diese Stimme zum Ertönen brachte. Ist dann ein Teil des neuen Repräsentationssystems mit dem ursprünglichen Repräsentationssystem verbunden, kann der Therapeut mit dem Klienten an der vollständigen Entwicklung des neuen Repräsentationssystems arbeiten. Durch diese Meta-Taktik läßt sich die Repräsentation, die der Klient von seinem Erlebnis entwickelt hat und die ihm Probleme bereitet, stark erweitern. Aufgrund dieser erweiterten Repräsentation kann der Klient sein Weltmodell erweitern und mittels dieses erweiterten Modells die Zahl der Möglichkeiten, mit seinem Leben adäquat umzugehen, erheblich vergrößern. Somit läßt sich die Generalisierung für Meta-Taktik 3 wie folgt darstellen:

   a. Auswahl eines im Repräsentationssystem X erfaßten Erlebnisses, mit dem der Klient Schwierigkeiten hat.
   b. Finden eines Punktes, an dem sich die Repräsentationssysteme X und Y hinsichtlich dieses Erlebnisses überschneiden.
   c. Vollständige Repräsentation des zunächst in X repräsentierten Erlebnisses im neuen Repräsentationssystem Y.
   d. Wiederholung von Schritt b.

Symbolisch dargestellt:

$$\text{Repräsentationssystem X} \longrightarrow \left\{ \begin{array}{l} \text{Repräsentationssystem X} \\ \text{Repräsentationssystem Y} \\ \text{Repräsentationssystem Z} \end{array} \right\}$$

Zusammenfassung Teil I

Korzybskis Feststellung »Die Landkarte ist nicht das Gebiet« ist in doppelter Hinsicht zutreffend. Erstens erzeugen wir als Menschen Modelle unserer Welt, an denen wir unser Verhalten orientieren. Zweitens verfügen wir über unterschiedliche Landkarten bzw. Beschreibungen, mit deren Hilfe wir unsere Erlebnisse repräsentieren können – eine kinästhetische, eine visuelle, eine auditive, eine der natürlichen Sprache usw.[3] Diese Landkarten unserer Erlebensweisen repräsentieren nicht unbedingt *nur* Informationen, die von den direkten Input-Kanälen der Sinne an die mit ihnen verbundenen Repräsentationssysteme weitergeleitet werden. Beispielsweise kann ich ein Bild in natürlicher Sprache beschreiben, und jemand anders kann meine Beschreibung hören und aufgrund dessen [innere] Bilder entwickeln. Gewöhnlich bevorzugen wir ein bestimmtes Repräsentationssystem und vernachlässigen die uns ebenfalls zur Verfügung stehenden anderen.

Welches Repräsentationssystem jemand bevorzugt, ist erkennbar an der Wahl der Prädikate, die ein Mensch zur Beschreibung seiner Erlebnisse in natürlicher Sprache benutzt. Vertrauen entsteht, wenn ein Therapeut die Repräsentationssysteme seiner Klienten aufgreift und er seine Prädikate entsprechend wählt – was im Grunde bedeutet, daß er in der Sprache der Klienten spricht. (Damit Vertrauen entstehen kann, muß der Therapeut außer der Anpassung seiner Prädikate natürlich auch noch andere Aspekte berücksichtigen; doch damit werden wir uns später befassen.)

Sobald Ihnen als dem Therapeuten klargeworden ist, wie Ihr Klient sein Erleben organisiert, welches Repräsentationssystem er benutzt und welches er am höchsten schätzt, können Sie die Therapie strategisch vorteilhafter gestalten, indem Sie das Weltmodell Ihres Klienten so erweitern, daß er sich mehr Wahlmöglichkeiten erschließt, eine freiere Lebensweise entwickeln und sein Leben generell erfüllender gestalten kann.

2 | Inkongruenz

Die Aufgabe des Helfers

Zwei Menschen sitzen einander gegenüber. Der eine von beiden wird als Therapeut bezeichnet, der andere als Klient. Der Klient ist unglücklich, mit seinem augenblicklichen Leben unzufrieden; er hat das Gefühl festzusitzen, blockiert zu sein; er leidet unter Schmerzen. Aufgabe des Therapeuten ist es, den Klienten zu einer Veränderung zu befähigen, die ihm ermöglicht zu wachsen, ihm mehr Entscheidungsmöglichkeiten erschließt, ihn zufriedener macht und den Schmerz, unter dem er leidet, verringert. Welche Aufgabe hat der Therapeut, der Helfer, wenn er den Klienten in seinen Bemühungen, sich zu verändern, unterstützt?

Aus unserer Sicht ist die Aufgabe des Therapeuten als einem Helfer des Klienten folgende:

Allen Therapien gemeinsam ist die Aufgabe, mit solchen [Hilfe suchenden] Menschen adäquat umzugehen. Das bedeutet nach unserer Auffassung in diesem Kontext, daß wir die Klienten darin unterstützen müssen, ihre Erlebensweise so zu verändern, daß dieses Erleben bereichert wird. Da Therapien kaum jemals die Welt verändern können, versuchen sie meist, die Erlebensweise der Klienten zu verändern. Menschen wirken nicht unmittelbar auf die Welt ein, sondern ihr Einwirken wird durch ihre Wahrnehmung der Welt oder ihr Weltmodell gefiltert. Deshalb zielen Therapien in der Regel auf eine Veränderung des Weltmodells und folglich auch des Verhaltens und Erlebens des Klienten ... Die generelle Strategie, die der Therapeut angewandt hat, wird explizit durch das

Meta-Modell spezifiziert: die verkümmerten Teile des Modells des Klienten zu hinterfragen und zu erweitern. Meist geschieht dies in Form einer Reaktivierung oder eines Enactments oder durch Schaffen einer Referenzstruktur (mittels geführter Phantasie oder eines therapeutischen Double-bind), welche den einschränkenden Generalisierungen im Modell des Klienten zuwiderläuft (aus: *Struktur der Magie I*, Kapitel 6).

Der Therapeut versucht also, dem Klienten unter aktiver und kreativer eigener Beteiligung ein Erlebnis zu ermöglichen. Dieses Erlebnis zielt darauf, die Art, wie der Klient seine Wahrnehmung oder sein Weltmodell organisiert hat, transparent zu machen, weil eben diese Art ihn daran hindert, sich zu verändern. Deshalb muß das neuartige Erlebnis die Grenzen des etablierten Weltmodells transzendieren. Indem ein solches Erlebnis ermöglicht und der Klient damit konfrontiert wird, erhält er Gelegenheit, ein neues Weltmodell zu entwickeln und in seinem Leben bisher ungekannte Wahlmöglichkeiten zu nutzen.

Vielfältige Botschaften

Der Therapeut kann ein solches Erlebnis auf viele verschiedene Weisen ermöglichen. In diesem zweiten Teil des vorliegenden Buches werden wir beschreiben, welche Möglichkeiten einem Therapeuten für bestimmte Kategorien des Verhaltens, die er bei seinen Klienten beobachtet, offenstehen. Wir beschäftigen uns nun zunächst mit dem Phänomen der *Inkongruenz*.

In Teil I dieses Buches haben wir uns unter der Überschrift *Repräsentationssysteme* ausführlich mit den unterschiedlichen Landkarten beschäftigt, die wir zur Organisation unseres Erlebens benutzen. Da wir alle unser Erleben im Sinne verschiedener Repräsentationssysteme organisieren können, erhebt sich die Frage, ob diese Repräsentationssysteme nicht nur verschiedene *Informationsarten* beherbergen, sondern ob ihnen vielleicht auch unterschiedliche *Weltmodelle* zugrunde liegen – Weltmodelle eines und desselben Menschen. Seit einigen Jahrzehnten befaßt sich die Psychotherapie nicht mehr nur mit der verbalen Kommunikation von Klienten, sondern auch damit, wie sie mit Hilfe der Körpersprache kommunizieren. Von der Vorstellung ausgehend, daß es im Grunde um eine Vielfalt von Botschaften geht, haben sich zahlreiche neue psychotherapeutische Ansätze entwickelt.

Kehren wir noch einmal zu der eingangs geschilderten Situation zurück: Zwei Menschen, Therapeut und Klient, sitzen einander gegenüber, und wir beobachten sie nun für einen Augenblick und hören ihnen zu.

Klient und Therapeut arbeiten seit etwa zwanzig Minuten miteinander. Der Klient hat über seine Beziehung zu seiner Frau berichtet. Der Therapeut beugt sich vor und fragt den

Klienten, welche Gefühle er in diesem Augenblick gegenüber seiner Frau hat. Augenblicklich wird der Körper des Mannes steif, seine Atmung wird sehr flach, er streckt die linke Hand vor und hält deren Zeigefinger ausgestreckt, er läßt die rechte Hand mit nach oben gerichteter Handfläche auf den Schoß sinken, und er sagt mit schriller Stimme wie aus der Pistole geschossen:

Ich tue alles, was ich kann, um ihr zu helfen; ich liebe sie wirklich sehr.

Versuchen Sie einmal, sich klarzumachen, welche verschiedenen Botschaften der Therapeut in diesem Moment vom Klienten empfängt:

a. Der Körper ist steif.
b. Die Atmung ist flach und unregelmäßig.
c. Die linke Hand ist mit ausgestrecktem Zeigefinger nach vorn gestreckt.
d. Die rechte Hand liegt mit nach oben gerichteter Handfläche auf dem Schoß.
e. Die Stimme klingt schrill.
f. Die Sprechgeschwindigkeit ist schnell.
g. Der Klient spricht die Worte: *Ich tue alles, was ich kann, um ihr zu helfen; ich liebe sie wirklich sehr.*

Diese Beschreibung veranschaulicht, wie ein Mensch inkongruent kommuniziert. Die Botschaften, die seine verschiedenen Output-Kanäle (Körperhaltung, Bewegungen, Sprechtempo, Klangfarbe der Stimme und gewählte Worte) befördern, passen nicht zusammen, so daß sie eine einzige Botschaft übermitteln. Beispielsweise paßt das, was der Klient über seine Liebe zu seiner Frau sagt, nicht dazu, wie seine Stimme beim Sprechen dieses Satzes klingt. Und der Ausdruck der linken Hand mit dem ausgestreckten Zeigefinger paßt nicht dazu, daß die rechte Hand mit nach oben gewandter offener Handfläche auf seinem Schoß liegt. Die durch die Worte des Klienten übermittelte Botschaft unterscheidet sich von derjenigen, die der Klang seiner Stimme übermittelt. Und die Botschaft der linken Hand ist eine andere als die der rechten Hand.

Der Therapeut sitzt einem Klienten gegenüber, der ihm eine Anzahl nicht zusammenpassender Botschaften präsentiert. (Es handelt sich also um eine inkongruente Kommunikation.) Er steht vor dem Problem, auf diese unterschiedlichen Botschaften adäquat reagieren zu müssen. Wir sind uns sicher, daß Sie, wenn Sie diese Beschreibung (eines Klienten, der inkongruent kommuniziert) lesen, Situationen erlebt haben, in denen Sie selbst einem Klienten gegenübersaßen, der Sie mit vielfältigen inkongruenten Botschaften konfrontierte. Nun werden wir uns einmal kurz die Möglichkeiten vor Augen führen, die ein Therapeut in solch einer Situation hat (ebenso wie jemand anders, der mit einem Menschen kommunizieren muß, der inkongruente Botschaften übermittelt).

Erstens kann es sein, daß der Therapeut die Inkongruenz – die nicht zusammenpassenden Botschaften des Klienten – (zumindest bewußt) nicht bemerkt. Wir haben beobachtet, daß ein Therapeut, der Inkongruenzen bei einem Klienten nicht erkennt, sich anfangs verwirrt und unsicher fühlt. Diese Gefühle der Unsicherheit bleiben gewöhnlich bestehen, und der Betreffende fühlt sich allmählich immer unwohler. Therapeuten berichten häufig über ein Gefühl, irgend etwas nicht mitzubekommen. In unseren Ausbildungsseminaren haben wir beobachtet, daß Therapeuten in solchen Fällen erstaunlich schnell selbst anfangen, inkongruent zu kommunizieren: Sie passen sich den Botschaften, die sie empfangen, in ihrem eigenen Verhalten an, und zwar Output-Kanal für Output-Kanal.

Bezogen auf unser obiges Beispiel würde dies bedeuten, daß der Therapeut, der die dort beschriebenen Inkongruenzen nicht erkennt, schon bald merkt, daß er selbst mit schriller Stimme mit dem Klienten über dessen Gefühle der Liebe und Hingabe seiner Frau gegenüber spricht und daß er gleichzeitig anfängt, Inkongruenzen in seiner Körperhaltung zu entdecken, die den Inkongruenzen des Klienten entsprechen. Beispielsweise entsprechen die Gesten seiner beiden Hände einander nicht. Insofern existiert die erste *Möglichkeit* im Grunde gar nicht als Möglichkeit, sondern es handelt sich um ein Scheitern des Therapeuten in seinem Bemühen, die vielfältigen Botschaften des Klienten zu erkennen.

Zweitens kann der Therapeut widersprüchliche Botschaften entdecken und beschließen, eine von diesen als die gültige oder wahre Botschaft anzusehen, die *wirklich* die Gefühle des Klienten über seine Frau übermittelt. Wenn Therapeuten sich für diese Möglichkeit entscheiden, basiert diese Entscheidung für die Botschaft eines bestimmten Output-Kanals als die »wahre« unserer Erfahrung nach auf dem Kontext der Botschaft. Beispielsweise können wir alle nach einer allgemein in unserer Kultur anerkannten Regel (bewußt) nur auf die *verbalen Äußerungen* reagieren, mittels derer jemand anders sein Erleben beschreibt, nicht aber auf die Botschaften der übrigen Output-Kanäle (Stimmklang, Körperhaltung usw.). Auf die Botschaften anderer Output-Kanäle als die verbalen zu reagieren gilt grundsätzlich als unhöflich oder »dirty pool« (unfair), wie einer unserer Bekannten meinte. Wir lernen also in unserer Kultur, daß die entscheidende Botschaft, die uns in einer Gruppe gleichzeitig übermittelter, nicht übereinstimmender (d. h. inkongruenter) Botschaften erreicht, in jedem Fall die verbale Botschaft ist.[1] Viele Psychotherapien haben (zumindest implizit) die Botschaft, die durch Körperhaltung und Gestik des Klienten übermittelt wird, zur »echten« oder »wahren« Botschaft des Betreffenden erklärt – was das genaue Gegenteil dessen ist, was unsere offizielle Kultur uns zu vermitteln versucht. Ein Therapeut, der sich an den Lehren einer der entsprechenden Schulen orientiert, wählt eine der Botschaften, die durch Körperhaltung oder Gestik des Klienten übermittelt werden, und erklärt sie zu derjenigen, auf die einzugehen am wichtigsten ist. Sobald ein Therapeut eine der einander widersprechenden Botschaften als die gültige ausgemacht hat, kann er entweder eine Auffassung darüber entwickeln, was die Botschaft des betreffenden Output-Kanals »wirklich bedeutet« (wobei diese »wahre Bedeutung« aus den Worten abgeleitet wird, mit denen die betreffende Haltung oder Geste, in das verbale System übersetzt, ausgedrückt würde), oder er kann die Aufmerksamkeit des Klienten auf die betreffende Botschaft lenken und ihn bitten, die Bedeutung der durch den Ouput-Kanal übermittelten Botschaft zu erklären.

Die erstgenannte Entscheidungsmöglichkeit des Therapeuten bezeichnen wir als *Halluzination*. Damit ist nicht gemeint, daß wir eine solche Entscheidung für schlecht oder negativ halten, sondern daß ein Therapeut, der sich auf eine bestimmte verbale Bedeutung einer nonverbalen Botschaft festlegt, ohne dies zuvor mit dem Klienten abgeklärt zu haben, damit praktisch impliziert, daß die verbale Bedeutung, welche die fragliche Haltung oder Geste *in seinem eigenen* Weltmodell hat, mit derjenigen, die sie im Weltmodell des Klienten hat, übereinstimmt. In Wahrheit kann die Bedeutung der Haltung oder Geste im Weltmodell des Therapeuten derjenigen im Weltmodell des Klienten entsprechen – oder auch nicht. In *Struktur der Magie 1* haben wir festgestellt:

> Der Therapeut ... kann aufgrund langer Erfahrung intuitiv erfassen, was möglicherweise fehlt (in unserem Fall, welche Bedeutung die Körperhaltung oder Geste hat). Er kann sich dafür entscheiden zu deuten oder zu raten ... Daß dies möglich ist, wollen wir gar nicht bestreiten. Allerdings besteht bei jeder Art des Deutens oder Ratens die Gefahr, daß das Ergebnis unzutreffend ist. Unser Meta-Modell enthält deshalb eine Sicherheitsvorkehrung für den Klienten: Er probiert die Deutung oder Vermutung des Therapeuten aus, indem er einen Satz bildet, der dieses Material enthält, und überprüft dann mit Hilfe seiner Intuition, ob der Vorschlag des Therapeuten adäquat ist, ob er als sinnvoll erscheint, ob es sich um eine stimmige Repräsentation seines Weltmodells handelt.

Mit der zweiten Möglichkeit – die darin besteht, eine der nonverbalen Botschaften auszuwählen, sie zur *gültigen* zu erklären und den Klienten dann aufzufordern, sie in Worten auszudrücken – haben wir uns bereits im ersten Teil dieses Buches beschäftigt. Es geht hier um die Bitte des Therapeuten, der Klient möge in ein anderes Repräsentationssystem wechseln. In unserem Beispielfall leitet der Therapeut den Klienten an, von einer auf der Körperhaltung basierenden Botschaft zu einer im sprachlichen Repräsentationssystem ausgedrückten zu wechseln.

Die weiter oben beschriebene Entscheidung, die unser Therapeut traf – die vom kinästhetischen Output-System übermittelte Botschaft zur gültigen Repräsentation der *wahren* Gefühle des Klienten zu erklären – wird von vielen Kommunikationstheorien und Therapieansätzen befürwortet.

Die Theorie der logischen Typen

Das differenzierteste und klarste Modell menschlicher Kommunikation und der Therapie ist nach unserer Auffassung das von Gregory Bateson und Kollegen beschriebene. Bateson hat mit Hilfe seines immensen Wissens und seines scharfen Intellekts beispielsweise die Double-Bind-Theorie der Schizophrenie entwickelt. Eine der Grundlagen für die Formulierung dieser Theorie war ein Modell von Bertrand Russell, das sich mit gewissen Paradoxen beschäftigte, die in der Höheren Mathematik auftreten; es wird *Theorie der logischen Typen* genannt.

Inhalt und Beziehung

Bateson und seine Kollegen unterteilten jede menschliche Kommunikation in zwei Teile oder »Ebenen«, die er als *Inhalts*- und als *Beziehungs*-Botschaften bezeichnete. Den verbalen (digitalen) Anteil der Kommunikation (oder dessen, was ein Mensch *mit* Wörtern sagt) sahen sie als die inhaltliche Botschaft an und den nonverbalen (analogen) Anteil als die Beziehungsbotschaft. Das folgende Diagramm wird Ihnen helfen, die Beziehung zwischen Batesons Terminologie und unserer eigenen zu verstehen.

Im Falle unseres vorherigen Beispiels ergibt sich folgende Klassifizierung:

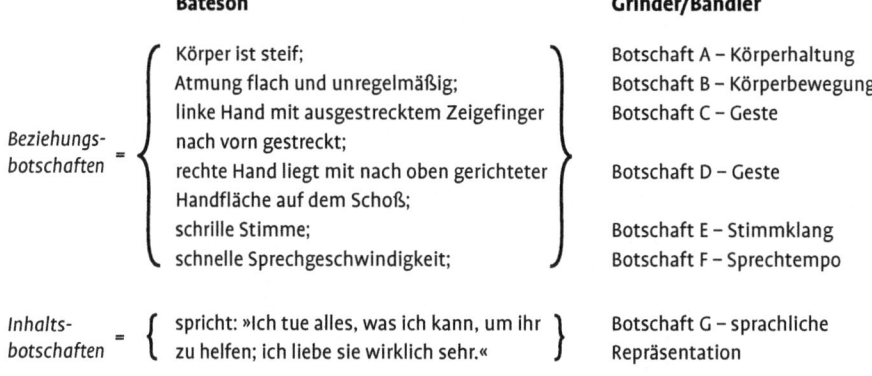

Abgesehen von der Klassifizierung der Kommunikation des Klienten im Sinne der Kategorien Inhalt und Beziehung beschreibt Bateson noch folgende Möglichkeit herauszufinden, welche Kategorie für eine Botschaft gültig ist:

> Wenn ein Junge zu einem Mädchen sagt: »Ich liebe dich«, dann verwendet er Worte, um das zu vermitteln, was durch den Ton seiner Stimme und durch seine Bewegungen überzeugender vermittelt wird; und das Mädchen wird, sofern sie einen Sinn dafür hat, mehr auf die begleitenden Zeichen als auf die Worte achten. (Bateson, *Ökologie des Geistes*, dt. Ausg. S. 531)

Oder, wie Bateson weiterhin schreibt:

> Was wir über die tierische Ebene wissen, ist, daß hier gleichzeitig gegensätzliche Signale präsentiert werden – Haltungen, die sowohl Aggression als auch Flucht andeuten und ähnliches. Diese Zweideutigkeiten sind jedoch etwas ganz anderes als das bei Menschen bekannte Phänomen, wobei die Freundlichkeit der Worte durch die Spannung oder Aggressivität der Stimme oder der Haltung widerlegt werden kann. Der Mensch läßt sich auf eine Art Täuschung ein, eine insgesamt komplexere Errungenschaft, wohingegen das ambivalente Tier positive Alternativen anbietet. (dt. Ausg. S. 547)

Beide Äußerungen Batesons beinhalten, daß der Beziehungsanteil der Kommunikation – der Anteil, der die nonverbalen Elemente vermittelt – im Falle einer Inkongruenz als der gültige anzusehen ist. Im zweiten Zitat benutzt Bateson sogar das Wort *Täuschung*, um darauf zu verweisen, daß Menschen mit Worten manchmal Botschaften übermitteln, die sich von denjenigen, die der nonverbale Kommunikationsanteil ausdrückt, unterscheiden. Die Art der Nutzung des Wortes Täuschung impliziert, daß die nonverbale oder analoge Botschaft die *wahren* Gefühle und Absichten eines Menschen spiegelt. Diese Präferenz Batesons und vieler Therapeuten wird verständlicher, wenn wir untersuchen, welches Modell sie zur Organisation ihres Erlebens in der Therapie nutzen: die *Theorie der logischen Typen*.

Als Bateson sich dazu entschloß, Bertrand Russells Theorie der logischen Typen auf Kommunikation und Therapie anzuwenden, entschied er sich dafür, den *Beziehungs-Anteil* der Kommunikation – die nonverbal übermittelte Botschaft – einer höheren Ebene zuzuordnen als den *Inhalts-Anteil* der Kommunikation. Damit stellte er die analoge, nonverbale Botschaft in der Hierarchie der logischen Typen auf eine höhere Stufe als die verbale Botschaft. Eine Botschaft, nennen wir sie A, wird dann als einer anderen Botschaft (B) übergeordnet angesehen, wenn Botschaft A ein Kommentar zu B ist, ebenso wenn B als Teil in A enthalten ist (also weniger als A ist) oder wenn A die Botschaft B umfaßt (wenn Botschaft A der Botschaft B logisch übergeordnet ist). Ein Klient sagt:

Ich bin wütend wegen meiner Arbeit. (= Botschaft B)

Der Therapeut fragt daraufhin:

Wie fühlen Sie sich dabei, daß Sie wegen Ihrer Arbeit wütend sind?

Der Klient antwortet:

Ich habe Angst, wenn ich über meine Arbeit wütend bin. (= Botschaft A)

Weil sich die als »Botschaft A« bezeichnete Äußerung des Klienten auf seine als »Botschaft B« bezeichnete Äußerung bezieht, ist Botschaft A der Botschaft B übergeordnet. Folglich ist Botschaft A bezogen auf Botschaft B eine Meta-Botschaft.

Russell entwickelte die Theorie der logischen Typen, um Paradoxe zu vermeiden. Seine Theorie lautet, daß Aussagen (oder Kategorien von Dingen anderer Art), nachdem sie unterschiedlichen logischen Typen zugeordnet worden sind, zwecks Vermeidung von Paradoxen getrennt gehalten werden müssen. Mit anderen Worten: Äußerungen (oder anderweitige Objekte), die verschiedenen logischen Typen zuzuordnen sind, bergen die Gefahr der Entstehung von Paradoxen – einer Art von Pathologie, für die Mathematiker besonders anfällig sind. Deshalb akzeptierte Bateson, als er Russells Theorie adaptierte, die Verallgemeinerung, daß Objekte (in diesem konkreten Fall Botschaften), die unterschiedlichen logischen Typen oder logischen Ebenen zuzurechnen sind, voneinander getrennt gehalten werden müssen.

Konkret wies Bateson dem Beziehungsanteil bzw. dem analogen Anteil des Kommunikationsaktes im Hinblick auf den inhaltlichen oder verbalen Anteil der Kommunikation eine Meta-Position zu – die Botschaft, die durch die Körperhaltung / die Bewegung / den Stimmcharakter / das Sprechtempo zum Ausdruck gebracht wurde, war aus seiner Sicht ein Kommentar zur verbalen Botschaft. Somit sind der analoge und der verbale Anteil jeder Kommunikation seinem Verständnis nach unterschiedlichen logischen Typen zuzuordnen. Wir können diese Klassifikation visuell wie folgt darstellen:

Wie Bateson Russells Theorie anwendet

Para-Botschaften

Wir haben entdeckt, daß wir unser Erleben in der Therapie und Kommunikation auf nützlichere Weise organisieren und so Klienten besser helfen können, sich zu verändern. Ein Klient präsentiert eine Anzahl Botschaften, und zwar eine pro Output-Kanal. Diese Botschaften nennen wir *Para-Botschaften*. Keine dieser gleichzeitig präsentierten Botschaften ist einer anderen übergeordnet. Grundsätzlich kann demnach keine einer Gruppe gleichzeitig präsentierter Botschaften einer anderen logischen Ebene angehören als eine andere. Visuell repräsentieren wir diese Klassifikation durch folgendes Diagramm:

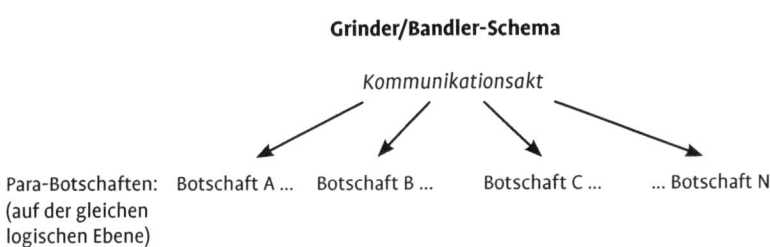

Zwischen Batesons Modell und der soeben dargestellten Art der Organisation unseres Erlebens in einer Therapie oder in der Kommunikation bestehen drei wichtige Unterschiede. *Erstens* unterscheiden wir eine (mögliche) Botschaft pro Output-Kanal, wohingegen in Batesons binärem Schema die Botschaften in einen Beziehungsanteil (analog) und einen Inhaltsanteil (verbal) unterteilt werden. Mit Hilfe unserer Methode können wir die Botschaften auf Inkongruenzen untereinander überprüfen. Im Falle der binären Darstellung hingegen ist nur eine einzige Kongruenzprüfung möglich (analog gegen digital); nicht möglich ist eine Überprüfung in einem Fall, den wir sehr häufig erleben, nämlich dem, daß die verschiedenen Arten, auf die ein Mensch sich analog ausdrücken kann, nicht miteinander im Einklang stehen bzw. nicht kongruent sind. Der etwas weiter oben beschriebene Fall enthält mehrere Beispiele für dieses Phänomen:

| linke Hand wird mit ausgestrecktem Zeigefinger nach vorn gestreckt | *im Gegensatz zu* | rechte Hand liegt mit nach oben gerichteter Handfläche auf dem Schoß |

oder

| rechte Hand liegt mit nach oben gerichteter Handfläche auf dem Schoß | *im Gegensatz zu* | schrille Stimme |

Wir haben also Batesons binäres Schema zu einem N-dimensionalen Schema erweitert (wobei N für die Zahl der Output-Kanäle steht, die für die Übermittlung von Botschaften zur Verfügung stehen).[2] Diese generalisierende Erweiterung ermöglicht uns, alle Botschaften, die der Klient uns präsentiert, auf Inkongruenz zu überprüfen. Somit können wir Batesons Schema als einen Sonderfall unseres Modells ansehen, in dem alle analogen Para-Botschaften passen.

Die *zweite* wichtige Art, unser Erleben in Kommunikation und Therapie zu organisieren, die sich in unserer Praxis als nützlich erwiesen hat und die sich von Batesons Schema unterscheidet, besteht darin, daß wir in jeder Gruppe gleichzeitig präsentierter Botschaften jede Botschaft als gleichermaßen gültige Repräsentation des Erlebens der Person, mit der wir arbeiten, akzeptieren. Unserem Modell gemäß kann keine dieser Para-Botschaften als »gültiger« – oder »wahrer« oder »repräsentativer« für den Klienten – angesehen werden als irgendeine andere. Keine Botschaft innerhalb einer Gruppe von Para-Botschaften kann als irgendeiner anderen Botschaft derselben Gruppe übergeordnet angesehen werden.[3] Vielmehr repräsentiert nach unserem Verständnis jede Botschaft innerhalb einer Gruppe von Para-Botschaften einen Teil des Weltmodells (bzw. der Weltmodelle) des Klienten.

Kommuniziert der Klient kongruent, paßt jede seiner Para-Botschaften zu allen anderen bzw. ist mit ihnen kongruent. Daran erkennen wir, daß alle Modelle, an denen der Klient zum betreffenden Zeitpunkt sein Verhalten orientiert, konsistent sind – oder, was auf das gleiche hinausläuft, daß der Klient ein einziges Modell der Welt benutzt. Präsentiert er uns eine Anzahl widersprüchlicher Para-Botschaften und kommuniziert er somit inkongruent, wissen wir, daß die Weltmodelle, die sein Verhalten bestimmen, inkonsistent sind. Wir akzeptieren jede der widersprüchlichen Para-Botschaften als gültige Repräsentation des Modells, das der Klient für sein Verhalten entwickelt hat – wobei die widersprüchlichen Para-Botschaften Hinweise auf Ressourcen sind, die dem Klienten bei seinem Bemühen, mit der Welt zurechtzukommen, zur Verfügung stehen. Versteht man Inkongruenz in diesem Sinne, muß man nicht mehr entscheiden, welche der einander widersprechenden, gleichzeitig präsentierten Botschaften die »richtige«, »wahre« oder »gültige« ist, und die Inkongruenzen selbst werden zur Grundlage der Arbeit an Wachstum und Veränderung.

Abgesehen von wesentlich mehr therapeutischen Möglichkeiten, die diese Art der Organisation unseres Erlebens uns erschließt, ist es uns bisher noch nicht gelungen, unter all den Situationen, die wir erlebt haben, auch nur einen konkreten Fall zu finden, in dem eine Botschaft aus einer Gruppe von Para-Botschaften irgendeiner anderen Botschaft der betreffenden Gruppe übergeordnet gewesen wäre. In welchem Sinne beispielsweise ist im zuvor beschriebenen Fall die linke Hand mit dem ausgestreckten Zeigefinger ein Kommentar zu den verbalen Äußerungen des Klienten oder eine Botschaft über sie? Nach unseren Erfahrungen ist es ebenso nützlich, die Worte, die der Klient benutzt hat, als Kommentar zu der von der linken Hand mit dem ausgestreckten Zeigefinger übermittelten Botschaft zu verstehen, wie umgekehrt.

Damit gelangen wir zu einer Klassifikation von Para-Botschaften – von Botschaften der gleichen logischen Ebene. Durch die Benutzung dieser Organisationsform vermeiden wir eine Schwierigkeit, die bei Anwendung von Batesons Schema auftritt, nämlich darüber entscheiden zu müssen, welche Botschaft in einer Gruppe von Para-Botschaften den anderen übergeordnet ist. Ein Fall, in dem die Sinnlosigkeit des Versuchs, dies herauszufinden, besonders deutlich wird, ist der, daß ein Klient sowohl zu einem bestimmten Zeitpunkt als auch über eine längere Zeitspanne inkongruent ist, mit der Folge, daß die Botschaften einander aufheben.

Eine Klientin, die an einem unserer Ausbildungsseminare teilnahm, arbeitete an Mustern, die sie im Familiensystem ihrer Ursprungsfamilie entwickelt hatte. Wie bei vielen, wenn nicht gar allen Menschen, die von zwei Elternteilen aufgezogen wurden, hatten auch ihre Eltern unterschiedliche Vorstellungen über den Umgang mit ihrem Kind. Und wie so oft, wurde auch in diesem Fall das Kind mit der gewaltigen Aufgabe konfrontiert, die widersprüchlichen Botschaften seiner Eltern zu integrieren.

Als einer der Seminarteilnehmer an diesen Mustern zu arbeiten begann, fiel ihm folgendes auf: Wenn Ellen sich (in der Phantasie) an ihren Vater wandte, stand sie entweder sehr aufrecht, mit auseinanderstehenden Füßen, die linke Hand auf die Hüfte gesetzt, den rechten Arm und die rechte Hand gestreckt, wobei ihr Finger ausgestreckt war, ihre Stimme weinerlich klang und sie eine für sie typische Äußerung vorbrachte wie:

Ich gebe mir soviel Mühe, dir zu gefallen, wie ich nur kann, Papi; sag mir doch bitte, was du möchtest, das ich tun soll?

Oder sie stand in sich zusammengesunken, die Füße dicht nebeneinander, beide Arme und Hände nach vorn ausgestreckt, die Handflächen nach oben gewandt, und machte mit lauter, schriller und tiefer Stimme typische Äußerungen wie:

Warum tust du nie, was ich mir von dir wünsche?

Wenn wir diese Muster in Tabellenform darstellen, erhalten wir folgendes Resultat:

Ellen zum Zeitpunkt 1		Ellen zum Zeitpunkt 2	
aufrechte Haltung	Botschaft A1	zusammengesunkene Haltung	Botschaft A2
Füße auseinander	Botschaft B1	Füße zusammen	Botschaft B2
linke Hand auf Hüfte	Botschaft C1	beide Arme und Hände ausgestreckt, Handflächen nach oben gerichtet	Botschaft C2
rechter Arm und rechte Hand ausgestreckt, wobei der Zeigefinger in eine bestimmte Richtung deutet	Botschaft D1	Handflächen nach oben	Botschaft D2
wimmernde Stimme	Botschaft E1	Stimme laut und schrill	Botschaft E2
Worte: *Ich gebe mir soviel Mühe, dir zu gefallen, wie ich nur kann, Papi.*	Botschaft F1	Worte: *Warum tust du nie, was ich mir von dir wünsche?*	Botschaft F2

Batesons Schema konfrontiert den Therapeuten mit mehreren Schwierigkeiten. Zunächst muß er zum Zeitpunkt 1 darüber entscheiden, welche der Botschaften, die Ellen präsentiert, die gültige ist. Weil diesem binären Schema gemäß die Beziehungsbotschaft der Inhaltsbotschaft (Worten) übergeordnet ist, handelt es sich dabei um die echte oder gültige Botschaft über Ellens Beziehung zu ihrem Vater. Eine Schwierigkeit besteht in diesem Fall darin, daß die Botschaften, die vom analogen System selbst übermittelt werden, nicht im Einklang stehen; konkret:

Botschaft A, B, C und D (Körperhaltungen und Gesten)	*im Gegensatz zu*	Botschaft E (Stimmqualität)

Weil die Mehrzahl der nonverbalen Botschaften übereinstimmt, könnten wir vielleicht diese Schwierigkeit übergehen und beschließen, daß die durch Körperhaltung und Gestik übermittelte Botschaft die wahre oder gültige Repräsentation von Ellens Beziehung zu ihrem Vater sei. Nun taucht die zweite Schwierigkeit auf. Zum Zeitpunkt 2 hat sich Ellens Kommunikation radikal verändert. Wenn Sie die Botschaften zu den Zeitpunkten 1 und 2 jeweils paarweise miteinander vergleichen (z. B. die Körperhaltung jeweils zum Zeitpunkt 1 und 2), werden Sie feststellen, daß sie völlig gegensätzlich sind. Deshalb ist der Therapeut, der nach wie vor die gleichen Prinzipien anwendet, wenn Ellen zum Zeitpunkt 2 kommuniziert, gezwungen, ein Verständnis von Ellens Beziehung zu ihrem Vater zu entwickeln, das nicht mit dem übereinstimmt, was er aufgrund ihrer Kommunikation zum Zeitpunkt 1 angenommen hatte.

Benutzen wir hingegen unser weiter oben vorgestelltes eigenes Modell, ergeben sich für Ellens Fall und ihre Beziehung zu ihrem Vater keinerlei Schwierigkeiten. Sowohl zum Zeitpunkt 1 als auch zum Zeitpunkt 2 ist Ellen inkongruent – denn zu beiden Zeitpunkten paßt die Gruppe der Para-Botschaften nicht zusammen; man kann sie jedoch wie folgt anordnen:

Ellen zum Zeitpunkt 1	**Ellen zum Zeitpunkt 2**
Botschaften A1, B1, C1 und D1 sind kongruent (erste Gruppe)	Botschaften A2, B2, C2 sind kongruent (erste Gruppe)
und	und
Botschaften E1 und F1 sind kongruent (zweite Gruppe)	Botschaften E2 und F2
und	und
die erste Gruppe von Para-Botschaften ist nicht kongruent im Verhältnis zur zweiten Gruppe	die erste Gruppe von Para-Botschaften ist nicht kongruent im Verhältnis zur zweiten Gruppe

Besonders interessant an Ellens Kommunikation ist, daß die erste Gruppe von Botschaften zum Zeitpunkt 1 im Verhältnis zur zweiten Gruppe von Botschaften zum Zeitpunkt 2 kongruent ist, wohingegen die zweite Gruppe von Botschaften zum Zeitpunkt 1 im Verhältnis zur ersten Gruppe von Botschaften zum Zeitpunkt 2 kongruent ist. Das bedeutet, daß Ellens analoge Botschaften (unter zeitweiligem Ausschluß der Stimmqualität) zum Zeitpunkt 1 ihren verbalen Botschaften zum Zeitpunkt 2 entsprechen und umgekehrt. Weil innerhalb des Systems der Para-Botschaften alle Botschaften als gleichermaßen gültig behandelt werden, tritt das erwähnte Problem niemals auf – Ellens Situation (die unserer Erfahrung gemäß sehr häufig vorkommt) ist leicht zu verstehen. Ellen verfügt über zwei Modelle ihrer Beziehung zu ihrem Vater: Sie empfindet Schmerz und leidet unter mangelnden Entscheidungsmöglichkeiten, und ihr Verhalten ihrem Vater gegenüber ist nicht konsistent, weil ihre beiden Modelle zum aktuellen Zeitpunkt inkonsistent sind. Allerdings sind beide gleichermaßen gültige Formen des Ausdrucks ihrer *wahren* Gefühle ihrem Vater gegenüber, und beide sind für Ellen Ressourcen, von denen sie Teile integrieren kann. Wir werden später in diesem Abschnitt auf Ellens Situation zurückkommen, um die Integrationsstrategie zu veranschaulichen.

Wir empfehlen, die Meta-Unterscheidung in unserem Modell beizubehalten. Allerdings kann eine Botschaft (A) nur dann als einer anderen Botschaft (B) übergeordnet (Meta) bezeichnet werden, wenn zwei Bedingungen erfüllt sind:

Eine Botschaft (A) wird *nur dann* als einer anderen Botschaft (B) übergeordnet bezeichnet, *wenn*:

a. sowohl A als auch B Botschaften aus dem gleichen Repräsentationssystem oder dem gleichen Output-Kanal sind;

und

b. A eine Botschaft über B ist (oder aber wenn A B einschließt – die Bateson/Russell-Bedingung).

Beachten Sie nun folgendes: Da jeder Output-Kanal nur jeweils eine einzige Botschaft übermitteln kann, können gleichzeitig präsentierte Botschaften niemals einander über- oder untergeordnet sein. Dafür sorgt Bedingung (a), denn sie besagt, daß die Meta-Botschaft-Beziehung nur zwischen Botschaften bestehen kann, die im gleichen Repräsentations- oder Output-System zum Ausdruck gelangen.[4] Daraus folgt, daß Para-Botschaften (die von einem Menschen gleichzeitig präsentierten Botschaften) nie einander unter- oder übergeordnet sein können.

Trotzdem ist die Beibehaltung der Meta-Unterscheidung für unsere Arbeit nützlich. Stellen Sie sich beispielsweise folgenden Fall vor: Ein Klient beschreibt seine Gefühle bezüglich seiner Arbeit. Er sagt mit leiser, weinerlicher Stimme:

Meine Arbeit macht mir allmählich wirklich Freude.

Gleichzeitig ballt er beide Hände zu Fäusten, und nachdem er seine linke Faust zunächst erhoben hat, schlägt er mit ihr auf die Armlehne seines Stuhls. Der Therapeut entscheidet sich daraufhin, einen Meta-Kommentar zu diesen Anteilen analoger Kommunikation (Gestik und Stimme) abzugeben. Er beugt sich vor und sagt:

Ich habe Sie sagen hören, daß Ihre Arbeit Ihnen allmählich wirklich Freude macht, und während Sie dies sagten, sind mir noch zwei andere Dinge aufgefallen: Ihre Stimme hat dabei nicht so geklungen, als ob Sie an Ihrer Arbeit Freude hätten, und Sie haben Ihre Hände zu Fäusten geballt und mit Ihrer linken Faust auf die Lehne Ihres Stuhls geschlagen.

Im Sinne des von uns selbst entwickelten Modells hat der Therapeut einen adäquaten Meta-Kommentar formuliert. Dieser bezieht sich auf drei vom Klienten präsentierte Botschaften:

Botschaften des Klienten
- Die verbale Äußerung: *Meine Arbeit macht mir allmählich wirklich Freude.*
- Die verbale Beschreibung der Stimmcharakteristik des Klienten durch den Thera-

peuten: *Ihre Stimme hat dabei nicht so geklungen, als ob Sie an Ihrer Arbeit Freude hätten.*
- Die verbale Beschreibung der Körperbewegung des Klienten durch den Therapeuten: *Sie haben Ihre Hände zu Fäusten geballt und mit Ihrer linken Faust auf die Lehne Ihres Stuhls geschlagen.*

Der Meta-Kommentar oder die Meta-Botschaft des Therapeuten
Die Worte: *Ich habe Sie sagen hören, daß Ihre Arbeit Ihnen allmählich wirklich Freude macht, und während Sie dies sagten, sind mir noch zwei andere Dinge aufgefallen: Ihre Stimme hat dabei nicht so geklungen, als ob Sie an Ihrer Arbeit Freude hätten, und Sie haben Ihre Hände zu Fäusten geballt und mit Ihrer linken Faust auf die Lehne Ihres Stuhls geschlagen.*

Die Meta-Botschaft des Therapeuten erfüllt beide oben erwähnten Bedingungen: Sie erfolgt im gleichen Repräsentationssystem, in dem auch der Klient seine Botschaften präsentiert hat, und es handelt sich um eine Botschaft über die Botschaften des Klienten. Beachten Sie, daß der Therapeut, um dem Klienten erfolgreich eine Meta-Botschaft präsentieren zu können, die Botschaften des Klienten in das Output-System übersetzen mußte, das er zu benutzen beabsichtigte (der Klient hatte seine Botschaften als Stimmklang und Körperbewegung präsentiert): Er übersetzte das nonverbale Verhalten des Klienten, das er kommentieren wollte, zunächst in Worte und formulierte dann seinen Kommentar ebenfalls in Worten. Der Therapeut benutzte als einen wichtigen Teil seiner Meta-Botschaft die Meta-Taktik 2 für den Umgang mit Repräsentationssystemen (Wechseln des Repräsentationssystems).

Der *dritte* Aspekt, hinsichtlich dessen sich unser Modell der Inkongruenz von Batesons Modell unterscheidet, besteht in folgender Eigenart: Weil in der Gruppe der Para-Botschaften keine Botschaft einer anderen über- oder untergeordnet ist, unterliegt die Integration von Anteilen der Person, die diese Para-Botschaften präsentiert hat, falls dieselben inkongruent sind, keinen Einschränkungen. Innerhalb des binären Modells, in dem alle (analogen) Beziehungsbotschaften den Inhaltsbotschaften übergeordnet sind, ist jeder Versuch, die Anteile der Person, die durch diese widersprüchlichen Botschaften repräsentiert werden, zu integrieren, automatisch ein Verstoß gegen die Theorie der logischen Typen. Somit entsteht im Kontext dieses Modells bei einem solchen Integrationsversuch in jedem Fall ein Paradox. Wir werden uns mit diesem Punkt später, im Abschnitt über die Integration, erneut beschäftigen. Wir können nun in tabellarischer Form die drei wichtigsten Arten, auf die sich unser Inkongruenzverständnis von dem von Bateson und Kollegen entwickelten unterscheidet, darstellen.

Grinder/Bandler	**Bateson/Russelll**
N-dimensionale Unterscheidungen stehen für Kongruenzprüfungen zur Verfügung (Para-Botschaften).	Für die Kongruenzprüfung stehen binäre Unterscheidungen zur Verfügung (Meta-Botschaft – Botschaft).
Botschaften aller Output-Kanäle werden als gültige Repräsentationen des Klienten akzeptiert.	Unterscheidet die Beziehungsebene (analog) als der Inhaltsebene (verbal) übergeordnet und sieht erstere deshalb als die gültige Botschaft an.
Keine Einschränkung der Integration von Anteilen des Klienten, die durch unterschiedliche Para-Botschaften repräsentiert werden.	Akzeptiert eine Einschränkung hinsichtlich der Integration von Anteilen der Person – jeder Versuch, auf der Beziehungs- und Inhaltsebene repräsentierte Anteile zu integrieren, ist ein Verstoß gegen die Theorie der logischen Typen.

Es folgt nun eine Darstellung der Strategie, die Inkongruenzen eines Klienten als Basis für Wachstum und Veränderung zu nutzen.

Eine allgemeine Strategie für den Umgang mit Inkongruenz

Wenn ein Klient inkongruent kommuniziert und eine Gruppe von nicht zusammenpassenden Para-Botschaften präsentiert, sieht sich der Therapeut mit einer existentiellen Entscheidung konfrontiert, weil sein Umgang mit der Inkongruenz des Klienten auf dessen weiteres Erleben starken Einfluß haben wird.

Die Aufgabe des Therapeuten bei der Arbeit an Inkongruenzen besteht darin, dem Klienten zu helfen, sich zu verändern, indem er die Anteile des Klienten, die sich in einem Konflikt befinden, integriert, eben jene Inkongruenzen, die ihm Energie rauben und die ihn daran hindern, zu bekommen, was er will. Wenn sich bei einem Klienten Anteile im Konflikt befinden, gibt es in der Regel keinen Sieger, sondern die beteiligten Anteile sabotieren einander in ihren Bemühungen, ihre Ziele zu erreichen. Bei einem Klienten, bei dem widersprüchliche Anteile existieren, gibt es (mindestens) zwei nicht miteinander zu vereinbarende Weltmodelle oder Landkarten. Weil der Klient sich an diesen Modellen orientiert, obwohl sie inkompatibel sind, ist sein Verhalten inkonsistent. Im Falle der Integration entwickelt der Klient ein neues Weltmodell, das die beiden ehemaligen, inkompatiblen Modelle so einbezieht, daß sie miteinander vereinbar sind und harmonieren und ihm so helfen, seine Ziele zu erreichen.

Die allgemeine Strategie für die Integration konträrer Anteile eines Klienten wird in *Struktur der Magie I* (Kapitel 6) beschrieben:

Verschiedene Anteile der Referenzstruktur eines Menschen können durch unterschiedliche Repräsentationssysteme zum Ausdruck gelangen ... Es kann sein, daß der Anteil der Referenzstruktur, den ein bestimmtes Repräsentationssystem zum Ausdruck bringt, nicht mit dem Anteil der Referenzstruktur zusammenpaßt, den ein anderes Repräsentationssystem zum Ausdruck bringt. Wir bezeichnen diese Situation als inkonsistente Doppelbotschaft, als Inkongruenz oder als inkongruente Kommunikation ... Zu den schwierigsten Situationen, mit denen wir bisher im Rahmen einer Therapie konfrontiert worden sind, gehört diejenige, daß ein Klient widersprüchliche Anteile seiner Referenzstruktur aufrechterhält. In der Regel haben diese konträren Anteile die Form zweier widersprüchlicher Verallgemeinerungen, die sich auf den gleichen Verhaltensbereich beziehen. Meist fühlen sich Menschen, deren Referenzstruktur solche inkonsistenten Verallgemeinerungen enthält, wie gelähmt, sie sind stark verwirrt, oder sie schwanken zwischen zwei inkonsistenten Formen des Verhaltens.

... Die generelle Strategie, die der Therapeut angewandt hat, wird explizit durch das Meta-Modell spezifiziert: die verkümmerten Teile des Modells des Klienten zu hinterfragen und zu erweitern. Meist geschieht dies in Form einer Reaktivierung oder eines Enactments oder durch Schaffen einer Referenzstruktur (mittels geführter Phantasie oder einen therapeutischen Double-bind), welche den einschränkenden Generalisierungen im Modell des Klienten zuwiderläuft ... In diesem Fall ist die inkongruente Kommunikation selbst ein Indikator für die beiden Anteile der inkonsistenten Referenzstruktur eines Menschen – zwei Generalisierungen, die füreinander als widersprüchliche Referenzstruktur fungieren können. Der Therapeut versucht in solchen Fällen, die beiden widersprüchlichen Generalisierungen miteinander in Kontakt zu bringen. Dies läßt sich am direktesten erreichen, indem man diese Generalisierungen in das gleiche Repräsentationssystem befördert (*Struktur der Magie* I, OS 174–175).

Konkreter gesagt, umfaßt die Strategie der Arbeit an Inkongruenzen drei Phasen:

1. *Identifizieren* der Inkongruenzen des Klienten
2. *Ordnen* der Inkongruenzen des Klienten
3. *Integrieren* der Inkongruenzen des Klienten

Natürlich kommen die drei Phasen in *dieser* Form in der Realität nicht vor – womit sie das Schicksal aller Modelle teilen. Manchmal manifestieren sie sich nicht in vollständiger Form, und oft lassen sie sich nicht klar voneinander unterscheiden, sondern sie gehen ineinander über. Doch zur Organisation unseres Erlebens in der Therapie und für die Aus- und Weiterbildung haben sich die drei Phasen als nützlich erwiesen.

Kurz gesagt, hat der Therapeut die Aufgabe, dem Klienten zu helfen, seine konträren Anteile oder Inkongruenzen als Resourcen zu nutzen – ihm zu helfen, kongruent zu werden.

Es folgt nun ein kleines Glossar, das die drei Phasen der Arbeit an Inkongruenzen verständlicher machen soll.

Mini-Glossar

Kongurenz/Inkongruenz Der Begriff *Kongruenz* wird zur Beschreibung einer Situation benutzt, in der die kommunizierende Person alle ihre Output-Kanäle in Einklang gebracht hat, so daß alle die gleiche oder eine kompatible Botschaft repräsentieren oder übermitteln. Wenn alle Output-Kanäle eines Menschen (Körperhaltung und Körperbewegungen, Stimmcharakter, Sprechtempo und verbaler Ausdruck) die gleichen oder kompatible Botschaften repräsentieren, wird die betreffende Person als kongruent bezeichnet. Beschreiben andere Menschen ihr Erleben eines kongruenten Menschen, so benutzen sie gewöhnlich Formulierungen wie: Der Betreffende verfüge über persönliche Präsenz, er wisse, wovon er rede, er sei charismatisch oder dynamisch – und noch viele andere Superlative. Zwei überragende Beispiele für Menschen mit einer hochentwickelten Fähigkeit zur Kongruenz sind die bekannte Familientherapeutin Virginia Satir und Rudolf Nurejew, einer der bekanntesten Tänzer der Welt.

Der Begriff *inkongruent* bezieht sich auf eine Situation, in welcher die kommunizierende Person mittels ihrer Output-Kanäle eine Gruppe von Botschaften präsentiert, die nicht zusammenpassen, die also nicht kompatibel sind; und man bezeichnet einen Menschen, bei dem dies so ist, als inkongruent. Andere erleben einen inkongruenten Menschen als verwirrt, und sie sagen über ihn, er wisse nicht, was er wirklich wolle; er sei inkonsistent, nicht vertrauenswürdig und unentschlossen.

Die Begriffe *kongruent* und *inkongruent* können auf Botschaften angewandt werden, die ein Mensch über seine Output-Kanäle präsentiert, sie können sich aber auch auf die betreffende Person selbst beziehen. Wenn also die mittels zweier Output-Systeme präsentierten Botschaften inkompatibel sind oder nicht zusammenpassen, sind sie inkongruent; passen sie hingegen zusammen, sind sie kongruent.

Schließlich kann man die Begriffe *kongruent* und *inkongruent* auch auf Repräsentationen in verschiedenen Repräsentationssystemen anwenden, wobei man wiederum die weiter oben beschriebenen Kriterien zugrunde legt.

Meta-Botschaft/Para-Botschaft Der Begriff »Meta-Botschaft« wird auf eine Botschaft (A) angewandt, die sich auf eine andere Botschaft (B) bezieht, sofern zwei Bedingungen erfüllt sind:

Botschaft A ist Botschaft B übergeordnet (Meta), wenn, und nur wenn:

a. sowohl Botschaft A als auch Botschaft B im gleichen Repräsentationssystem oder im gleichen Output-Kanal übermittelt werden

und

b. wenn Botschaft A eine Botschaft über B ist (bzw. wenn Botschaft A Botschaft B einschließt).

Ist beispielsweise Botschaft B der Satz »Ich fühle mich wütend«, dann wird Botschaft A als Botschaft B übergeordnet angesehen, wenn Botschaft A der Satz »Ich empfinde Angst, weil ich mich wütend fühle« ist.

Der Begriff »Para-Botschaft« wird auf zwei oder mehr Botschaften angewandt, die gleichzeitig in unterschiedlichen Repräsentationssystemen oder (was häufiger der Fall ist) in verschiedenen Output-Kanälen ausgedrückt werden. Para-Botschaften können im Hinblick auf andere Para-Botschaften entweder kongruent oder inkongruent sein. Wenn beispielsweise eine Frau den Satz »Ich bin traurig« mit lauter und drohender Stimme ausspricht, sind die Botschaften, die einerseits durch die Worte »Ich bin traurig« und andererseits durch den Stimmcharakter zum Ausdruck kommen, Para-Botschaften, und zwar in diesem Fall inkongruente Para-Botschaften. Para-Botschaften sind stets Botschaften auf der gleichen logischen Ebene, die in unterschiedlichen Repräsentationssystemen oder Output-Kanälen zum Ausdruck gebracht werden.

Konsistent/Kontradiktorisch Der Begriff »konsistent« wird auf zwei oder mehr Botschaften des gleichen logischen Typs (die im gleichen Repräsentationssystem oder Output-Kanal ausgedrückt werden) angewandt, die kompatibel sind – sie können beide gleichzeitig wahr sein. Beispielsweise sind die Aussagen

Ich bin hungrig
und
Ich möchte essen

konsistente Botschaften.

Der Begriff *kontradiktorisch* wird auf zwei oder mehr Botschaften des gleichen logischen Typs (die im gleichen Repräsentationssystem oder Output-Kanal ausgedrückt werden) angewandt, die inkompatibel sind – sie können nicht beide gleichzeitig wahr sein. Das gilt beispielsweise für jeden Satz und seine Negation. Die Sätze

Ich bin hungrig
und
Ich bin nicht hungrig

sind solch ein inkompatibles Paar.

Satir-Kategorie/-Haltung Virginia Satir hat vier Kommunikationskategorien oder -haltungen identifiziert, in die sich Menschen in Streßsituationen versetzen. Für jede dieser Satir-Kategorien sind bestimmte Körperhaltungen, Gesten, damit verbundene Körperempfindungen und eine bestimmte Syntax charakteristisch.

Es folgt Virginia Satirs Beschreibung aus ihrem Buch *The New People Making*, dt.: *Kommunikation, Selbstwert, Kongruenz*.

1. BESCHWICHTIGEN

   Worte – zustimmend: »Was immer du willst, ist o.k. Ich bin nur hier, um dich glücklich zu machen.«
   Körper – versöhnlich stimmend: »Ich bin hilflos«
   Innen: »Ich fühle mich wie ein Nichts; ohne dich bin ich tot. Ich bin wertlos.«

Der *Beschwichtiger* spricht einschmeichlerisch, er versucht zu gefallen, er entschuldigt sich unentwegt und ist nie entgegengesetzter Meinung, ganz gleich, was passiert. Er ist der ewige Ja-Sager, der durch die Art, wie er redet, den Anschein erweckt, er könne nichts völlig auf sich allein gestellt tun; er braucht immer jemanden, der ihm Anerkennung schenkt. Sie werden später feststellen, daß Ihnen, wenn Sie diese Rolle auch nur fünf Minuten lang spielen, übel wird und Sie das Gefühl bekommen, Sie müßten sich übergeben.

Eine große Hilfe beim Spielen der Beschwichtigerrolle ist es, sich vorzustellen, man sei wirklich gar nichts wert. Stellen Sie sich vor, Sie können sich glücklich schätzen, daß man Ihnen überhaupt gestattet zu essen. Sie sind jedermann zu Dankbarkeit verpflichtet und für alles verantwortlich, was schiefgeht. Sie hätten dafür sorgen können, daß der Regen aufhört, wenn Sie Ihren Grips angestrengt hätten, aber Sie haben einfach nichts in Ihrem Oberstübchen. Natürlich pflichten Sie jeder Kritik an Ihrer Person bei, die irgend jemand vorbringt. Sie sind dankbar, daß überhaupt jemand mit Ihnen spricht, ganz gleich, was er sagt oder wie er es sagt. Sie würden gar nicht daran denken, um irgend etwas zu bitten, denn was gäbe Ihnen das Recht dazu? Und außerdem, wenn Sie gut genug wären, käme das Gewünschte ohnehin von selbst.

Versuchen Sie, ein so klebriger Speichellecker und Märtyrer zu sein, wie Sie nur sein können. Stellen Sie sich vor, Sie würden mit einem Bein auf dem Boden knien, leicht schwanken und eine Hand wie zum Betteln ausstrecken. Halten Sie den Kopf hoch, so daß Ihr Nacken schmerzt, Ihre Augenmuskeln überanstrengt werden und Sie in kürzester Zeit Kopfschmerzen bekommen.

Wenn Sie in dieser Haltung reden, klingt Ihre Stimme weinerlich und quäkend, weil Sie für einen volltönenden Stimmklang nicht genügend Luft zur Verfügung haben. Sie sollen auch zu allem ja sagen, ganz gleich, was Sie fühlen oder denken. Die beschwichtigende Körperhaltung entspricht der beschwichtigenden Reaktion.

2. ANKLAGEN

Worte – nicht zustimmend: »Du machst einfach alles falsch! Was ist los mit dir?«
Körper – tadelnd: »*Ich* bin hier der Chef.«
Innen: »Ich bin einsam und erfolglos.«

Der *Ankläger* sucht ständig nach Fehlern; er ist ein Diktator, ein Boß, der andere von oben herab behandelt und zu sagen scheint: »Wenn *du* nicht wärst, wäre alles in Ordnung.« Innerlich empfindet er Anspannung in seinen Muskeln und Organen. Außerdem leidet er unter erhöhtem Blutdruck. Seine Stimme ist hart, fest und oft auch schrill und laut.

Um die Rolle des Anklägers gut zu spielen, müssen Sie so laut und tyrannisch sein, wie Sie eben können. Machen Sie alles und jeden fertig. Stellen Sie sich vor, Sie würden mit einem Finger anklagend auf etwas deuten, und beginnen Sie Ihren Satz mit: »Du machst nie ...«, »Du tust immer ...«, »Warum mußt du immer ...« oder: »Warum tust du nie ...« usw. Um die Antworten brauchen Sie sich nicht zu kümmern; sie sind unwichtig. Der Ankläger ist viel mehr daran interessiert, wichtig zu tun, als wirklich etwas zu klären.

Beim Anklagen atmen Sie flach und ruckartig oder halten den Atem sogar völlig an; außerdem sind Ihre Rachenmuskeln angespannt. Haben Sie jemals einen wirklich erstklassigen Ankläger beobachtet, dessen Augen vorquollen, dessen Nackenmuskeln und dessen Nasenflügel aufgebläht waren, dessen Haut rot angelaufen war und dessen Stimme wie die eines Kohlenschippers klang?

Stellen Sie sich vor, Sie würden eine Hand in die Hüfte stemmen, während die andere mit ausgestrecktem Zeigefinger gerade nach vorn deutet. Ihr Gesicht ist verzerrt, Ihre Lippen sind gekräuselt, Ihre Nasenflügel zittern, während Sie brüllen, Schimpfworte hervorstoßen und die ganze Welt kritisieren.

3. RATIONALISIEREN

Worte – übervernünftig:	»Wenn man sorgfältig beobachten würde, so würde man die ausgemergelten Hände eines Anwesenden erkennen.«
Körper – berechnend:	»Ich bin ruhig, beherrscht und gesammelt.«
Innen:	»Ich fühle mich verletzlich.«

Der *Rationalisierer* ist sehr korrekt, sehr vernünftig und läßt auch nicht die leiseste Andeutung eines Gefühls erkennen. Er wirkt ruhig, beherrscht und gesammelt. Man könnte ihn mit einem Computer oder mit einem Nachschlagewerk vergleichen. Der Körper fühlt sich trocken, oft kühl und irreal an. Die Stimme klingt trocken und monoton, und was sie vorbringt, ist gewöhnlich ziemlich abstrakt.

Wenn Sie ein Rationalisierer sind, dann benutzen Sie möglichst lange Wörter, selbst wenn Sie sich über deren Bedeutung nicht ganz im klaren sind. Zumindest machen Sie so einen intelligenten Eindruck. Nach einem Satz hört Ihnen sowieso keiner mehr zu. Wenn Sie sich für diese Rolle richtig in Stimmung bringen wollen, dann stellen Sie sich vor, daß Ihre Wirbelsäule ein langer, schwerer Stahlstab ist, der vom Gesäß bis zum Genick reicht, und daß ein 30 Zentimeter breiter Eisenkragen um Ihren Nacken liegt. Bleiben Sie so reglos wie eben möglich; das gilt auch für Ihren Mund. Es wird Ihnen wahrscheinlich schwerfallen, die Hände wirklich reglos zu halten, aber bemühen Sie sich darum.

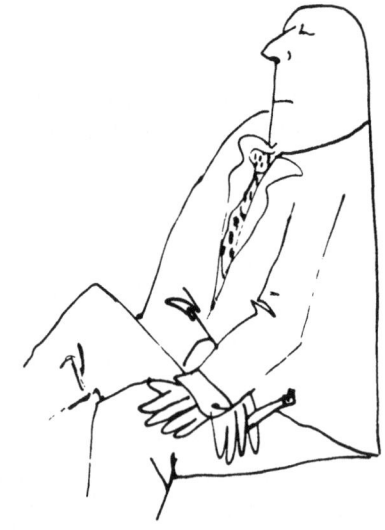

Wenn Sie ein Rationalisierer sind, wird Ihre Stimme ersterben, weil Sie vom Schädel abwärts kein Gefühl haben. Ihr Geist versucht, sich möglichst nicht zu bewegen, und Sie sind unentwegt damit beschäftigt, die richtigen Worte zu finden. Schließlich sollten Sie niemals einen Fehler machen. Das Traurige an dieser Rolle ist, daß sie vielen Menschen als Idealziel erscheint. »Sage stets das Richtige, zeige keinerlei Gefühl und reagiere nicht.«

4. ABLENKEN
Worte: belanglos Die Worte ergeben keinen Sinn oder beziehen sich auf etwas völlig anderes als das, worum es gerade geht.
Körper: kantig »Ich bin gerade irgendwo anders.«
Innen »Niemand kümmert sich um mich. Hier ist kein Platz für mich.«)

Was immer der *Ablenker* tut oder sagt, hat nichts mit dem zu tun, was alle anderen im betreffenden Augenblick sagen oder tun. Dieser Mensch bezieht sich nie auf das, worum es gerade geht. Innerlich fühlt er sich benommen. Die Stimme kann einen Singsang produzieren, der häufig in keinerlei Zusammenhang zum Gesagten steht: Sie kann völlig ohne jeden Sinn in der Tonhöhe auf- und absteigen, weil sie auf nichts gerichtet ist.

Um die Rolle des Ablenkers zu spielen, können Sie sich vorstellen, Ihr Kopf würde schief sitzen, und Sie würden sich ständig drehen und wenden und nie wissen, wohin Sie gehen oder wann Sie angekommen sind. Sie sind zu beschäftigt, um Ihren Mund, Ihren Körper, Ihre Arme und Ihre Beine zu bewegen. Achten Sie peinlichst darauf, daß Sie sich mit dem, was Sie sagen, niemals zur Sache äußern. Ignorieren Sie alle Fragen von anderen, und antworten Sie vielleicht mit einer eigenen Frage zu einem völlig anderen Thema. Ziehen Sie ein imaginäres Fädchen aus der Kleidung eines Anwesenden, ziehen Sie anderen die Schnürsenkel auf usw.

Stellen Sie sich Ihren Körper vor, als würde er in alle Richtungen gleichzeitig gehen. Drücken Sie Ihre Knie aneinander, als hätten Sie X-Beine. Dadurch wird Ihr Gesäß nach hinten gedrückt, und es fällt Ihnen leichter, die Schultern einzuziehen und Arme und Hände in entgegengesetzte Richtungen weisen zu lassen.

Zunächst scheint diese Rolle eine Erleichterung zu sein, doch nachdem man sie nur wenige Minuten gespielt hat, kommt ein schreckliches Gefühl der Einsamkeit und Sinnlosigkeit auf. Wenn Sie sich jedoch schnell genug bewegen, merken Sie es nicht so sehr.

Nehmen Sie zu Übungszwecken die vier oben beschriebenen Körperhaltungen ein, verweilen Sie für sechzig Sekunden darin, und warten Sie ab, wie es Ihnen dabei ergeht. Wenn Sie, wie viele Menschen, nicht daran gewöhnt sind, die Reaktionen Ihres eigenen Körpers zu spüren, werden Sie vielleicht anfangs des öfteren glauben, nichts zu spüren. Fahren Sie trotzdem mit dem Üben fort, dann werden sich mit der Zeit jene inneren Gefühle einstellen, die Sie schon so viele Male erlebt haben. Wenn Sie anschließend wieder entspannt auf Ihren eigenen Beinen stehen und Sie sich wieder frei bewegen können, werden Sie feststellen, daß sich auch Ihr inneres Gefühl verändert.

Ich habe den Verdacht, daß wir diese Arten zu kommunizieren in unserer frühen Kindheit erlernen. Wenn Kinder sich ihren Weg durch die komplizierte und oft auch bedrohliche Welt bahnen, in die sie ohne ihr Zutun hineingeraten sind, probieren sie das eine oder andere der beschriebenen Kommunikationsmuster aus. Hat ein Kind ein solches Muster lange genug benutzt, so kann es nicht mehr zwischen Reaktion und Selbstwertgefühl unterscheiden.

Die Anwendung einer dieser vier Reaktionsweisen puffert das niedrige Selbstwertgefühl eines Menschen ab. Diese Arten zu kommunizieren werden verstärkt durch das, was wir in Familien über Autorität lernen, sowie durch in unserer Gesellschaft verbreitete Verhaltensweisen.

- »Falle niemandem zur Last; es ist egoistisch, für sich selbst um etwas zu bitten«, wirkt auf Beschwichtiger verstärkend.
- »Laß dich von niemandem zur Schnecke machen; sei kein Feigling«, wirkt auf Ankläger verstärkend.
- »Sei nicht dumm; du bist doch viel zu klug, um Fehler zu machen«, wirkt auf Rationalisierer verstärkend.
- »Sei nicht so ernst. Mach' das Beste draus! Ist doch sowieso alles egal!«, wirkt auf Ablenker verstärkend. (aus V. Satir, *Kommunikation, Selbstwert, Kongruenz*, S. 123–131)

Schließlich möchten wir Virginia Satirs ausgezeichnete Beschreibung der vier Kommunikationshaltungen um die Syntax-Entsprechungen ergänzen, die unseren Erkenntnissen gemäß damit verbunden sind:

SATIR-KATEGORIE 1: BESCHWICHTIGER

Nutzung von Qualifikatoren: *wenn, nur, genau, gerade, eben* usw. Verwendung von Konjunktivformen: *könnte, würde* usw. Typische Verstöße gegen die Wohlgeformtheit: Gedankenlesen.

SATIR-KATEGORIE 2: ANKLÄGER

Nutzung von Universalquantoren: *alle, jeder, irgendeiner, jedes Mal* usw. Nutzung negativer Fragen: *Warum machst du nicht …? Wieso kannst du nicht?* Typische

Verstöße gegen die Wohlgeformtheit: Herstellen falscher Ursache-Wirkungs-Beziehungen.

SATIR-KATEGORIE 3: RATIONALISIERER (ÜBERSCHLAUER)
Tilgung von Erlebensinhalten – Subjekte aktiver Verben (aus »Ich sehe« wird »wie zu sehen ist«), oder Objekte von Verben, wenn ein solches Objekt ein Erleben impliziert (z. B.: »X stört mich« wird zu »X ist störend«). Benutzung von Nomen ohne Bezugsindex: *es, man, Leute* usw. Benutzung von Nominalisierungen: *Frustration, Streß, Anspannung* usw.

SATIR-KATEGORIE 4: ABLENKER
Diese Kategorie basiert nach unseren Erfahrungen auf dem schnellen Wechsel zwischen den drei zuvor genannten Kategorien; entsprechend ist die für sie typische Syntax-Eigenart ein schnelles Wechseln der Syntaxmuster der drei übrigen Kategorien. Außerdem benutzen Klienten, die dieses Verhaltensmuster zeigen, nur selten Pronomen, wenn sie auf Teile der Sätze und Fragen des Therapeuten antworten.

Phase 1: Die Inkongruenzen des Klienten identifizieren

Die Entwicklung einer umfassenden Strategie für die Arbeit an Inkongruenzen setzt zunächst einmal voraus, daß der Therapeut in der Lage ist, Inkongruenzen in der Kommunikation des Klienten zu erkennen. Wenn ein Klient sich äußert, benutzt er alle seine Output-Kanäle, um dem Therapeuten eine Botschaft oder eine Gruppe von Botschaften zu übermitteln. Wie wir bereits wissen, wird von jedem Output-Kanal eine Botschaft übermittelt – wobei alle gleichzeitig übermittelten Botschaften als *Para-Botschaften* bezeichnet werden. Jede dieser Para-Botschaften ist eine gültige Repräsentation des Klienten zum betreffenden Zeitpunkt. Übermittelt jeder Output-Kanal die gleiche Botschaft, ist der Klient und sind seine Para-Botschaften kongruent. Übermittelt jedoch einer oder mehrere der Output-Kanäle eine Para-Botschaft, die der von einem anderen Output-Kanal übermittelten Para-Botschaft widerspricht, ist der Klient inkongruent. Um bei Klienten Inkongruenz entdecken zu können, muß der Therapeut seine sensorischen Input-Kanäle benutzen können, ohne einer Sinnestäuschung zum Opfer zu fallen. Bestenfalls gelingt es ihm, sowohl visuell als auch kinästhetisch die Para-Botschaften zu erkennen, die durch die verschiedenen Körperhaltungen, Gesten und Bewegungen des Klienten zum Ausdruck gelangen. Der Therapeut kann mit seinen Augen und Händen sowie mit anderen Teilen seines Körpers den Körper des Klienten beobachten und berühren. Mit Hilfe des auditiven Input-Kanals hört er die Geräusche, die der Klient erzeugt. Er prüft sowohl innerhalb jedes eigenen Input-Kanals als auch zwischen den verschiedenen Kanälen, ob die

Para-Botschaften, die er empfängt, zusammenpassen (bzw. kongruent sind). Beispielsweise vergleicht er hinsichtlich des auditiven Kanals das, was der Klient sagt, mit dem Klang seiner Stimme, weiterhin mit der Stimmcharakteristik und der Sprechgeschwindigkeit, die der Klient einsetzt, um sein Erleben zum Ausdruck zu bringen. Gelangt der Therapeut zu der Überzeugung, daß die drei Botschaften, die ihm im auditiven Input-Kanal übermittelt werden, zusammenpassen, vergleicht er diese Para-Botschaften mit den Para-Botschaften, die er über seinen visuellen und seinen kinästhetischen Input-Kanal empfängt, um festzustellen, ob auch diese, in Beziehung zu allen anderen betrachtet, kongruent sind.

Wir wollen keineswegs den Eindruck erwecken, daß es sich bei den Unterscheidungen, die wir hier beschreiben, um die Gesamtheit aller irgend möglichen Unterscheidungen handelt, die wir als Menschen zu machen in der Lage sind – beispielsweise daß hinsichtlich des auditiven Input-Kanals Sprechweise, Stimmklang und Sprechtempo die einzigen oder auch nur die wichtigsten Unterscheidungskategorien sind, die ein Therapeut in einer Therapie betrachten kann, um Inkongruenzen zu entdecken. Wir haben hier nur einige Unterscheidungen aufgeführt, die uns persönlich als nützlich erscheinen, sowohl im Rahmen unserer eigenen therapeutischen Arbeit als auch bei der Ausbildung zukünftiger Therapeuten. Weiterhin möchten wir darauf hinweisen, daß erfahrene Therapeuten zunächst im Bereich einzelner Input-Kanäle und dann zwischen mehreren solcher Kanäle überprüfen, ob der betreffende Klient kongruent kommuniziert. Im Rahmen unserer Ausbildungsseminare ist uns aufgefallen, daß die Teilnehmer sich zunächst auf einige wenige Unterscheidungen innerhalb eines oder mehrerer Input-Systeme konzentrieren. In dieser Anfangszeit ist ihnen gewöhnlich sehr stark bewußt, daß sie diese Unterscheidungen überprüfen. Doch schon nach relativ kurzer Zeit ist ihnen die Tatsache, daß sie einige wenige Unterscheidungen systematisch überprüfen, schon nicht mehr bewußt; dennoch gehen sie weiterhin systematisch vor – d. h., sie spüren weiterhin zuverlässig Inkongruenzen in der Kommunikation der Klienten auf, wenn im Sinne der hier aufgeführten Unterscheidungskriterien widersprüchliche Para-Botschaften auftauchen. Sie prüfen zwar nicht mehr bewußt, ob die Botschaften der Klienten zueinander im Widerspruch stehen, doch sie sehen, hören und spüren Inkongruenzen auch weiterhin. Nachdem sie diese ersten Unterscheidungen zu erkennen gelernt haben und diese daraufhin aus ihrem Bewußtsein verschwinden, fangen sie an, neue Unterscheidungen zu hören, zu sehen und zu spüren, die es ihnen ermöglichen, noch differenziertere Urteile über die Kongruenz der Kommunikation eines Klienten zu entwickeln.

Wir möchten an dieser Stelle noch einmal darauf hinweisen, daß der Therapeut während dieser Phase der Arbeit an Inkongruenzen nicht versucht, die Bedeutungen der verschiedenen Para-Botschaften, die der Klient bei der Kommunikation produziert, zu deuten oder zu verstehen; ER vergleicht lediglich die Para-Botschaften, die er empfängt, auf ihre Kongruenz oder auf mangelnde Kongruenz hin.[5]

Unseres Wissens haben Therapeuten keine andere Möglichkeit, Inkongruenzen in der Kommunikation eines Klienten zu entdecken, als daß sie ihre Fähigkeit entwickeln, zu sehen, zu hören und zu fühlen, ohne sich Sinnestäuschungen hinzugeben. Sobald sie gelernt haben, ihre eigenen Input-Kanäle offenzuhalten, die vom Klienten präsentierten Botschaften aufzunehmen und sie auf Kongruenz hin zu vergleichen, sind sie auf dem besten Weg, dynamische und effektive Therapeuten zu werden. Im Laufe unserer Ausbildungsseminare haben wir einige spezielle Techniken entwickelt, die vielen Menschen, die sich auf den Therapeutenberuf vorbereiten, als sehr nützlich erscheinen. Im Grunde handelt es sich dabei um spezielle Anwendungen der allgemeinen Prinzipien, die wir hier bereits beschrieben haben; um sich die Klärung und Entwicklung der eigenen Input-Kanäle zu ersparen, kann man sie keinesfalls benutzen. Wir beschreiben im folgenden drei dieser speziellen Fälle.

Fall 1: »aber«

Manchmal, wenn ein Therapeut einen Klienten einen Satz aussprechen hört, hat er den Verdacht, er habe eine Inkongruenz gehört, ist sich diesbezüglich aber nicht sicher. Am häufigsten ist das der Fall, wenn ein Klient Sätze wie die folgenden äußert:

Ich möchte wirklich mein Auftreten in der Öffentlichkeit verändern.
Ich will eigentlich nicht zu dieser Party gehen.
Ich will heute abend wirklich mit ihm zu der Show gehen.

Beim Aussprechen eines Satzes mit einer einfachen Aussage fällt die Stimme des Sprechers am Ende des Satzes ab. Sprechen Sie die folgenden beiden Sätze laut aus, und hören Sie den unterschiedlichen Verlauf der Sprachmelodie jeweils am Ende des Satzes.

Ich werde genau um Mitternacht von zu Hause weggehen.
und
Willst du genau um Mitternacht von zu Hause weggehen?

Wenn Sie den zweiten Satz (die Frage) laut ausgesprochen und sich selbst dabei zugehört haben, ist Ihnen wahrscheinlich ein Ansteigen Ihrer Stimme am Ende des Satzes aufgefallen, beim ersten Satz hingegen ein Abfallen. Sprechen Sie nun den ersten Satz noch einmal, und lassen Sie Ihre Stimme diesmal am Ende leicht ansteigen – nicht so stark wie bei der Frage, aber lassen Sie Ihre Stimme keinesfalls sinken, so wie es häufig bei einfachen Sätzen gemacht wird. Und hören Sie sich die beiden Sätze beim Sprechen noch einmal genau an. Wenn Sie sie mit dem richtigen Intonationsmuster gesprochen haben (mit einem leichten Anstieg am Schluß), haben Sie eine »Fast-Inkongruenz« erlebt. Menschen, die das auditive Repräsentationssystem am höchsten schätzen, hören nach dem letzten Wort des Aussagesatzes im Kopf ein zusätzliches Wort – und zwar »aber«. Dies ist die Grundlage für das Fast-Inkongruenz-Erlebnis. Der leichte Anstieg der Intonation am Ende dieser speziellen Art von Sätzen, die »implizite Kausative« genannt werden (eine ausführliche Erläuterung hierzu finden Sie in *Struktur der Magie 1*, Kapitel 4, Unterkapitel »Ursache und Wirkung«), signalisiert dem Zuhörer, daß der Satz unvollständig ist – ein Teil davon fehlt. Wenn Ihnen in Ihrer therapeutischen Praxis ein solcher Satz begegnet, empfehlen wir Ihnen, sich einfach vorzulehnen, den Klienten aufmerksam anzuschauen, das Wort »aber« auszusprechen und dann darauf zu warten, daß der Klient den Satz abschließt, indem er den Teil hinzufügt, den er zunächst ausgelassen hatte. Also:

>   KLIENT: Ich möchte wirklich mein Auftreten in der Öffentlichkeit verändern.
>   THERAPEUT: ... aber ...
>   KLIENT: ... ich habe Angst davor, daß andere Menschen mich dann nicht mehr beachten.

Dies ist für Sie eine ausgezeichnete Gelegenheit, Ihre Input-Kanäle darin zu trainieren, Unterschiede in der Kommunikation des Klienten zu erkennen. Meist verändern sich Körperhaltung, Gestik, Stimmqualität, Sprechtempo und Syntax des Sprechers radikal zwischen dem Zeitpunkt, zu dem er den ersten Teil des Satzes äußert, bevor Sie als Therapeut das Wort »aber« hinzufügen, und dem Zeitpunkt, nachdem Sie das »aber« ausgesprochen haben. Mit anderen Worten: Der Klient bringt zwei unterschiedliche Anteile oder Weltmodelle zum Ausdruck – einen mit dem ersten Teil des Satzes assoziierten und einen zweiten, der mit dem letzten Teil des Satzes verbunden ist.

Fall 2: Die Meta-Frage

Eine andere sehr häufig vorkommende Situation, die sich als nützlich erwiesen hat, wenn es darum geht, Menschen zu helfen, Veränderungen oder Unterschiede in ihrer Kommunikation zu identifizieren, haben wir als Meta-Fragen bezeichnet. Es folgen einige Beispiele:

>   KLIENT: Ich bin so wütend wegen meines Jobs.
>   THERAPEUT: Ja, und wie fühlen Sie sich dabei, daß Sie wütend sind?
>   KLIENT: Ich habe Angst davor, wütend zu sein.

Diese Frage benutzte Virginia Satir in ihrer dynamischen Therapie sehr häufig. Sie hielt es für sehr förderlich, die Gefühle des Klienten über seine eigenen Gefühle einzubeziehen, einen Aspekt seiner Psyche, der eng mit seinen Bewältigungsfähigkeiten verbunden ist (eine ausführlichere Erläuterung hierzu finden Sie in *Struktur der Magie 1*. Kapitel 6). Auch hier verändert der Klient in der Zeit zwischen seiner ersten Äußerung über seine

Gefühle und seiner Reaktion auf die Meta-Frage des Therapeuten (bezüglich seine Gefühle über die eigenen Gefühle) radikal die Para-Botschaften in allen seinen Output-Kanälen, indem er sie auf die nächsthöhere logische Ebene befördert. Im Abschnitt über die Integration werden wir auf dieses Beispiel zurückkommen, um zu demonstrieren, wie ein Therapeut effektiv mit verschiedenen Anteilen eines Klienten umgeht, die (zu diesem Zeitpunkt im Prozeß) als unterschiedliche logische Typen existieren – wobei der eine dem anderen übergeordnet ist.

Fall 3: Eine anatomische Grundlage für Inkongruenz

Seit einiger Zeit ist bekannt, daß bei den meisten Rechtshändern die Sprachfunktion in der linken Gehirnhälfte lokalisiert ist. Diese Asymmetrie ist vielleicht die unter den von verschiedener Seite postulierten Unterschieden zwischen den beiden Hemisphären am allgemeinsten akzeptierte. Ein besonders faszinierender Bericht über die Möglichkeiten unabhängiger Aktivität der beiden Hemisphären findet sich in einer Studie über Menschen, bei denen die wichtigste Verbindung zwischen den Hemisphären durch einen chirurgischen Eingriffe entfernt wurde. Einige Mediziner, die solche Operationen durchgeführt haben, sind davon überzeugt, daß die Operierten danach über zwei voneinander unabhängige und nur schwach miteinander verbundene »Bewußtseine« verfügen (siehe hierzu die Werke von Gazzaniga und Eccles in der Literaturliste). Gazzaniga schreibt:

> … In anderen Fällen, in denen Wille und Absicht einer Hemisphäre (gewöhnlich der linken) das gesamte motorische System dominieren könnten, wurde das antagonistische Verhalten zwischen den beiden Körperhälften auf ein Minimum beschränkt. Allerdings pflegte Fall I gelegentlich mit einer Hand seine Hose herunterzuziehen und sie mit der anderen wieder hochzuziehen. Einmal packte er mit seiner linken Hand seine Frau und schüttelte sie heftig, während die rechte versuchte, der Frau zur Hilfe zu kommen und die linke aggressive Hand unter Kontrolle zu bringen (S. 106–107).

Wir haben in vielen Kommunikationen unserer Klienten bilaterale Inkongruenzen festgestellt, wenn die Worte, die ein Klient ausspricht, mit den Para-Botschaften im Einklang sind, die von der rechten Körperseite des Betreffenden zum Ausdruck gebracht werden, während die linke Seite (bei einem Rechtshänder) Para-Botschaften ausdrückt, die mit der verbalen Para-Botschaft und den von der anderen Körperseite ausgeführten Para-Botschaften nicht im Einklang stehen. Eine ziemlich verbreitete Inkongruenz haben wir »der Würger« genannt; in diesem Fall sind das, was der Klient sagt, und die von der rechten Seite seines Körpers übermittelten Botschaften kongruent, wohingegen seine linke Hand eng seine Kehle umfaßt und großenteils die Luftröhre blockiert. Wenn Sie also genau auf die verbal übermittelten Para-Botschaften sowie auf die von der rechten Körperseite übermittelten achten und sie mit den von der linken Körperseite übermittelten vergleichen, können Sie Ihre Fähigkeit, Inkongruenzen zu entdecken, ständig verbessern.[6]

In diesem letzten Teil der Darstellung von Phase 1, dem Identifizieren der Inkongruenz des Klienten, werden wir einige Übungen vorstellen, die Ihnen helfen sollen, Ihre Fähigkeit, Inkongruenzen zu entdecken, weiterzuentwickeln, denn diese Fähigkeit ist äußerst wichtig, wenn sie sich zu einem kompetenten Helfer entwickeln wollen.

Übungen |
Entwickeln Sie Ihre Fähigkeit, Inkongruenzen zu entdecken

Visuell

In der Zeit, in der Sie nicht schlafen, werden Sie ständig mit visuellen Informationen bombardiert, von denen sich ein großer Teil auf andere Menschen bezieht. Die hier beschriebene Übung dient der Verbesserung Ihrer Fertigkeiten im Identifizieren inkongruenter visueller Para-Botschaften. Jeden Morgen, bevor Sie zur Arbeit aufbrechen, nehmen Sie sich vor, im Laufe des Tages 30 Minuten für die Verbesserung Ihrer Fähigkeit, visuell inkongruente Kommunikationen zu identifizieren, zu reservieren. Legen Sie dafür eine bestimmte Zeit fest und einen Ort, an dem sie die Möglichkeit haben, Menschen im Gespräch mit anderen zu beobachten, ohne daß Sie selbst sich am Gespräch beteiligen. Aus einer Distanz zwischen zwei und sieben Metern zu beobachten ist ideal; dazu eignen sich Cafés, Restaurants, Flughäfen und Parks ausgezeichnet.

Schritt 1 Wenn Sie sich an dem Ort befinden, für den Sie sich entschieden haben, dann machen Sie es sich dort bequem, legen Sie Papier und einen Stift bereit, und schenken Sie der betreffenden Person mindestens 10 Minuten lang Ihre volle Aufmerksamkeit. Ignorieren Sie alle Geräusche, insbesondere wenn die beobachtete Person sie produziert. Auf dem Blatt Papier vor Ihnen haben Sie vorsorglich die visuellen Anhaltspunkte vermerkt, die am Ende dieser Übungsbeschreibung aufgelistet sind. Befassen Sie sich zunächst bewußt und systematisch mit den drei ersten Punkten dieser Liste; nehmen Sie sich die Zeit, jeden Punkt zu prüfen, und vergleichen Sie die Para-Botschaften, die durch die in Ihrer Liste aufgeführten Elemente übermittelt werden, um festzustellen, daß zwischen ihnen Kongruenz besteht. Sollten Sie feststellen, daß es Ihnen keine Schwierigkeiten macht festzustellen, ob die ersten drei Elemente Ihrer Liste kongruente Para-Botschaften übermitteln, können Sie die Zahl der Elemente, die Sie im Auge behalten, vergrößern, bis Sie schließlich alle Elemente Ihrer Liste gleichzeitig beobachten. Beginnen Sie nach zehn Minuten mit der Beobachtung einer anderen Person, bei der Sie das soeben beschriebene Verfahren erneut anwenden. Wiederholen Sie die Prozedur anschließend auch noch mit einer dritten Person. Vergleichen Sie am Ende die Erfahrungen, die Sie beim Beobachten der drei Personen gesammelt haben.

Schritt 2 Wenn Sie die in Schritt 1 beschriebene Übung eine Woche lang täglich ausgeführt haben oder wenn Sie den Eindruck gewinnen, daß Ihnen die Ausführung der Übung leichtfällt, können Sie folgendes ausprobieren: Entscheiden Sie sich ebenso wie in Schritt 1 dafür, die nun folgende Übung zu einem bestimmten Zeitpunkt und an einem bestimmten Ort auszuführen. Wählen Sie wieder eine Person, die Sie beobachten wollen, doch benutzen Sie die Checkliste diesmal für jede Körperseite gesondert. Prüfen Sie also beispielsweise die Para-Botschaften für beide Hände getrennt: Vergleichen Sie diejenigen, die durch die Haltung und Bewegung der rechten Hand übermittelt werden, mit denen, die durch die Haltung und Bewegung der rechten Hand angezeigt werden. Überprüfen Sie anschließend die Para-Botschaften für alle in der Liste aufgeführten Bereiche auf einer Körperseite, und vergleichen Sie sie mit den Para-Botschaften, die der anderen Körperseite zugeordnet sind. Verwenden Sie darauf 15 Minuten. Beobachten Sie in den verbleibenden 15 Minuten eine andere Person – diesmal *nicht* anhand der Checkliste; fokussieren Sie vielmehr auf einen Punkt, der sich einen bis eineinhalb Meter rechts oder links neben der Person befindet (wählen Sie für diesen Zweck ein Objekt in der genannten Entfernung, auf das Sie fokussieren können). Beachten Sie, daß Sie Bewegungen des Beobachteten genauer erfassen können, wenn Sie Ihren Blick auf diese Weise fokussieren – achten Sie insbesondere darauf, wie fließend (oder nicht) die Bewegungen des Betreffenden sind, ob er seine Bewegungen zu Ende bringt oder sie abbricht und ob sich eine Seite seines Körpers auf eine Weise bewegt, die mit den Bewegungen der anderen Körperseite im Einklang steht. Verbringen Sie fünf Minuten mit diesen Beobachtungen, und beobachten Sie die Person in den restlichen zehn Minuten, ohne sich an der Checkliste zu orientieren; achten Sie nun statt dessen auf Körperbereiche, die für Ihre Suche nach Inkongruenzen besonders interessant sind. Beispielsweise könnten Sie feststellen, daß sich bestimmte Teile des Körpers der beobachteten Person im Einklang miteinander bewegen, als ob sie starr miteinander verbunden wären, wohingegen die Bewegungen anderer Körperbereiche unabhängig voneinander sind.

Fahren Sie mit dieser Übung eine Woche lang fort, bis Sie sie problemlos ausführen können.

Checkliste für visuelle Para-Botschaften
1. Hände der Person
2. Atmung der Person
3. Beine und Füße der Person
4. Augenfixierungsmuster
5. Beziehung zwischen Kopf, Hals und Schultern
6. Gesichtsausdruck, insbesondere Ausdruck der Augenbrauen, des Mundes und der Wangenmuskeln

AUDITIV

Ebenso wie mit visuellen Informationen werden wir in der Zeit, in der wir wach sind, auch ständig mit auditiven Informationen bombardiert. Diese Übung soll Ihnen helfen, Ihre Fertigkeiten im auditiven Identifizieren inkongruenter Para-Botschaften zu verbessern. Ebenso wie in den Anweisungen für die erste Übung müssen Sie sich auch in diesem Fall eine Woche lang jeden Morgen fest vornehmen, im Laufe des Tages eine halbe Stunde für das Üben der neu zu erwerbenden Fertigkeit zu reservieren. Legen Sie Zeit und Ort genau fest. Wählen Sie auch diesmal einen Ort, an dem Sie so nahe bei der beobachteten Person sitzen (je nach Geräuschpegel anderthalb bis drei Meter), daß Sie ihre Stimme klar hören. Geeignete Orte sind die gleichen wie bei der Übung für die visuelle Beobachtung.

Sobald Sie an dem gewählten Ort eintreffen, können Sie es sich dort bequem machen, ein Blatt Papier und einen Stift bereitlegen und tief atmen. Wählen Sie nun eine Person, der Sie zuhören wollen, und tun Sie dies mit voller Aufmerksamkeit. Dabei hilft Ihnen, den Blick zu entfokussieren, die Augen zu schließen oder sie auf einen gleichbleibenden, sich nicht bewegenden Teil des gewählten Ortes zu richten – etwa auf eine nackte Wand. Ignorieren Sie alle visuellen Signale, und konzentrieren Sie sich ganz auf die für die Übung ausgewählte Person. Vor Übungsbeginn haben Sie auf Ihrem Blatt Papier die Liste der auditiven Merkmale notiert, auf die Sie achten wollen. Wenden Sie sich zunächst den ersten drei Punkten der Liste zu, und denken Sie nacheinander über jeden dieser Aspekte nach. Vergleichen Sie die Resultate für die drei Punkte paarweise, und stellen Sie fest, ob die übermittelten Para-Botschaften kongruent sind oder nicht. Wenn Sie keine Schwierigkeiten mehr damit haben, über die Kongruenz dieser Para-Botschaften zu urteilen, können Sie weitere Punkte Ihrer Checkliste überprüfen, bis Sie schließlich alle gleichzeitig prüfen. Nach zehn Minuten – für die ganze Übung haben Sie eine halbe Stunde reserviert – wiederholen Sie die Übung noch zweimal mit anderen Personen. Vergleichen Sie die Muster der Kongruenz und Inkongruenz zwischen den Para-Botschaften der Beobachteten.

Checkliste für auditive Para-Botschaften
1. Stimmqualität
2. Sprechtempo
3. Wörter, Phrasen und Sätze, die die Person benutzt
4. Stimmvolumen
5. Intonationsmuster

VISUELL UND AUDITIV

Bereiten Sie sich genauso vor wie für die vorherigen beiden Übungen: Legen Sie einen Ort und eine Zeit für Ihre Übung fest, und reservieren Sie eine Woche lang jeweils 30 Minuten für die Ausführung. Diesmal geht es darum, Para-Botschaften in verschiedenen Sinnesmodalitäten auf Kongruenz hin zu vergleichen. Setzen Sie sich so, daß Sie die Person, die Sie ausgewählt haben, sehen und hören können. Fangen Sie an, die ersten drei Punkte auf der Checkliste für visuelle Informationen zu überprüfen; wiederholen Sie dies anschließend mit den ersten drei Punkten auf der Checkliste für auditive Informationen; und prüfen Sie schließlich die in beiden Checklisten aufgeführten Punkte gleichzeitig. Erhöhen Sie die Anzahl der überprüften Para-Botschaften aus beiden Listen, bis Sie schließlich beide Listen komplett im Blick haben. Beobachten Sie drei Personen je zehn Minuten lang gleichzeitig visuell und auditiv. Vergleichen Sie die Muster der Kongruenz und Inkongruenz bei den drei Untersuchten. Sobald Sie merken, daß Ihnen diese Aufgabe keine Schwierigkeiten mehr macht, können Sie damit beginnen, besonders auf die in Fall 3 beschriebenen Kongruenz-Inkongruenz-Muster zu achten – eine anatomische Grundlage für Inkongruenz. Beachten Sie insbesondere das Kongruenz-Inkongruenz-Muster der Lateralisierung, verbale Para-Botschaften und die Para-Botschaften, die in den Haltungen und Bewegungen der primär von der dominierenden Hemisphäre kontrollierten Körperseite zum Ausdruck kommen.

Phase 2: Ordnen der Inkongruenzen des Klienten

Wenn ein Klient einem Therapeuten inkongruente Para-Botschaften präsentiert, hat er damit quasi eine Anzahl von Möglichkeiten aufgezeigt, ihm (dem Klienten) zu helfen, sich zu verändern und zu wachsen. Jede Para-Botschaft ist eine Information darüber, daß der Klient über eine Ressource verfügt, die der Therapeut für seinen Wachstumsprozeß nutzen kann. Indem der Therapeut jede dieser Para-Botschaften als eine schlüssige Repräsentation des Klienten anerkennt, akzeptiert und nutzt er dessen Ressourcen, ohne darüber zu urteilen, was für den Klienten *am besten* ist oder welche der einander widersprechenden Para-Botschaften seine »wahre« Repräsentation ist.[5] An diesem Punkt – wenn der Therapeut die Inkongruenzen in der Kommunikation des Klienten identifiziert hat – beginnt er, aktiv an der Umwandlung der Inkongruenzen des Klienten in identifizierbare, vollständige ausgedrückte Anteile zu arbeiten. Dabei muß der Therapeut eine wichtige Entscheidung treffen: Bei wie vielen und welchen Anteilen wird er dem Klienten helfen, sie zu integrieren? Unsere persönlichen Erfahrungen bewegen sich in dieser Hinsicht von der Arbeit mit nur zwei Anteilen bis hin zur gleichzeitigen Arbeit an bis zu 20 Anteilen.

Polaritäten

Die einfachste Möglichkeit, die Inkongruenzen des Klienten zu sortieren, besteht darin, sie zwei Kategorien zuzuordnen – wir kennzeichnen diesen Fall mit einem besonderen Namen. Wenn die inkongruenten Para-Botschaften eines Klienten für die therapeutische Arbeit zwei Kategorien zugeordnet werden, bezeichnen wir diese beiden Kategorien als

Polarität. Mit Hilfe einer solchen Zuordnung in Form polarer Gegensätze lassen sich sehr dramatische, tiefreichende und dauerhafte therapeutische Veränderungen erzielen.

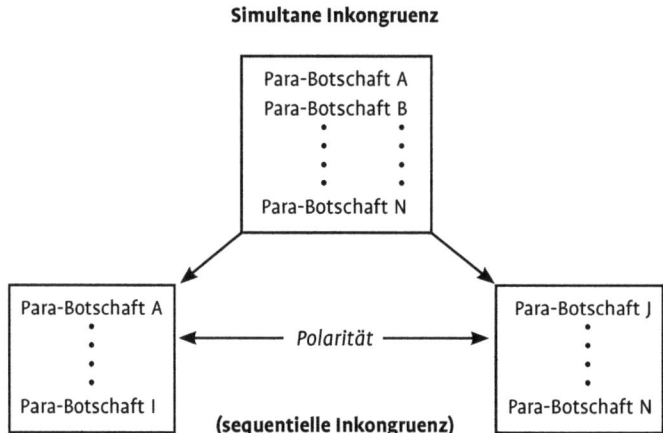

Wir empfehlen das Anordnen von Inkongruenzen zu Polaritäten, weil dies eine ausgezeichnete therapeutische Technik ist, die es dem Therapeuten ermöglicht, das Verhalten des Klienten zu verstehen. In unseren Augen ist die Fähigkeit, effektiv mit polaren Anteilen zu arbeiten, eine Voraussetzung, die zwingend erfüllt sein muß, bevor wir Therapeuten beibringen, mit mehr als zwei identifizierbaren Anteilen eines Klienten gleichzeitig zu arbeiten. In unserer Beschreibung der Phasen 2 und 3 werden wir uns auf die Arbeit mit zwei Anteilen konzentrieren – also auf den Fall, daß ein polarer Gegensatz vorliegt. Allerdings lassen sich unsere Ausführungen auch auf die simultane Arbeit mit mehr als zwei Teilen übertragen. Am Ende der Abschnitte über die Phasen 2 und 3 werden wir uns konkreter damit beschäftigen, wie man mit mehr als zwei Anteilen arbeitet.

Inkongruenzen in Polaritäten umwandeln

Der Therapeut kann dem Klienten nun helfen, seine Inkongruenzen in Form von polar gegensätzlichen Anteilen zu ordnen. Dazu wählt er zunächst eine der vom Klienten präsentierten Para-Botschaften aus. Wir können hier auf eine Beschreibung zurückgreifen, die an früherer Stelle in diesem Teil als Beispiel angeführt wurde. Die Botschaften (eines männlichen Klienten), die wir dort identifizierten, waren:

- Körper starr (Para-Botschaft A)
- Atmung flach und unregelmäßig (Para-Botschaft B)

- Zeigefinger der linken Hand ausgestreckt (Para-Botschaft C)
- rechte Hand liegt geöffnet mit nach oben gewandter Handfläche auf dem Schoß (Para-Botschaft D)
- scharfe, schrille Stimme (Para-Botschaft E)
- schnelles Sprechen (Para-Botschaft F)
- verbale Äußerungen: *Ich tue alles, was ich tun kann, um ihr zu helfen. Ich liebe sie so sehr.* (Para-Botschaft G)

Wir haben es hier mit einer Anzahl nicht zusammenpassender Para-Botschaften zu tun – der Klient ist also inkongruent. Der Therapeut deutet diese Para-Botschaften nicht, sondern merkt lediglich an, daß nicht *alle* zusammenpassen. Allerdings passen einige durchaus zusammen. Beispielsweise:

Gruppe 1	Gruppe 2
Zeigefinger der linken Hand ausgestreckt	rechte Hand liegt geöffnet mit nach oben gewandter Handfläche auf dem Schoß (Para-Botschaft D)
scharfe, schrille Stimme	verbale Äußerungen: *Ich tue alles, was ich tun kann, um ihr zu helfen. Ich liebe sie so sehr.* (Para-Botschaft G)
schnelles Sprechen	

Die Para-Botschaften in Gruppe 1 passen zusammen, die Para-Botschaften in Gruppe 2 ebenfalls. Allerdings passen die Para-Botschaften der einen Gruppe nicht mit denjenigen der anderen zusammen. (Die Para-Botschaften, die weder in Gruppe 1 noch in Gruppe 2 aufgeführt sind, passen zu beiden Gruppen.) Natürlich verfügt der Klient über eine langjährige Erfahrung, seine *gemischten Gefühle* bezüglich seiner Frau auszudrücken, und in der Regel ist er sich über die Inkongruenzen in seiner Kommunikation absolut nicht im klaren. Nun wählt der Therapeut eine der Gruppen von Para-Botschaften, die zusammenpassen, und fängt an, den Klienten darin zu unterstützen, einen seiner polaren Anteile vollständig auszudrücken. Nehmen wir an, der Therapeut entscheidet sich, zunächst mit den Para-Botschaften der Gruppe 2 zu arbeiten. Er stellt zwei leere Stühle einander gegenüber und fordert den Klienten auf, sich auf einen der Stühle zu setzen und zu wiederholen, was er gerade gesagt hat. Während der Klient das bereits zuvor Gesagte wiederholt, hört der Therapeut genau zu und beobachtet. Er hat in dieser Situation die Aufgabe, dem Klienten beizubringen, in seiner Kommunikation völlig kongruent zu sein und sich dabei an den Para-Botschaften der Gruppe 2 zu orientieren. Der Klient wiederholt also, was er bereits gesagt hatte, und der Therapeut fungiert wie ein Film- oder Schauspielregisseur, indem er den Klienten anleitet, ihm Feedback gibt und den Körper des Klienten mit seinen Händen und seiner Stimme buchstäblich formt, dem Klienten beibringt, den Klang seiner Stimme und seine Sprechgeschwindigkeit zu beeinflussen, bis schließlich alle Output-Kanäle des Klienten die gleichen oder kongruente Para-Botschaften repräsentieren. Anschließend fordert der Therapeut den Klienten auf, sich auf den gegenüberstehenden Stuhl zu setzen und zu diesem Zweck alle Gefühle und Gedanken, die er gerade ausgedrückt hat, hinter sich zu lassen. Der Therapeut bringt den Körper des Klienten in die Position, die er als Para-Botschaften der Gruppe 1 ausgemacht hat, und leitet ihn dazu an, entsprechende Gesten auszuführen. Anschließend bringt er den Klienten dazu, etwas zu sagen, das ihm in diesem Augenblick als passend erscheint, und zwar in schnellem Tempo und mit scharfer, schriller Stimme. Der Therapeut nutzt seine Fähigkeit, Inkongruenzen zu entdecken, um die Teile der Kommunikationsweise des Klienten (die Para-Botschaften) zu verändern, die mit den Para-Botschaften der Gruppe 1 nicht zusammenpassen. Der Therapeut benutzt also nun die Para-Botschaften der Gruppe 1 zur Orientierung und beeinflußt alle anderen Para-Botschaften des Klienten so, daß sie mit ersteren kongruent sind. Er arbeitet also darauf hin, daß die andere Seite der betreffenden Polarität vollständig und kongruent zum Ausdruck gelangt. In der Regel muß der Therapeut den Klienten mehrmals auffordern, vom einen auf den anderen Stuhl zu wechseln (d. h. vom einen zum anderen Aspekt der Polarität), bevor der Klient sich in beiden Positionen kongruent ausdrücken kann.

Was haben Therapeut und Klient erreicht, wenn der Klient sich in beiden gegensätzlichen Positionen seiner Polarität kongruent ausdrücken kann? Eine Möglichkeit, diese Frage zu beantworten, die sich in unseren Ausbildungsseminaren als nützlich erwiesen hat, lautet, der Klient sei vom *simultanen inkongruenten* zum *sequentiellen inkongruenten* Ausdruck gewechselt. Zu Beginn der Sitzung wußte er nicht mehr weiter und war verwirrt, seine Kommunikation war inkongruent, und er drückte verschiedene nicht zusammenpassende seiner Anteile gleichzeitig aus. Nun kann er sich zu jedem beliebigen Zeit*punkt* kongruent ausdrücken, obwohl er über eine Zeit*spanne* noch immer inkongruent ist. Die Situation hat sich gewandelt von einer der simultanen Inkongruenz zu einer der sequentiellen Inkongruenz oder des *Alternierens zwischen den polar gegensätzlichen Positionen*. Tritt dies ein, ist die zweite Phase der Arbeit an der Inkongruenz abgeschlossen.

In unserer Beschreibung der Aktivitäten des Therapeuten beim Anordnen inkongruenter Para-Botschaften in Form polar gegensätzlicher Anteile haben wir lediglich festgestellt, daß der Therapeut dem Klienten half, in beiden gegensätzlichen Positionen kongruent zu kommunizieren und beide nacheinander vollständig auszudrücken. Wir werden nun einige Techniken vorstellen, die Klienten helfen, sich von simultanen Inkongruenzen zum Alternieren zwischen polar gegensätzlichen Positionen zu bewegen. Wir werden uns mit drei konkreten Problemen befassen, die beim Ordnen von Inkongruenzen im Sinne polarer Gegensätze auftreten können und die wir viele Male beobachtet haben:

1. Wie kann man Inkongruenzen zu polar gegensätzlichen Anteilen anordnen? Welche Techniken eignen sich zur Umwandlung einer Gruppe von inkongruenten Para-Botschaften in polare Anteile?
2. Wie kann man einem Klienten helfen, beide polar gegensätzlichen Positionen vollständig auszudrücken?
3. Woran genau erkennt man, daß die Polaritäten zum Zweck der Integration geordnet sind?

Räumliches Ordnen

Im oben beschriebenen Beispiel haben wir eine Technik benutzt, die Fritz Perls berühmt gemacht hat: die Technik des »leeren Stuhls«. Der Therapeut benutzte in jenem Beispielfall zwei Stühle, denen der Klient jeweils einen seiner beiden polaren Anteile zuordnen konnte. Diese Technik ist nur eine von potentiell unendlich vielen Möglichkeiten, Inkongruenzen mittels *räumlichen Ordnens* zu polar gegensätzlichen Anteilen zu machen. Sie können für Ihre Zwecke eigene Varianten der Technik des leeren Stuhls entwickeln. Das Grundprinzip besteht darin, eine bestimmte räumliche Position (einen Ort) zu nutzen, um den Klienten beim Ordnen seiner Para-Botschaften zu polaren Anteilen zu unterstützen – zwei unterschiedliche Muster auf einem Teppich, zwei Seiten einer Türöffnung usw. Alle diese Dinge leisten gleich gute Dienste. Das Nützlichste an dieser Technik ist, daß sie sowohl dem Therapeuten als auch dem Klienten hilft, sich über die Lokalisierung der einzelnen Para-Botschaften klarzuwerden. Beachten Sie, daß räumliches Ordnen den Klienten stets aktiv kinästhetisch involviert – er muß sich zu diesem Zweck also physisch von einer räumlichen Position in eine andere begeben. Diese konkrete kinästhetische Veränderung (insbesondere wenn der Therapeut sie mit der Instruktion verbindet, alle Gefühle und Gedanken zurückzulassen, die der Klient in der ersten Position ausgedrückt hat, bevor er sich in die andere begibt) ist kongruent mit der Veränderung, die der Klient herbeizuführen lernt, wobei er zunächst dem einen polaren Anteil zum Ausdruck verhilft und anschließend dem anderen, ohne daß zwischen den polaren Anteilen inkongruente Para-Botschaften bestehen.

Phantasiebasiertes Ordnen

Eine zweite nützliche Art, Inkongruenzen zu Polaritäten zu ordnen, ist das *phantasiebasierte Ordnen*. Diese Methode empfiehlt sich insbesondere bei der Arbeit mit Klienten, die das visuelle Repräsentationssystem bevorzugen. Wir knüpfen noch einmal am obigen Beispiel an und nehmen an, der Therapeut beschließt nach der Identifikation der Gruppierungen der Para-Botschaften, sich an Gruppe 2 zu orientieren: Er fordert den Klienten auf, die Augen zu schließen und sich vorzustellen, er knie mit einem Bein und strecke die Hände mit nach oben gerichteten Handflächen vor sich aus. Sobald erkennbar wird, daß der Klient ein stabiles, klares und fokussiertes Bild von sich im Geiste vor sich hat, fügt der Therapeut nach und nach andere Para-Botschaften hinzu, die zu den bereits in das Bild eingeflossenen der Gruppe 2 kongruent sind, sowohl solche, die aus dem gleichen Repräsentationssystem (dem visuellen) stammen – z. B. eine zitternde Lippe[6] –, als auch Para-Botschaften aus einem anderen Repräsentationssystem. Beispielsweise könnte der Therapeut sagen:

> *Während Sie sehen, wie sich Ihre Lippen bewegen, hören Sie die Worte: »Ich tue für sie alles, was ich nur kann. Ich liebe sie so sehr.«*

Nun läßt der Therapeut den Klienten das gesamte Bild schildern, und er überprüft es auf inkongruente Para-Botschaften. Ist das Bild kongruent, arbeitet der Therapeut mit dem Klienten an der Entwicklung einer zweiten visuellen Phantasie, diesmal an einem kongruenten Bild der anderen Polarität (basierend auf den Para-Botschaften der Gruppe 1 des Klienten). In der Regel muß der Therapeut den Klienten dazu anleiten, mehrmals zwischen den Bildern zu wechseln, bis beide kongruent sind. Bei dieser Art von phantasiebasiertem Ordnen hat der Klient Zugang zu visuellen und auditiven Ausdrucksformen seiner polar gegensätzlichen Anteile, und zwar auf eine Weise, wie es beim räumlichen Ordnen nicht der Fall ist.[7]

Psychodramatisches Ordnen

Eine dritte Technik, die sich in unserer Arbeit bewährt hat, nennen wir *psychodramatisches Ordnen*. Dabei läßt der Therapeut den Klienten zwei Gruppenmitglieder auswählen, die seine polar gegensätzlichen Anteile szenisch darstellen werden. Mit Unterstützung des Therapeuten erklärt der Klient zuerst der einen und dann der anderen Person, wie sie seine polaren Anteile darstellen sollen. Beispielsweise läßt der Therapeut ein Gruppenmitglied alle Para-Botschaften der Gruppe 1 darstellen und das andere Gruppenmitglied alle Para-Botschaften der Gruppe 2. Anschließend helfen Klient und Therapeut den ausgewählten Gruppenmitgliedern, ihre jeweilige polare Position vollständig und kongruent auszudrücken. Diese Technik ermöglicht es dem Klienten, seine polaren Anteile visuell und auditiv zu erleben. Während die Gruppenmitglieder zur adäquaten Darstellung ihres jeweiligen polaren Anteils angeleitet werden (so daß sie den Modellen des Klienten entsprechen), leitet der Therapeut den Klienten an, zuerst die eine und dann die andere polare Position selbst darzustellen. Dies ermöglicht ihm, seine polaren Anteile sowohl kinästhetisch zu erleben als auch dafür zu sorgen, daß die ausgewählten Gruppenmitglieder die polaren Anteile adäquat darstellen. Die Technik des psychodramatischen Ordnens ist für Therapeuten ein ausgezeichnetes Mittel, die vom Klienten präsentierten Para-Botschaften zu entdecken, zu ordnen und zu reproduzieren.

Ordnen nach Repräsentationssystemen

Eine vierte äußerst wirksame Technik, die einem Klienten beim Anordnen von Inkongruenzen zu polaren Anteilen helfen kann, ist die des *Ordnens nach Repräsentationssystemen*. Inkonsistente Weltmodelle werden am häufigsten aufrechterhalten, indem Menschen ihre Modelle in verschiedenen Repräsentationssystemen repräsentieren. Dieses Prinzip können wir in der Ordnungsphase der Arbeit an den Inkongruenzen von Klienten effektiv nutzen. Beispielsweise kann der Therapeut den Klienten auffordern, auf einem der leeren Stühle platzzunehmen und ausgehend von den Para-Botschaften der Gruppe 2 über seine Empfindungen (Körperempfindungen – kinästhetisches Repräsentationssystem) bezüglich seiner Frau zu berichten. Dabei achtet der Therapeut auf die Prädikate, die der Klient benutzt, und leitet ihn dazu an, bei seinem Bericht über seine Gefühle kinästhetische Prädikate zu verwenden. Nachdem der Klient seine Gefühle beschrieben hat, läßt der Therapeut ihn auf den anderen Stuhl wechseln und über die inneren Bilder und visuellen Wahrnehmungen bezüglich seines Erlebens mit seiner Frau berichten. In diesem Fall leitet der Therapeut den Klienten dazu an, bei seinem Bericht visuelle Prädikate zu verwenden. Er könnte ihm z. B. helfen, ein noch nicht lange zurückliegendes unbefriedigendes Erlebnis mit seiner Frau zu reinszenieren. Der Klient berichtet zunächst über alle dabei erlebten Körperempfindungen und anschließend über entsprechende Bilder – über seine mit dem Erlebnis verbundenen visuellen Informationen. Wir raten den Teilnehmern unserer Ausbildungsseminare, diese Technik in Verbindung mit der im folgenden beschriebenen – der des *Ordnens nach Satir-Kategorien* – zu benutzen. Nach unseren Erfahrungen ist diese Verfahrensweise sehr nützlich.

Ordnen nach Satir-Kategorien

Das Ordnen nach Satir-Kategorien besteht einfach darin, daß man die vorhandenen Para-Botschaften den ihnen entsprechenden Satir-Kategorien zuordnet:

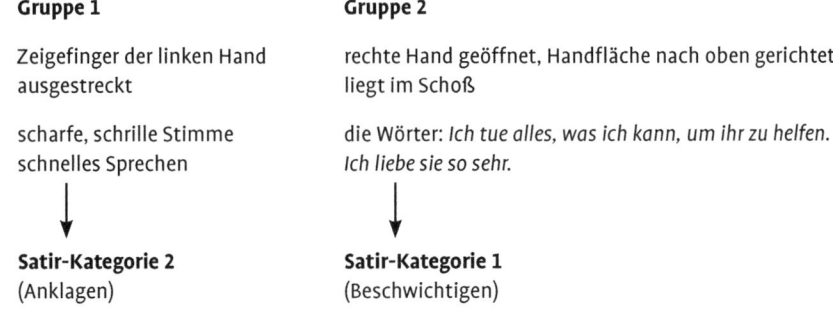

Gruppe 1	Gruppe 2
Zeigefinger der linken Hand ausgestreckt	rechte Hand geöffnet, Handfläche nach oben gerichtet, liegt im Schoß
scharfe, schrille Stimme schnelles Sprechen	die Wörter: *Ich tue alles, was ich kann, um ihr zu helfen. Ich liebe sie so sehr.*
↓	↓
Satir-Kategorie 2 (Anklagen)	**Satir-Kategorie 1** (Beschwichtigen)

Die Kombination dieser beiden Ordnungstechniken hat in allen Fällen, die wir selbst miterlebt haben, eine Anordnung von Inkongruenzen zu polar gegensätzlichen Anteilen ermöglicht, was dem betreffenden Klienten geholfen hat, einen wichtigen Schritt in Richtung Integration und Wachstum zu gehen. Beim Ordnen von Para-Botschaften nach Repräsentationssystemen und Satir-Kategorien sind uns bestimmte sich wiederholende Muster aufgefallen. In der Reihenfolge ihrer Häufigkeit und Effektivität lassen sie sich wie folgt darstellen:

Polaritäten zwischen Repräsentationssystemen

visuell	kinästhetisch
visuell	auditiv
auditiv	kinästhetisch
kinästhetisch	kinästhetisch

Polaritäten zwischen Satir-Kategorien

Anklagen 2	Beschwichtigen 1
Anklagen 2	Rationalisieren 3
Rationalisieren 3	Beschwichtigen 1
Beschwichtigen 1	Beschwichtigen 1

Die kombinierte Anwendung beider Ordnungsprinzipien entfaltet durch ihr Zusammenwirken eine starke Kraft. Die nützlichsten Verallgemeinerungen, die wir aufgrund unserer persönlichen Erfahrungen formulieren können, lauten, daß die folgenden Satir-Kategorien stets mit den ebenfalls angegebenen Repräsentationssystemen verbunden sind:[8]

Repräsentationssystem	Satir-Kategorie
kinästhetisch	Beschwichtigen 1
visuell	Anklagen 2
auditiv	Rationalisieren 3

Mit diesen Entsprechungen verfügen Therapeuten über ein extrem effektives Organisationsprinzip, mit Hilfe dessen sie Inkongruenzen in Form von polar gegensätzlichen Positionen anordnen können. Jeder polare Anteil, der Haltungen, Gesten und Syntax der Satir-Kategorie 1 (Beschwichtigen) (beispielsweise Gruppe 2) beinhaltet, kann vom Therapeuten zur Nutzung kinästhetischer Prädikate angeleitet werden; beinhaltet eine Polarität hinsichtlich Körperhaltung, Gestik usw. die Satir-Kategorie 2, hilft der Therapeut dem Klienten in der Phase des Ordnens am besten, indem er dafür sorgt, daß letzterer Prädikate benutzt, die ein visuelles Repräsentationssystem voraussetzen. Unserer Erfahrung gemäß ist die bei weitem häufigste Kombination eine Polarisierung, bei der die eine

Seite der Satir-Kategorie 1 (Beschwichtigen) entspricht, verbunden mit einem kinästhetischen Repräsentationssystem, während die andere Seite der Satir-Kategorie 2 (Anklagen) entspricht, verbunden mit einem visuellen Repräsentationssystem. Zahlreiche Informationen insbesondere aus neurowissenschaftlichen Quellen deuten darauf hin, daß das kinästhetische Repräsentationssystem des Menschen in beiden Hemisphären beheimatet ist, wohingegen sich die Hemisphären hinsichtlich des visuellen und des auditiven Repräsentationssystems jeweils spezialisiert haben. Der sprachliche Anteil des auditiven Repräsentationssystems ist jeweils in der sogenannten dominierenden Hemisphäre angesiedelt, das visuelle Repräsentationssystem hingegen in der nicht-dominierenden.[9] Jede Polarisierung, die sich im Rahmen unserer Arbeit als nützlich erwiesen hat, entspricht der Generalisierung, daß Inkongruenzen, deren Repräsentationssysteme jeweils in einer anderen Hemisphäre angesiedelt sind, sich sehr effektiv zu polar gegensätzlichen Anteilen anordnen lassen. Dies erklärt die außerordentliche Wirksamkeit einer kombinierten polarisierten Anordnung von Repräsentationssystemen und Satir-Kategorien.

Wir haben im Vorangegangenen fünf Techniken vorgestellt, mit Hilfe derer ein Therapeut Klienten beim Ordnen inkongruenter Para-Botschaften in Form von polar gegensätzlichen Anteilen helfen kann. Die ersten drei – das räumliche, das phantasiebasierte und das psychodramatische Ordnen – lassen sich problemlos in Kombination mit den letzten beiden benutzen – dem Ordnen nach Repräsentationssystemen und nach Satir-Kategorien. So kann der Therapeut, wenn er die Technik des räumlichen Ordnens anwendet, gleichzeitig das Ordnen nach Repräsentationssystemen und nach Satir-Kategorien nutzen. Er muß sehr genau beobachten und zuhören, um sicherzustellen, daß die räumlich geordneten Polaritäten unterschiedlichen Repräsentationssystemen und unterschiedlichen Satir-Kategorien entsprechen. Außerdem lassen sich die ersten drei genannten Techniken miteinander kombinieren. So erwähnten wir im Zusammenhang mit einem Beispiel für das phantasiebasierte Ordnen, dieses Ordnungsprinzip habe den Vorteil, den Klienten mit visuellen und auditiven Repräsentationen seiner polaren Anteile zu konfrontieren, was bei Anwendung der Technik des räumlichen Ordnens nicht der Fall sei. Allerdings möchten wir hier darauf hinweisen, daß in unserem Beispiel für die Anwendung des räumlichen Ordnens mit Hilfe zweier Stühle, wenn der Klient vom einen auf den anderen Stuhl wechselte, der Therapeut ihn stets aufforderte, seine andere Polarität visuell und auditiv auf dem anderen Stuhl zu phantasieren, wodurch die Vorteile der beiden Techniken miteinander kombiniert wurden. Dieses Verfahren wenden wir in Lehrseminaren regelmäßig an.

Es ist uns sehr wichtig, darauf hinzuweisen, daß die in diesem Teil vorgestellten Beispiele als *Orientierungshilfen* für den Anfang gedacht sind, und *nur* als solche. Sie veranschaulichen das Prinzip des Umwandelns der simultanen Inkongruenzen des Klienten in polar gegensätzliche Anteile, die jeweils in ihrem Ausdruck kongruent sind. Wir fordern Sie hiermit ausdrücklich auf, selbst originelle neue Möglichkeiten zu entwickeln, Klienten bei der Bewältigung dieses zweiten Schritts zu helfen – bei der Umwandlung von Inkongruenzen in Ressourcen, die ihnen helfen, sich als lebendige Menschen fortwährend weiterzuentwickeln.

Polaritäten ausdrücken

Wir wenden uns nun der Frage zu, wie man Klienten helfen kann, ihre polaren Anteile vollständig zum Ausdruck zu bringen. Wie bereits in einem Beispiel erwähnt, besteht eine ausgezeichnete Möglichkeit, dies zu erreichen, darin, daß der Therapeut als eine Art Film- oder Schauspielregisseur fungiert. Auf diese Weise nutzt er seine Fähigkeit, Inkongruenzen zu entdecken und den Klienten zu kongruentem Selbstausdruck anzuleiten. Er fordert vom Klienten eine völlig kongruente Darstellung beider polarer Positionen. Oft demonstriert der Therapeut auch selbst die Kongruenz der Polaritätspräsentation, zu welcher er den Klienten anleiten will, womit er für den Klienten als Vorbild (bzw. Modell) fungiert. Abgesehen von der Film-/Schauspielregisseur-Technik haben wir noch eine Anzahl anderer Möglichkeiten entdeckt.

So können auch die in *Struktur der Magie I* beschriebenen Meta-Modell-Techniken genutzt werden, um dem Klienten zu helfen, seine verschiedenen polaren Anteile vollständig auszudrücken. Dabei wird die Form der sprachlichen Repräsentation des Klienten hinterfragt, um ihn zur Aufhebung eventueller Tilgungen (durch Ergänzung zuvor ausgelassener Satzteile) sowie zur Spezifizierung von Verben zu veranlassen (dazu, Prozesse so zu beschreiben, daß Klient und Therapeut die sprachlichen Repräsentationen mit dem Erlebnis verknüpfen) und dann die übrigen Meta-Modell-Unterscheidungen zu nutzen. So kann der Therapeut auf systematische Weise alle polaren Anteile des Klienten vollständig zum Ausdruck bringen.

Wenn man Klienten zu helfen versucht, die verschiedenen Gruppen von Para-Botschaften als kongruente Polarität vollständig auszudrücken, besteht nach unserer Erfahrung eine der Schwierigkeiten darin, daß der Klient oft eine der polar gegensätzlichen Positionen vollständig auszudrücken vermag (nämlich diejenige, die ohnehin schon stärker zum Ausdruck gelangt ist), wohingegen ihm dies im Falle des anderen polaren Anteils (des bisher weniger stark zum Ausdruck gebrachten) sehr schwerfällt. Wenn es in unserer Praxis darum ging, einem Klienten zu helfen, seinem schwächeren polaren Anteil Ausdruck zu verleihen, hat sich eine Methode stets bewährt, die wir »Ausspielen des polaren Gegensatzes« (engl: *playing polarity*) nennen. Wir unterscheiden zwischen zwei Arten, diese Technik anzuwenden. Die erste besteht darin, daß der Klient selbst vom Therapeuten ausdrücklich aufgefordert wird, den ohnehin schon stärkeren polaren Anteil weiterhin »auszuspielen«, und zwar so übertrieben wie möglich, wobei der Therapeut seinem Einfallsreichtum keine Grenzen zu setzen braucht. Diese Anweisung des Therapeuten hat mit Sicherheit einige positive Folgen. Zunächst zwingt sie ihn, das Verhalten des Klienten völlig zu akzeptieren und es zu nutzen – er fordert den Klienten buchstäblich auf, genau das zu tun, was er ohnehin schon tut. Dem Klienten stehen in dieser Situation zwei Möglichkeiten offen:

a. Er kann die Aufforderung des Therapeuten, in übertriebener Form zu tun, was er ohnehin schon getan hat, akzeptieren.
b. Er kann sich weigern, der Aufforderung des Therapeuten, in übertriebener Form zu tun, was er ohnehin schon getan hat, nachzukommen.

Entscheidet sich der Klient für Möglichkeit (a), akzeptiert er die Anweisungen des Therapeuten als legitim. Das, worum es in diesem Fall geht, wird oft als Kontrolle bezeichnet – ein Thema, mit dem sich Jay Haley (siehe sein Buch *Gemeinsamer Nenner Interaktion*) sehr gründlich beschäftigt hat. Wenn wir die Technik »Ausspielen des polaren Gegensatzes« in unseren Ausbildungsseminaren das erste Mal vorstellen, äußern sich die Teilnehmer häufig besorgt, weil sie diese Technik für manipulativ halten. Doch nach unserer Auffassung geht es dabei gar nicht in erster Linie um Kontrolle, sondern darum, die Grenzen des Weltmodells des Klienten konsequent zu nutzen, eine Vorgehensweise, die es dem Klienten ermöglicht, vorher unterdrückte Teile von sich auszudrücken und schließlich zu akzeptieren. Vertritt man hingegen die Auffassung, es gehe um Kontrolle, so akzeptiert man damit ein Weltmodell, innerhalb dessen ein Mensch die Macht hat, mit Hilfe von Manipulation die Kontrolle über einen anderen Menschen zu gewinnen. Mit dieser Problematik haben wir uns in *Struktur der Magie I* ausgiebig beschäftigt und sie als einen Fall von semantischer Fehlgeformtheit bezeichnet (siehe hierzu insbesondere Kapitel 3 und 4). Wir möchten hier nur darauf hinweisen, daß man, wenn man diese Methode als Möglichkeit bezeichnet, das Verhalten eines Klienten zu kontrollieren, diesem nicht zubilligt, daß er lernen kann zu antworten, und daß man damit seinem gewaltigen Potential, viele verschiedene Selbstanteile zu integrieren, keine Chance gibt. Die Aufforderung des Therapeuten, der Klient möge seine polaren Anteile in übertriebener Form ausspielen, kann auch dazu führen, daß der Klient daraufhin bald zum entgegengesetzten polaren Anteil wechselt – anders ausgedrückt: Wenn ein Klient seine ohnehin schon manifestere Polarität in übertriebener Weise zum Ausdruck bringt, tritt der konträre polare Anteil in Erscheinung.[10]

Diese allgemeine Taktik des Ausspielens des polaren Gegensatzes wird im Rahmen verschiedener psychotherapeutischer Ansätze unterschiedlich bezeichnet. In der Gestalttherapie beispielsweise wird sie »eine Runde machen« *(making the rounds)* genannt (siehe Fagan, Shepherd, *Gestalt Therapy Now*, 1970). Der Therapeut leitet den Klienten dazu an, seinen stärker entwickelten polaren Anteil jedem Mitglied der Gruppe gegenüber auszuspielen, bis sich bei ihm der entgegengesetzte polare Anteil manifestiert. Im Kontext der Kurzzeittherapie (siehe etwa die Fallbeispiele im Buch *Lösungen* von P. Watzlawick,

J. Weakland und R. Fisch [1974]) wird diese Technik dem Klienten häufig als Hausaufgabe gegeben. Milton Erickson benutzt sie oft als ersten Schritt seiner Arbeit. Wenn er beispielsweise mit einem fettsüchtigen Klienten arbeitete, der erklärte, er wolle abnehmen, gab Erickson dem Betreffenden gewöhnlich die Anweisung, er solle zunehmen. Wie Erickson dem Klienten erklärte, ist die Voraussetzung für die Umsetzung dieser Anweisung, daß der Klient tatsächlich die Kontrolle über sein Gewicht hat; wenn er zunimmt, akzeptiert er seine Eigenverantwortung in einem Verhaltensbereich, von dem er bis zu diesem Zeitpunkt angenommen hatte, er könne ihn nicht beeinflussen (siehe hierzu Jay Haley [Hg.], *Advanced Techniques of Hypnosis and Therapy*).

Wenn der Klient sich entschließt, den Empfehlungen des Therapeuten *nicht* zu folgen [womit er sich für Möglichkeit (b) entscheidet], wechselt er gewöhnlich zum anderen polaren Anteil. Demnach ist es letztendlich gleichgültig, ob der Klient sich für Möglichkeit (a) oder für Möglichkeit (b) entscheidet, denn in beiden Fällen ist die Folge letztendlich, daß die weniger ausgeprägte bzw. weniger stark ausgedrückte Polarität zutage tritt und der Prozeß des Wachstums und der Veränderung sich seinen Weg bahnt.

Es gibt noch eine zweite Variante, die darin besteht, daß der Therapeut selbst den polaren Gegensatz ausspielt. Auch in diesem Fall geht es darum, dem Klienten zu helfen, die schwächer entwickelte polare Position vollständig zum Ausdruck zu bringen, um ihre Integration zu ermöglichen. Dabei ist das gleiche Polaritätsprinzip wirksam. Um dem Klienten zu helfen, den bisher weniger stark ausgedrückten polaren Anteil zu entwickeln, forciert der Therapeut den Ausdruck des bisher stärkeren Anteils. Beispielsweise macht er sich zu diesem Zweck die entsprechende Körperhaltung zu eigen, bestimmte Gesten, den Stimmcharakter, die Sprechgeschwindigkeit, die charakteristische Syntax, die für das benutzte Repräsentationssystem adäquaten Prädikate usw. – also alle Output-Systeme, die für den stärker entwickelten polaren Anteil des Klienten eine Rolle spielen. Entscheidend bei diesem ganzen Vorgang ist, daß der Therapeut kongruenter und energischer auftritt, wenn er den Klienten mit dem besser entwickelten polaren Anteil konfrontiert, als der Klient selbst diesen zum Ausdruck bringt. Nach unseren Erfahrungen lassen sich mit dieser Methode augenblicklich dramatische Resultate erzielen. In Reaktion darauf bringt der Klient den zuvor schwächeren polaren Aspekt zum Ausdruck. Der Therapeut hebt den stärkeren polaren Aspekt so lange auf übertriebene Weise hervor, bis der Klient den konträren Aspekt mit ebensolcher Intensität ausdrückt. Nur selten merkt der Klient (bewußt), daß es sich dabei um ein absichtliches Manöver des Therapeuten handelt. Und selbst wenn er sich völlig darüber im klaren ist, reagiert er (bevor die Integration eingetreten ist) mit dem polaren Gegensatz, solange der Therapeut den stärkeren polaren Anteil des Klienten ausdrückt.

Nun werden wir uns damit beschäftigen, woran der Therapeut erkennt, daß es dem Klienten gelungen ist, seine polar gegensätzlichen Anteile so zu ordnen, daß in signifikantem Maße eine Integration möglich ist. Weil es bei der Arbeit an der Überwindung der Inkongruenz in Phase 2 in erster Linie darum geht, simultane Inkongruenzen in sequentielle Inkongruenzen umzuwandeln, setzt der Therapeut alle seine Input-Kanäle ein – er benutzt seinen Körper, berührt den Klienten, stellt fest, ob bestimmte muskuläre Muster vorliegen; seine Augen beobachten sorgfältig alle Para-Botschaften, die die Körperhaltungen und -bewegungen des Klienten erkennen lassen; seine Ohren hören genau auf den Sprechcharakter, die Redegeschwindigkeit und die auf ein bestimmtes Repräsentationssystem hindeutenden Prädikate –, um festzustellen, daß der Klient in seiner Kommunikation kongruent ist, wenn er zuerst den einen und dann den anderen seiner polar gegensätzlichen Anteile ausdrückt. Auch in dieser Hinsicht gilt: Unseres Wissens gibt es keinen Ersatz dafür, daß ein Therapeut gute Augen und Ohren hat und eine Wahrnehmungsfähigkeit für Körpersignale, mit denen er den Klienten immer wieder auf Kongruenz überprüft. In unseren Ausbildungsseminaren haben wir festgestellt, daß angehende Therapeuten lernen sollten, zwei sehr spezifische Überprüfungen vorzunehmen. Die Inkongruenzen eines Klienten sind für die Zwecke der beginnenden Integration ausreichend geordnet, wenn sämtliche im folgenden aufgeführten Bedingungen erfüllt sind:

1. Jeder der gegensätzlichen Anteile hat ein konsistentes Repräsentationssystem, das sich von dem des konträren Anteils unterscheidet.
2. Jedem der gegensätzlichen Anteile entspricht eine konsistente Satir-Kategorie, die sich von derjenigen des konträren Anteils unterscheidet.
3. Das Repräsentationssystem und die Satir-Kategorie jedes der gegensätzlichen Anteile stehen im Einklang mit den im folgenden aufgeführten Entsprechungen:

Repräsentationssystem	Satir-Kategorie
visuell	2
kinästhetisch	1
auditiv	3

Wenn alle diese Bedingungen erfüllt sind, geht der Therapeut zur Integration der Polaritäten über – der Phase 3 der Arbeit an Inkongruenzen.

Inkongruenzen in Anteile (>2) verwandeln

Uns ist nur eine von einem der therapeutischen Zauberer entwickelte Technik bekannt, die dazu dient, die vom Klienten präsentierten Inkongruenzen mehr als zwei Anteilen zuzuordnen. Gemeint ist die von Virginia Satir entwickelte *Parts Party* (»Teile-Party«). Beide benutzen wir diese Technik in unserer Arbeit und halten sie für sehr effektiv.

Eine Parts Party à la Satir basiert auf der Technik des Psychodramas. Der Therapeut benutzt eine Projektionstechnik (z. B. die Namen einer Anzahl bekannter fiktiver oder realer Personen, die dem Klienten besonders gefallen oder mißfallen, denen er [der Therapeut] dann jeweils ein Adjektiv hinzufügt, das die betreffende Person so beschreibt, daß der Klient etwas mit der Beschreibung anfangen kann) und hilft dem Klienten, Mitglieder der Therapiegruppe auszuwählen, welche die verschiedenen Persönlichkeitsanteile darstellen sollen, und die Betreffenden entsprechend zu instruieren. Anschließend interagieren die Gruppenmitglieder im Rahmen einer Party – wobei jedes Mitglied sich eindimensional [im Sinne seiner Rolle, Anm. d. Übers.] verhält. Hat beispielsweise ein Gruppenmitglied akzeptiert, im Rahmen der Parts Party eines Klienten einen Anteil zu spielen, der durch das Adjektiv *wütend* charakterisiert wird, dann präsentiert diese Person (nachdem der Klient ihr erklärt hat, wie sie die Wut ausdrücken soll) für jeden Output-Kanal, mit jeder Para-Botschaft und bei jedem Kontakt mit den übrigen Anteilen eine Wut-Botschaft. Gewöhnlich befindet sich der Klient dabei an einem Ort im Behandlungsraum, von dem aus er alle Handlungen aller Anteile sehen und hören kann. Dabei sieht und hört er sowohl Handlungen seiner Anteile, die zuvor nur innerlich, in seinen Phantasien, aufgetaucht sind, als auch Verhaltensweisen, die er aufgrund seiner »äußeren« Bemühungen, mit anderen zurechtzukommen, kennt. Nachdem sich der Klient mit all seinen Anteilen identifiziert hat (nachdem er sie sich zu eigen gemacht hat), kommt es in der Interaktion der Anteile meist zu einer Krise, die mobilisierend wirkt. Im Verlauf dieser Krise verwandeln sich einige Anteile in andere, verwandte Fähigkeiten oder Ressourcen, und alle Anteile lernen, miteinander zu kooperieren. Der letzte Teil der Parts Party – die Integrationsphase – besteht darin, daß der Klient jeden der Anteile als Ressource akzeptiert.

Will man dem Klienten mittels einer projektiven Technik helfen, seine Anteile oder Ressourcen zu identifizieren, hat es sich in unserer therapeutischen Praxis als nützlich erwiesen, ihn eine gleich große Anzahl von männlichen und weiblichen wohlbekannten Persönlichkeiten wählen zu lassen. Oft bitten wir Klienten, etwa die Hälfte der Personenzahl auszuwählen, mit der wir arbeiten wollen. Nachdem er dies getan hat und nachdem er den Ausgewählten Adjektive zugeordnet hat, fordern wir ihn auf, uns je ein Adjektiv zu nennen, das einen polaren Gegensatz zu einem der zuvor gewählten Adjektive verkörpert – also ein Adjektiv, das den Anteil des Klienten beschreibt, der innerhalb des Weltmodells, in dem der zuvor beschriebene Anteil einen Platz hat, maximal inkongruent ist. Auf diese Weise identifizieren wir im Weltmodell des Klienten sogenannte *gute* und *schlechte* Anteile und arbeiten gleichzeitig auf ein ausgewogenes Verhältnis zwischen diesen hin. Das bisher [im Hinblick auf die Parts Party] Beschriebene entspricht der Phase 1 der Arbeit an den polaren Anteilen. Der Teil der Parts Party, in dem der Klient, unterstützt vom Therapeuten, alle für die Darstellung seiner verschiedenen Anteile ausgewählten Gruppenteilnehmer instruiert, ist eng mit Phase 2 der ebenfalls bereits beschriebenen Arbeit an den polaren Anteilen verbunden. In diesem Zusammenhang fordern wir den Klienten gewöhnlich auf, beispielsweise das Gruppenmitglied, das den Anteil *Wut* spielen soll, zu instruieren, indem er in diesem Moment Wut ausdrückt. Mittels geführter Phantasien oder mittels Enactment-Techniken (eine Beschreibung finden Sie in *Struktur der Magie I*, Kapitel 6) helfen wir dem Klienten, indem wir der Person, die den Wut-Anteil darstellen soll, genau erklären, wie genau sie dies bewerkstelligen soll. Während der Klient der Person, die den Wut-Anteil darstellen soll, zeigt, wie sie Wut ausdrücken soll, unterstützen wir den Klienten mit Hilfe unserer Fertigkeiten im Aufdecken inkongruenter Para-Botschaften, seine Wut möglichst kongruent auszudrücken. Techniken, die bereits in Zusammenhang mit der Entwicklung eines möglichst hohen Maßes an Kongruenz beschrieben wurden – beispielsweise als Film- oder Schauspielregisseur die Konsistenz von Prädikaten im Hinblick auf ein bestimmtes Repräsentationssystem usw. zu überprüfen –, bieten sich hier an. Sobald der Klient seinen Wut-Anteil kongruent zum Ausdruck gebracht hat, fordern wir das Gruppenmitglied, das diesen Anteil spielen soll, auf, alle Para-Botschaften des Klienten zu kopieren – seine Körperhaltung, seine Bewegungen und seine Stimmlage. Dann machen wir den Klienten zum Regisseur. Er soll die Person, die seinen Wut-Anteil spielen soll, dazu anleiten, genau die Körperhaltung, die Bewegungen, die Stimmlage usw. zu benutzen, die für ihn der kongruenteste Ausdruck des Wut-Anteils sind.

Sobald alle Adjektive dieser ersten Gruppe bestimmten Personen zugeordnet und die betreffenden Gruppenmitglieder vom Klienten instruiert worden sind, wie sie die ihnen zugewiesenen Anteile darstellen sollen, bitten wir den Klienten, Adjektive zu nennen, die das Gegenstück zu denjenigen der ersten Gruppe sind, so wie es schon weiter oben erläutert wurde. Auch diese neuen Anteile soll der Klient bestimmten Gruppenmitgliedern zuweisen. Dabei hat es sich als nützlich erwiesen, jeweils diejenigen, die den anderen Pol eines Gegensatzpaars verkörpern, vortreten und mit dem Klienten interagieren zu lassen. Das Resultat ist (unabhängig davon, ob sich der Klient dieses Vorgangs bewußt ist oder nicht), daß der Klient in seinem Ausdruck des polaren Gegensatzes sehr schnell maximale Kongruenz erreicht und dadurch in der Lage ist, für den Helfer, der dieses Adjektiv darstellen soll, optimal als Beispiel zu fungieren. Statt den mit ihrer Darstellung beauftragten Teilnehmer darum zu bitten, kann der Therapeut die polare Ausgangsposition auch selbst darstellen. Sobald die Party beginnt, bemüht sich der Klient, unterstützt vom Therapeuten, die »Schauspieler« zu einer möglichst kongruenten Darstellung der verschiedenen Anteile anzuleiten.

Die Prinzipien, die wir in Zusammenhang mit der Arbeit an polaren Gegensätzen vorgestellt haben, gelten auch für die Parts Party. Der Therapeut hilft dem Klienten, seine Inkongruenzen einer Anzahl von Anteilen zuzuordnen. Weil zwischen einigen dieser Anteile eine polare Beziehung besteht, nutzt der Therapeut Möglichkeiten, die explizit auf die Überprüfung der Qualität der Zuordnung der polaren Anteile zielen (z. B. darauf, daß nicht zwei polare Gegensätze das gleiche Repräsentationssystem haben). Grundsätzlich besteht die Aufgabe des Therapeuten darin, die einander widersprechenden und simultan inkongruent ausgedrückten Weltmodelle des Klienten in Form von Anteilen zu organisieren, von denen jeder in sich kongruent ist. Dies ist eine Vorbereitung auf die Integration in Phase 3, in welcher der Klient die Inkongruenzen als Ressourcen nutzen kann, die ihm helfen, in der Welt zurechtzukommen und kontinuierlich zu wachsen. So hilft der Therapeut dem Klienten, konträre Anteile zu transformieren, die zuvor Schmerz und Unzufriedenheit verursacht und ihn aufgrund ihrer Gegensätzlichkeit gehindert haben, Dingen, die er sich wünscht, näher zu kommen. Nun hat der Klient die Möglichkeit, sie zu Ressourcen zu machen, die er nutzen kann, um ein erfülltes und erfüllendes, geordnetes und anregendes Leben zu führen und seinen Schmerz zu einer Quelle des Wachstums zu machen.

Phase 3: Integrieren der Inkongruenzen des Klienten

Nachdem der Therapeut dem Klienten geholfen hat, seine Inkongruenzen in Form von polaren Anteilen zu ordnen, beginnt die Integrationsphase (Phase 3). Hier besteht die allgemeine Strategie des Therapeuten darin, dem Klienten zu helfen, seine polar gegensätzlichen Anteile so zu koordinieren, daß sie für ihn zu Ressourcen werden, statt Schmerz und Unzufriedenheit zu erzeugen. Man könnte es auch so beschreiben: Der Therapeut hilft dem Klienten, hinsichtlich seiner polar gegensätzlichen Positionen (oder seiner verschiedenen Anteile, falls bei einem Klienten an mehr als zwei Anteilen gearbeitet wird) eine *Meta-Position* zu erreichen. Ein Mensch hat hinsichtlich seiner polaren Positionen (bzw. seiner unterschiedlichen Anteile) eine Meta-Position erreicht, wenn er (bewußt oder nicht) in der Lage ist, sich hinsichtlich der einen oder anderen polaren Position (bzw. hinsichtlich eines seiner Anteile) ohne nennenswerte Störungen (d. h. auf reibungslose, koordinierte Weise) so zu verhalten, wie es für den betreffenden Anteil charakteristisch ist. Dabei unterbricht keiner der konträren Anteile (bzw. der unterschiedlichen Anteile) den (bzw. einen) anderen, und der Klient vermag beide Positionen adäquat und kongruent auszudrücken. Wir unterteilen die Integrationsphase der Arbeit an der Inkongruenz in zwei Abschnitte, denjenigen des *Kontakts* und den der *Integration*.

Kontakt zwischen den polaren Positionen

Bisher haben Therapeut und Klient im Rahmen der Arbeit an Inkongruenzen eine Anzahl simultan präsentierter inkongruenter Para-Botschaften in eine Folge sequentiell präsentierter kongruenter polarer Positionen (bzw. unterschiedlicher Anteile) umgewandelt. Diese polaren Anteile werden nun strikt voneinander unterschieden – sie werden mittels eindeutiger Satir-Kategorien und der Zuordnung unterschiedlicher Repräsentationssysteme kenntlich gemacht. Der Klient hat sich von einem verwirrten, sich selbst behindernden, gequälten und inkongruenten Menschen in einen verwandelt, der sich zu jedem beliebigen Zeitpunkt kraftvoll und kongruent ausdrücken kann. Da die in sich kongruenten polaren Anteile in unterschiedlichen Repräsentationssystemen organisiert sind, haben sie von der Struktur des Systems her keine Möglichkeit, zueinander in Kontakt zu treten. Der Therapeut kann dem Klienten jedoch auf unterschiedliche Weisen helfen, Kontakt zwischen seinen polar gegensätzlichen Anteilen herzustellen, und einige dieser Möglichkeiten werden wir nun beschreiben. Doch *erstens* möchten wir Sie daran erinnern, daß es sich hier nur um eine Orientierungshilfe für Ihre Arbeit handelt; wir raten Ihnen, eigene nützliche Methoden für diesen Zweck zu entwickeln. Je mehr Möglichkeiten Ihnen bei Ihrer Arbeit als Therapeut offenstehen, um so effektiver und kreativer können Sie Menschen helfen. Und *zweitens* schließen die im folgenden vorgestellten Möglichkeiten einander nicht aus, und wir empfehlen Ihnen, selbst Kombinationen zu entwickeln, die Ihre Arbeit noch effektiver machen.

Die Wahl eines Repräsentationssystems für den Kontakt

An diesem Punkt der Therapie sind die polaren Anteile des Klienten nicht mit dem gleichen Repräsentationssystem verbunden, und sie haben somit buchstäblich keine Möglichkeit, zueinander in Kontakt zu treten. Der Therapeut hat in dieser Situation grundsätzlich folgende Möglichkeiten: Er kann daran arbeiten, auf einen der polar gegensätzlichen Anteile das Repräsentationssystem des anderen zu übertragen, die Repräsentationssysteme der beiden polaren Anteile dem jeweils anderen zugänglich zu machen oder ein Repräsentationssystem einzuführen, mit dem *beide* polaren Anteile bisher noch nicht verbunden sind und mit dessen Hilfe sie zueinander in Kontakt treten können. Natürlich kann der Therapeut alle drei Varianten gleichzeitig einsetzen, was dann dazu führt, daß beide polaren Anteile alle drei erwähnten Repräsentationssysteme zur Verfügung haben und somit in allen dreien zueinander in Kontakt treten können.

Ganz gleich, für welche dieser Möglichkeiten sich ein Therapeut zu diesem Zeitpunkt der Therapie entscheidet, er achtet in jedem Fall verstärkt darauf, welche Prädikate er selbst und welche der Klient benutzt. Nehmen wir an, er will die Arbeit an der Kontaktphase beginnen, indem er einem Anteil mit visuellem Repräsentationssystem und Satir-Kategorie 2 die Fähigkeit der kinästhetischen Repräsentation seines Erlebens vermittelt, zu seinen Gefühlen in Kontakt zu treten: Dann wechselt er hinsichtlich der benutzten Prädikate absichtlich von solchen wie *sehen*, *beobachten* und *klar* – die ein visuelles Repräsentationssystem implizieren – zu solchen wie *fühlen*, *berühren* und *empfindlich*, die mit einem kinästhetischen Repräsentationssystem verbunden sind. Außerdem hört sich der Therapeut die Antworten des Klienten genau an, um herauszufinden, ob dieser selbst ebenfalls zu den entsprechenden Prädikaten wechselt. Es folgen nun zwei Beispiele dafür, wie ein Therapeut eine Entscheidung hinsichtlich der Repräsentationssysteme trifft und wie er beim Herstellen von Kontakt zwischen gegensätzlichen Anteilen vorgeht.

Beispiel 1

Der Therapeut hat die Inkongruenzen des Klienten zwei polar gegensätzlichen Positionen zugeordnet, wobei er, ähnlich wie Fritz Perls es zu tun pflegte, mit leeren Stühlen arbeitet. Einer der gegensätzlichen Anteile des Klienten ist ein anklagender und visuell orientierter, der andere ein beschwichtigender und kinästhetisch orientierter. Die Klientin, eine Frau mit Namen Beatrice, sitzt auf dem Stuhl für den visuell orientierten und anklagenden Anteil und bringt ihre Wut kongruent zum Ausdruck.

THERAPEUT: ... Ja, und sagen Sie ihr, was genau Sie sehen, wenn Sie von dort drüben zu ihr hinschauen, wie sie dasitzt und weint.

BEATRICE: Ja, ich weiß ... Ich beobachte dich ... du sitzt ständig herum, weinst und ergehst dich in Selbstmitleid. Deine Augen sind so mit Tränen gefüllt, daß du nicht einmal siehst, was du tust.

THERAPEUT: Wechseln Sie nun auf den anderen Stuhl, Beatrice.

BEATRICE: *(Während sie den Stuhl wechselt, verändern sich ihre Körperhaltung, ihre Gesten und der Klang ihrer Stimme, zu einer Gruppe kongruent beschwichtigender Para-Botschaften)* Oh ... *(tonloses Weinen)* ... oh je, mir geht's so schlecht ... mein Bauch tut weh, und ich möchte am liebsten allein sein *(fährt fort mit dem Weinen)*.

THERAPEUT: *(Merkt, daß Beatrice ihre polar gegensätzlichen Anteile kongruent zum Ausdruck bringt und daß sie so geordnet sind, daß es keine Überschneidungen zwischen den Repräsentationssystemen und den Satir-Kategorien der beiden Anteile gibt; deshalb entscheidet er sich, ein Repräsentationssystem zu verwenden, über das keine der beiden polar gegensätzlichen Positionen verfügt – das auditive System.)* Beatrice, haben Sie gehört, was sie *(deutet auf den momentan leeren Stuhl des anklagenden und visuell orientierten Anteils)* zu Ihnen gesagt hat?

BEATRICE: Was? ... Was sie gesagt hat. *(Schaut den anderen Stuhl an.)* Ja, ich glaube schon ...

THERAPEUT: Berichten Sie darüber, was sie gesagt hat.

BEATRICE: Ääh ... da bin ich mir nicht sicher. Offenbar habe ich es nicht gehört.

THERAPEUT: Okay, Beatrice, fragen Sie sie, was sie zu Ihnen gesagt hat. Nennen Sie sie bei ihrem Namen.

BEATRICE: Beatrice, was hast du zu mir gesagt?

THERAPEUT: Wechseln Sie! *(Beatrice setzt sich auf den anderen Stuhl, was ihren Körper und ihre anderen Output-Kanäle veranlaßt, wieder in die anklagende Position zu wechseln.)* Und nun antworten Sie, Beatrice!

BEATRICE: Antworten? ... Worauf antworten?

THERAPEUT: Haben Sie gehört, was sie zu Ihnen gesagt hat?

BEATRICE: ... Nun ja, aber sie sagt immer ...

THERAPEUT: *(unterbricht Beatrice)* Fragen Sie sie, was sie gesagt hat!

BEATRICE: Also, was hast ... *(unterbricht sich selbst)* ach ja, ich erinnere mich.

THERAPEUT: Wie bitte?

BEATRICE: Sie hat mich gefragt, was ich zu ihr gesagt habe.

THERAPEUT: Dann antworten Sie ihr jetzt.

BEATRICE: Du sitzt den ganzen Tag nur herum und heulst und ergehst dich in Selbstmitleid.

THERAPEUT: Beatrice, wechseln Sie auf den anderen Stuhl. *(Beatrice zieht um.)* Haben Sie jetzt gehört, was sie gesagt hat?

BEATRICE: Ja, sie hat gesagt, daß ich nichts anderes tue, als ständig herumzusitzen und mich in Selbstmitleid zu ergehen.

THERAPEUT: Ja. Und nun antworten Sie.

Der Therapeut arbeitet mit Beatrice weiter, indem er bei jedem ihrer Wechsel vom einen auf den anderen Stuhl überprüft, ob sie die Aussage der anderen Position richtig gehört hat, bevor sie darauf zu antworten versucht. So treten die beiden polar gegensätzlichen Anteile allmählich zueinander in Kontakt, informieren einander über ihre Bedürfnisse und lernen zu kommunizieren und zu kooperieren, so daß sie für Beatrice wirklich zu Ressourcen werden und nicht mehr Quellen des Schmerzes und der Ungerechtigkeit sind.

BEISPIEL 2

Mark, ein junger Mann, Mitte Zwanzig, der an einer unserer Fortbildungsgruppen teilnahm, hat mit einem der anderen Teilnehmer (einem Therapeuten) daran gearbeitet, seine Inkongruenzen zu einer beschwichtigenden kinästhetischen und zu einer anklagenden visuellen Position zu organisieren. Der Therapeut hatte sich entschlossen, die beiden polaren Anteile jeweils mit dem Repräsentationssystem der anderen Position zu verbinden, um beiden zu ermöglichen, zueinander in Kontakt zu treten.

MARK: *(in der kinästhetischen, beschwichtigenden Position)* Ich möchte mich nur gut fühlen. Ich möchte mich entspannen ...

THERAPEUT: Mark, atmen Sie tief, lehnen Sie sich zurück, lockern Sie die Muskeln in Ihrem Brust- und Halsbereich, und schauen Sie, während Sie dies tun, auf den Stuhl vor sich, und stellen Sie fest, was sich dort befindet. *(Mark verändert seine Körperhaltung entsprechend und schaut auf.)* Ja, und was sehen Sie?

MARK: ... Also, es fällt mir schwer, etwas zu sehen. Ich ... äh, okay, ja, ich sehe jemanden dort stehen, der mit einem Finger auf mich deutet, und er brüllt mich an ...

THERAPEUT: Und wie sieht das Gesicht des Mannes aus, den Sie beobachten?

MARK: Er sieht wütend ... äh ... angespannt aus ... wissen Sie ... er sieht aus, als ob er über irgend etwas sehr unglücklich wäre.

THERAPEUT: Mark, wechseln Sie jetzt.

MARK: *(wechselt auf den Stuhl für die visuell-anklagende Position und verändert seinen Körper dementsprechend)* Er *(deutet auf den anderen Stuhl)* kotzt mich wirklich an ... Er hat nie ...

THERAPEUT: *(unterbricht)* Mark, wie fühlen Sie sich in Ihrem Körper, während Sie dort sitzen und ihn anschauen?

MARK: ... Wie? ... Wie ich mich im Körper fühle?

THERAPEUT: Ja, Mark, was nehmen Sie in diesem Augenblick in Ihrem Körper wahr?

MARK: ... also, das weiß ich wirklich nicht ... ich bin mir nicht sicher, was ich fühle ...

THERAPEUT: Okay. Lassen Sie jetzt Ihre Augen sich schließen, und werden Sie sich Ihres Körpers bewußt. *(Mark kommt der Aufforderung nach)* Und jetzt, Mark, sagen Sie mir, was Sie in Ihrem Körper wahrnehmen?

MARK: Oh Mann! Ich bin in den Schultern ziemlich angespannt ... Mein ganzer Bauch ist in Aufruhr ... Meine Augen sind ziemlich heiß *(er fängt an zu weinen)*.

Bei seiner weiteren Arbeit mit Mark wechselt der Therapeut systematisch die Prädikate und überprüft, ob auch Mark die Prädikate wechselt. Dadurch verfügt Mark nun über die Fähigkeit, in beiden Positionen zu sehen und zu fühlen. So wird zwischen den konträren Positionen des Klienten Kontakt hergestellt, ein wichtiger Schritt auf dem Weg zu einer Meta-Position hinsichtlich der polar gegensätzlichen Anteile.

Der vollständige Ausdruck der polaren Anteile während des Kontakts

Sobald der Therapeut ein Repräsentationssystem etabliert hat, mit dessen Hilfe die polaren Anteile des Klienten zueinander in Kontakt treten können, bemüht er sich darum, daß die beiden Anteile sich dem jeweils anderen gegenüber umfassend ausdrücken. Den vollständigsten verbalen Ausdruck ermöglicht die Anwendung der Meta-Modell-Techniken – die in *Struktur der Magie I* behandelt wurden. Der Therapeut prüft den verbalen Ausdruck des Klienten auf Wohlgeformtheit im Sinne der Therapie: Alle Äußerungen beider polarer Anteile dürfen keine Tilgungen, Nominalisierungen oder unspezifischen Verben enthalten, alle Substantive müssen Bezugsindizes haben usw. In unserer Praxis haben sich zwei Abwandlungen der üblichen Meta-Modell-Hinterfragungen bei der Arbeit an polaren Gegensätzen als nützlich erwiesen.

Erstens gilt für die üblichen Meta-Modell-Hinterfragungen: Wenn ein polarer Anteil des Klienten eine Aussage gemacht hat, die einen Modaloperator der Notwendigkeit oder Möglichkeit enthält (siehe *Struktur der Magie I*, Kapitel 3 und 4), so wie es in den folgenden Sätzen der Fall ist:

> KLIENT: Ich kann keine Hilfe annehmen.
>
> KLIENT: Es ist mir unmöglich, für mich selbst um Dinge zu bitten.

kann der Therapeut diese Aussagen wie folgt in Frage stellen:

> THERAPEUT: Was hindert Sie daran, Hilfe anzunehmen?
>
> THERAPEUT: Was hindert Sie daran, für sich selbst um Dinge zu bitten?

Im Kontext der Arbeit an polaren Anteilen empfehlen wir, diese Fragen wie folgt abzuwandeln:

> THERAPEUT: Wie hält er *(deutet auf den anderen polaren Anteil)* Sie davon ab, Hilfe anzunehmen?
>
> THERAPEUT: Wie hält er *(deutet auf den anderen polaren Anteil)* Sie davon ab, für sich selbst um Dinge zu bitten?

Eine solche Frage/Hinterfragung des Therapeuten setzt voraus, daß der polar gegensätzliche Anteil das Ding bzw. die Person ist, das/die verhindert, daß der Anteil bekommt, was er will. Dadurch hilft er dem Klienten, sich auf den Prozeß zu konzentrieren, durch den die beiden polaren Anteile einander unterbrechen und unwirksam machen und so die Grundlage für die Inkongruenz des Klienten, für seinen Schmerz und seine Unzufriedenheit schaffen.

Die *zweite* Abwandlung gegenüber der üblichen Art des Hinterfragens im Rahmen des Meta-Modells besteht darin, die Prädikate, die dem adäquaten Repräsentationssystem entsprechen, in die Meta-Modell-Fragen einzubeziehen. Ausgehend von den bereits erwähnten Aussagen des Klienten:

>KLIENT: Ich kann keine Hilfe annehmen.
>KLIENT: Es ist mir unmöglich, für mich selbst um Dinge zu bitten.

könnte der Therapeut, sofern er an einem visuellen polaren Anteil arbeitet, mit folgender Frage reagieren:

>THERAPEUT: Was sehen Sie, daß Sie davon abhält, Hilfe anzunehmen?
>THERAPEUT: Was sehen Sie, daß Sie davon abhält, für sich selbst um Dinge zu bitten?

Benutzt der Therapeut bei der Anpassung der Fragen im Rahmen des Meta-Modells die Prädikate, die dem Repräsentationssystem entsprechen, das der polare Anteil des Klienten nutzt, fördert er die Verständnis- und Reaktionsfähigkeit dieses Anteils.[11]

Natürlich kann der Therapeut die beiden genannten Abwandlungsmöglichkeiten auch zusammen einsetzen. Jeder polare Anteil setzt dann voraus, daß der andere das Ding bzw. die Person ist, das/die erstere daran hindert, zu bekommen, was er will –, und der Therapeut kann die dem jeweiligen Repräsentationssystem entsprechenden Prädikate in die Fragen im Sinne des Meta-Modells einbeziehen. Das könnte im Falle der bereits erwähnten Klientenäußerungen zu folgendem Ergebnis führen:

>KLIENT: Ich kann keine Hilfe annehmen.
>KLIENT: Es ist mir unmöglich, für mich selbst um Dinge zu bitten.

Der Therapeut könnte daraufhin fragen:

>THERAPEUT: Wie hält er Sie Ihrer Sicht gemäß davon ab, Hilfe anzunehmen?
>THERAPEUT: Wie hält er Sie Ihrer Sicht gemäß davon ab, für sich selbst um Dinge zu bitten?

Abgesehen von den Fragen/Hinterfragungen im Sinne des Meta-Modells haben wir eine Anzahl von Fragen entwickelt, die sich bei der Herstellung von Kontakt zwischen polaren Anteilen als sehr nützlich erwiesen haben. Diese Fragen sollen sicherstellen, daß jeder polare Anteil seine eigenen Bedürfnisse in einer Form ausdrückt, die so konkret ist, daß sowohl der Therapeut als auch der andere polare Anteil verstehen, was der betreffende Anteil tatsächlich will.

Polaritätsbezogene Fragen
- Was genau willst du für dich? (siehst, hörst, fühlst du)
- Wie genau hindert er (deutet auf den anderen polaren Anteil) dich daran, zu bekommen, was du für dich willst?

- Gibt es eine Möglichkeit, wie du hören, sehen, fühlen kannst, so daß er (der andere polare Anteil) für dich auf irgendeine Weise von Nutzen sein kann?
- Was würde geschehen, wenn er (der andere polare Anteil) völlig verschwinden würde? Wie wäre dies für dich von Nutzen?
- Siehst, hörst, fühlst du, was er (der andere polare Anteil) will?
- Was würde geschehen, wenn du ihm (dem anderen polaren Anteil) gestatten würdest, was er will?
- Siehst, fühlst, hörst du, ob es irgendeine Möglichkeit gibt, wie ihr beide (d. h. beide polar gegensätzliche Anteile) bekommen könnt, was ihr wollt?

Indem der Therapeut beiden polaren Anteilen diese speziellen Fragen stellt, und zwar in Verbindung mit den üblicherweise in Zusammenhang mit dem Meta-Modell gestellten Fragen, sorgt er dafür, daß beide Anteile vollständig zum Ausdruck gelangen. Die Antworten eines polaren Anteils auf die obigen Fragen werden als Gruppe von Para-Botschaften gegeben, die der Therapeut dann auf Kongruenz überprüfen kann. Außerdem prüft er die verbalen Para-Botschaften auf ihre Wohlgeformtheit im Sinne der Therapie.

Wenn der Therapeut sich entschlossen hat, den beiden polaren Anteilen zu ermöglichen, im auditiven Repräsentationssystem zueinander in Kontakt zu treten, empfehlen wir, anstelle der Meta-Modell-Hinterfragungen oder der polaritätsbezogenen Fragen einen polaren Anteil aufzufordern, dem anderen mitzuteilen, was ihm fehlt bzw. was er sich wünscht.

Statt beispielsweise folgender Dialoge:

(1) KLIENT: Ich möchte Dinge für mich haben.
THERAPEUT: Was denn genau?

(2) KLIENT: Ich kann keine Hilfe annehmen.
THERAPEUT: Wie sehen/fühlen/hören Sie, daß er (der andere polare Anteil) Sie daran hindert, Hilfe anzunehmen?

(3) KLIENT: Es ist mir nicht möglich, für mich selbst um etwas zu bitten.
THERAPEUT: Wie sehen/hören/fühlen Sie, daß er (die andere Polarität) Sie hindert, für sich selbst um etwas zu bitten?

leitet der Therapeut den polaren Anteil dazu an, nicht mit ihm, dem Therapeuten, sondern direkt mit dem anderen polaren Anteil zu reden, so wie es in den folgenden Dialogen geschieht:

(1) KLIENT: Ich möchte etwas für mich selbst.
THERAPEUT: Sagen Sie ihm, was genau Sie für sich selbst haben möchten.

(2) KLIENT: Ich kann keine Hilfe annehmen.
THERAPEUT: Sagen Sie ihm, wie genau Sie sehen/hören/fühlen, daß er Sie hindert, Hilfe anzunehmen.

(3) KLIENT: Es ist mir nicht möglich, für mich selbst um etwas zu bitten.
THERAPEUT: Sagen Sie ihm, wie Sie hören/sehen/fühlen, daß gerade er Sie hindert, um Dinge für sich zu bitten.

Im obigen Beispiel (1) aktiviert der Therapeut das auditive Repräsentationssystem des Klienten, um Kontakt zwischen seinen beiden polaren Anteilen herzustellen. In Fällen wie diesem ist es sinnvoll, den Klienten zur Beantwortung der polaritätsbezogenen Fragen anzuleiten, wobei er sich mit der Antwort an den anderen polaren Anteil wendet. Wie in Beispiel 1 prüft der Therapeut auch hier, ob der Anteil, der antworten soll, zuvor die Frage oder Aussage tatsächlich gehört hat.

Die systematische Anwendung dieser Kontakttechniken – die Wahl des/der Repräsentationssystem/s/e, Fragen im Sinne des Meta-Modells (angepaßt an die Arbeit mit polaren Gegensätzen) und polaritätsbezogene Fragen – führt nach unseren Erfahrungen meist dazu, daß die polaren Anteile sich vollständig ausdrücken und zu einer Übereinkunft oder Vereinbarung gelangen. In unseren Ausbildungsseminaren haben wir eine Anzahl von Techniken entwickelt, mit deren Hilfe wir erreichen können, daß es zwischen den polaren Anteilen zu so zuverlässigen Vereinbarungen oder Verträgen kommt, daß die vollständige Integration der zuvor konträren Anteile erreicht wird.

Überprüfung der Tragfähigkeit des Kontakts

Sobald die polaren Anteile eines Klienten vollständig zum Ausdruck gelangt und nachdem sie zueinander in Kontakt getreten sind, hilft der Therapeut ihnen, zu einer Vereinbarung zu gelangen, die ihnen ein einvernehmliches Verhältnis zueinander ermöglicht. Dadurch werden sie für den Klienten zu Ressourcen. Sehr oft entwickeln die polaren Anteile nach dem ersten Kontakt eine solide Beziehung zueinander, die zur Grundlage koordinierten Handelns werden kann. Tritt dies spontan ein, kann der Therapeut auf folgende Weisen intervenieren:

1. Er kann genau feststellen, wo die beiden Anteile miteinander in Konflikt geraten.
2. Er kann sie selbst feststellen lassen, wie sie die Fähigkeiten des polar entgegengesetzten Anteils in den Verhaltensbereichen, in denen sie zuvor Konflikte hatten, am besten nutzen könnten.
3. Er kann Signale festlegen, mit deren Hilfe beide Anteile einander in bestimmten belastenden Situationen um Hilfe bitten können.

Die systematische Nutzung der erläuterten Kontakttechniken durch den Therapeuten selbst ermöglicht es herauszufinden, in welchen Verhaltensbereichen die polaren Anteile sich im Konflikt befinden und wie sie ihre Bemühungen am besten koordinieren können.

Da jeder Anteil über Fertigkeiten verfügt, die dem anderen fehlen (sind beispielsweise die polaren gegensätzlichen Anteile visuell-kinästhetisch zugeordnet, kann einem Anteil die Aufgabe übertragen werden, darauf zu achten, was in Streßsituationen sichtbar wird, und dem anderen, was gefühlt wird), geht es hauptsächlich darum, jedem Anteile eine seinen besonderen Fertigkeiten entsprechende Aufgabe zu übertragen.

Der obige dritte Punkt bezüglich der Überprüfung der Solidität des Kontakts – das Festlegen von Signalen für die Verständigung zwischen den Anteilen – bedarf einer gründlicheren Erläuterung. Unter Streß verhält sich einer der Anteile so, daß er mit dem gegensätzlichen Anteil in Konflikt gerät: Deshalb ist es sehr nützlich, wenn die Anteile über Signale verfügen, mit deren Hilfe sie einander über diese Vorgänge informieren können. Auf diese Weise können die Anteile ihre Fertigkeiten koordinieren, ohne sich in Kontroversen zu verwickeln. Beispielsweise hat ein Therapeut, der mit einem visuell-anklagenden sowie einem kinästhetisch-beschwichtigenden Anteil arbeitet, folgende Möglichkeit, Signale festzulegen:

THERAPEUT: *(spricht mit Margots kinästhetischem Anteil)* Und was spüren Sie in diesem Augenblick, Margot?

MARGOT: Bin ich aufgeregt! Jetzt ist mir klar, wie wir *(die beiden polaren Anteile)* zusammenarbeiten können. Wenn ich merke, daß sich bei mir eine Anspannung aufbaut und ich nicht verstehe, was im Gange ist, kann er *(der andere Anteil)* mir helfen, indem er sich umschaut und genau beobachtet, was los ist, damit ich nicht in einen Lähmungszustand verfalle.

THERAPEUT: Okay, Margot, wechseln Sie nun. *(Margot wechselt auf den anderen Stuhl.)* Und was kommt Ihnen nun zu Bewußtsein?

MARGOT: Ich bin mir wirklich darüber im klaren, wie dies funktionieren wird; ich sehe ganz deutlich, wie nützlich er (der andere Anteil) mir sein kann. Ich hasse es, wie betäubt zu sein – keine Gefühle zu spüren. Aber wenn ich jetzt merke, daß dieser Betäubungszustand sich anbahnt, kann der andere Anteil mir helfen, mich gegen die Betäubung zu wehren.

THERAPEUT: *(fängt an, Signale festzulegen)* Okay. Einen einzigen Punkt verstehe ich noch nicht so ganz: Wie können Sie dem anderen Anteil signalisieren, daß Sie seine Hilfe benötigen?

MARGOT: … Wie bitte? Das verstehe ich nicht.

THERAPEUT: Wenn Sie merken, daß sich der Betäubungszustand anbahnt, wie wollen Sie dem anderen Anteil dann verständlich machen, daß Sie seine Hilfe brauchen?

MARGOT: Tja, ich weiß nicht so recht …

THERAPEUT: Margot, was fällt Ihnen als erstes auf, wenn sich der Betäubungszustand anbahnt?

MARGOT: *(ihr Atemmuster verändert sich)* Ich ... Ich höre auf zu atmen ..., so ... wie jetzt gerade – das Betäubungsgefühl setzt ein.

THERAPEUT: Also gut – wie wäre es, wenn Sie genau diese Erscheinungen als Signal benutzen würden, damit der andere Anteil Ihnen helfen kann, nicht in den Zustand der Betäubung zu verfallen?

MARGOT: Ich glaube, jetzt verstehe ich es. Wenn ich plötzlich in ein anderes Atemmuster wechsle, dann atme ich ganz bewußt tief durch und bitte meinen anderen Anteil um Hilfe ...

Die Meta-Position erreichen

Der letzte und wichtigste Aspekt der Arbeit an Inkongruenzen besteht darin, dem Klienten zu helfen, hinsichtlich seiner polar gegensätzlichen Anteile eine Meta-Position zu erreichen. Dies bedeutet, daß Sie als Therapeut, wenn Sie gründlich arbeiten und ein dauerhaftes Ergebnis erzielen wollen, ein wenig mehr tun müssen, als nur Kontakt zwischen polar gegensätzlichen Anteilen herzustellen. Damit der Klient seine polar gegensätzlichen Anteile und seine geordneten Para-Botschaften auf eine Weise neu kodieren kann, daß permanente Veränderung und somit eine echte Meta-Position möglich wird, sind manchmal, wenn auch nicht immer, dauerhafter Kontakt und dauerhafte Integration erforderlich.

Sobald die polaren Anteile eine wohlgeformte Anordnung, maximale Trennung und schließlich Kontakt zueinander im gleichen Repräsentationssystem erreicht haben, sind Sie als Therapeut auf die Integration vorbereitet. Um die Integration und somit eine Meta-Position zu erreichen, müssen die zwei oder mehr Gruppen von Repräsentationen Ihres Klienten, zwischen denen innerhalb des gleichen Repräsentationssystems Kontakt hergestellt wurde, nun dazu gebracht werden, sich in Form einer einzigen neuen Repräsentation zu organisieren, die alle Para-Botschaften der beiden vorherigen Repräsentationen umfaßt und die dann mehr beinhaltet ist als die Summe der beiden Vorgänger. Ein Beispiel: Existieren bei einem Klienten zwei polar gegensätzliche Anteile (A und B), wobei A nicht B impliziert und B nicht A impliziert, so handelt es sich um zwei einander ausschließende Repräsentationen des gleichen Gebiets. Die Meta-Position wäre in diesem Fall keine Repräsentation von A plus B, sondern eine Menge von plus oder minus (AB), die einer Repräsentation (X) entspricht, welche alle Möglichkeiten von A und B sowie auch von Nicht-A und Nicht-B umfaßt und zusätzlich die vielfältigen Möglichkeiten, die sich aus den vielen möglichen Kombinationen der polaren Anteile ergeben.

Vergegenwärtigen Sie sich einmal folgendes Beispiel von Dennis, der seinen Therapeuten mit einer sehr inkongruenten Kommunikation über seine Interaktion mit anderen Menschen konfrontierte, wobei er schlicht erklärte, er wünsche sich, daß andere Menschen ihn mögen. Die polaren Anteile, die aus dieser Kommunikation herausgefiltert wurden, waren ein kinästhetischer und beschwichtigender Anteil, der das Gefühl hatte, er müsse tun, was andere von ihm erwarteten, weil er sonst kein guter Mensch sei und andere ihn nicht mögen würden, und ein visueller und anklagender Anteil, der sich von anderen Menschen hin- und hergestoßen sah, sich schlecht behandelt fühlte und der Auffassung war, sie verdienten es nicht, von ihm freundlich behandelt zu werden. Diese beiden Repräsentationen waren kontroverse Beschreibungen desselben Gebiets, und das Resultat dieses Konflikts war eine Blockade im Verhalten des Klienten – freundliche Worte verbunden mit einer krächzenden Stimme. Zwischen den beiden polaren Anteilen wurde im visuellen Repräsentationssystem (Phantasie, inneres Auge) Kontakt hergestellt; zu diesem Zweck wurde der Klient aufgefordert, zwei nebeneinander stehende Bilder von sich zu entwickeln, wobei das eine den Anteil von Dennis darstellen sollte, der nach seinem Empfinden die Aufgabe hatte, andere zu beschwichtigen, und der andere Anteil von ihm sah, wie andere Menschen ihn schlecht behandelten. Er wurde aufgefordert, die Auseinandersetzung zwischen diesen beiden Anteilen zu beobachten und über ihre Interaktion zu berichten, und zwar sowohl visuell als auch auditiv. Das Resultat war, daß Dennis seine beiden polaren Anteile gleichzeitig, also visuell und auditiv, aus der Perspektive eines Beobachters repräsentierte.

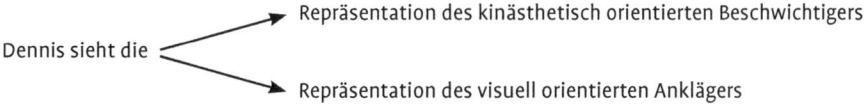

Trotz der simultanen Repräsentation im gleichen Repräsentationssystem und der Herstellung des Kontakts zwischen den beiden gegensätzlichen Anteilen war es dem Therapeuten noch nicht vollständig gelungen, den Klienten zu einer Meta-Position zu geleiten. Deshalb wurde Dennis nun aufgefordert, sich über die positiven Seiten beider polarer Anteile zu äußern, und anschließend wurde er gefragt, ob er bereit sei, etwas auszuprobieren, das er vielleicht noch nicht kenne. Er erklärte sich dazu bereit. Daraufhin erhielt er folgende Anweisungen:

> THERAPEUT: Dennis, während Sie weiter mit geschlossenen Augen dasitzen, möchte ich, daß Sie vorsichtig beide Hände nach oben strecken und nach den beiden Bildern greifen, und zwar mit jeder Hand nach einem der Bilder. So ist es gut *(Dennis streckt die Hände empor.)* Und nun drücken Sie vorsichtig so gegen die beiden Bilder, daß sie sich einander nähern und schließlich zu einem Bild werden. Schauen Sie genau hin,

und verfolgen Sie, wie beide sich in eines verwandeln. *(Dennis nähert die beiden Bilder langsam einander an, wobei er schnauft, während seine Hände einander näher rücken.)* Nun, was sehen Sie?

Dennis: Das bin ich, aber anders.

Therapeut: Wie?

Dennis: Ich sehe stark aus, aber nicht gemein.

Therapeut: Sonst noch etwas?

Dennis: Ja, er kann sanft sein und sich um andere Menschen kümmern, und … ja, er ist auch kein Schwächling und nicht verweichlicht.

Therapeut: Sehen Sie ein Bild von sich, auf dem Sie alle diese Eigenschaften gleichzeitig haben?

Dennis: Ja *(seufzt)*.

Therapeut: Gefällt Ihnen, was Sie sehen?

Dennis: Ja.

Therapeut: Würden Sie das gern zu einem Teil von sich machen und diese Fähigkeiten als Ressourcen zur Verfügung haben?

Dennis: Klar.

Therapeut: Gut, dann halten Sie dieses Bild von sich weiterhin aufrecht. Beobachten Sie es genau, und ziehen Sie währenddessen das Bild allmählich in Ihr Inneres hinein. So ist es gut. *(Dennis zieht seine Hände langsam in Richtung seines Körpers.)* Lassen Sie dies nun in Ihr Inneres, so daß es zu einem Teil von Ihnen wird, zu einer Ressource tief in Ihrem Inneren. *(Dennis legt seine Hände auf seinen Körper und atmet tief. Während er dies tut, errötet sein Gesicht, und er seufzt laut auf.)*

Therapeut: Wie fühlen Sie sich, während dies zu einem Teil von Ihnen wird?

Dennis: In meiner Brust kribbelt es ziemlich stark.

Therapeut: Lassen Sie zu, daß es sich in Ihrem ganzen Körper ausbreitet, während dies wirklich zu einem Teil von Ihnen wird.

Auf diese Weise erreichte Dennis eine Meta-Position, und er kodiert seine polaren Anteile visuell neu zu einer einzigen Repräsentation. Der Therapeut überprüfte seine Arbeit, indem er Dennis' polare Anteile ausspielte; doch Dennis war in dieser Hinsicht nicht mehr inkongruent; in Situationen, in denen er vorher einen Wutanfall bekommen hätte, lachte er nur noch. Seine weicher wirkenden Gesichtsmuskeln und sein Lachen zeigten zuverlässig an, daß er eine Meta-Position erreicht und diese Gruppe polarer Anteile integriert hatte.

Das Neukodieren polarer Anteile läßt sich in jedem Repräsentationssystem bewerkstelligen, indem man die Anteile simultan repräsentiert und sie anschließend zu einer einzigen Repräsentation integriert. Selbst bei der bereits erwähnten Parts Party werden die durch verschiedene Personen repräsentierten Para-Botschaften am Ende zu einer einzigen Gruppe verbunden. Daraufhin wird ein kleines Ritual ausgeführt, das zu einer simultanen kinästhetischen Repräsentation führt. Hierzu wird der Klient in die Mitte eines Kreises der Personen gestellt, die seine verschiedenen Anteile spielen. Alle Anteilsdarsteller legen jeweils eine Hand auf den Körper des Klienten und verkörpern so die Fähigkeit, die sie jeweils repräsentieren, bis den Klienten die Hände aller Anteilsdarsteller gleichzeitig berühren und so kongruent zum Ausdruck gelangt, daß er von allen akzeptiert wird.

Die Strategie für die Integration der polaren Anteile besteht also darin, zunächst Kontakt zwischen den Anteilen im gleichen Repräsentationssystem herzustellen und sie später durch Umkodierung zu einer einzigen Repräsentation zu vereinen. So werden die Meta-Position und die Integration erreicht.

Meta-Taktiken für den Umgang mit Inkongruenz

Ein Mensch, der in seinem Verhalten inkongruent ist, signalisiert, daß er mehr als nur ein Weltmodell hat. Dies ist für einen Therapeuten eine wichtige Information, sind doch das unmittelbare Akzeptieren und die Nutzung der Inkongruenz des Klienten für sein weiteres Wachstum und für Veränderungen, die der Klient selbst sich wünscht, hochwirksame therapeutische Werkzeuge. Weil inkongruente Para-Botschaften Signale für die Existenz einander widersprechender Weltmodelle sind, besteht die Aufgabe des Therapeuten in solchen Fällen darin, dem Klienten bei der Entwicklung eines neuen Weltmodells zu helfen, in dem die beiden vorherigen, gegensätzlichen Modelle sinnvoll zusammenwirken und es dem Klienten ermöglichen, alle in ihnen enthaltenen Möglichkeiten zu nutzen. Der Therapeut versucht dem Klienten also zu helfen, eine Meta-Position zu erreichen – eine Landkarte (Beschreibung) der Welt als Grundlage seines Verhaltens zu kreieren, die den beiden nicht harmonierenden ursprünglichen Modellen gerecht wird. Dies gibt dem Klienten die Wahlfreiheit, die er sich in diesem Bereich seines Verhaltens wünscht.

Der Prozeß, in dem ein Therapeut einem Klienten hilft, die Meta-Position zu erreichen, läßt sich in drei Phasen gliedern. Diese Gliederung hilft Ihnen, Ihr Erleben zu organisieren:

1. Identifizieren der Inkongruenz (widersprüchliche Para-Botschaften)
2. Ordnen der Para-Botschaften
3. Integrieren der geordneten Para-Botschaften

Eine andere Möglichkeit, diesen Prozeß zu beschreiben, bezieht sich auf die allmähliche Veränderungen des Kommunikationsverhaltens des Klienten. Auch hier haben wir in unseren Ausbildungsseminaren festgestellt, daß es sinnvoll ist, drei Phasen zu unterscheiden:

1. Die Kommunikation des Klienten ist inkongruent – er versucht, Para-Botschaften aus mehr als einem nicht-kompatiblen Weltmodell *simultan* zu präsentieren.
2. Die Kommunikation des Klienten ist zu jedem Zeitpunkt und im Zeitkontinuum kongruent – in diesem Fall versucht er, Para-Botschaften aus mehr als einem nicht-kompatiblen Weltmodell *sequentiell* zu präsentieren.
3. Die Kommunikation des Klienten ist *sowohl simultan als auch sequentiell* kongruent. Er hat die Meta-Position erreicht und eine einheitliche und koordinierte Landkarte für sein Verhalten entwickelt.

Eine Meta-Position zu erreichen ist somit die allgemeine Strategie für die Arbeit an Inkongruenzen, und durch diese Arbeit wird die Ursache des Schmerzes und des Lähmungszustandes eines Klienten in eine Ressource verwandelt, die seinem Wachstum, seiner Energie und seiner Vitalität zugute kommt. Da der Weg zum Erreichen der Meta-Position in drei Phasen aufgeteilt wurde, werden wir nun die Meta-Taktiken für die Arbeit an Inkongruenz phasenbezogen darstellen.

Meta-Taktiken für Phase 1

In Phase 1 hat der Therapeut die Aufgabe, Inkongruenz in der Kommunikation des Klienten zu *identifizieren*. Die Meta-Taktiken für Phase 1 sind demnach:

Meta-Taktik 1 für Phase 1 (Inkongruenz): Vergleichen der Para-Botschaften

Der Therapeut nutzt alle seine Input-Kanäle, um das, was er sieht, von dem, was er hört, und von dem, was er fühlt, zu unterscheiden. Indem er zunächst die über seine Input-Kanäle eintreffenden Informationen unterscheidet, erreicht er verschiedene Dinge. Er kann so vermeiden, in seiner eigenen Kommunikation in Reaktion auf die Inkongruenz des Klienten selbst inkongruent zu werden. Er vermeidet es, depressiv, überlastet und niedergedrückt zu werden (was oft die Folge inkongruenter Kommunikation im Bereich sehen/fühlen oder hören/fühlen ist), und bleibt so kreativ und handlungsfähig. Weiterhin hat er aufgrund der so vorgenommenen Unterscheidungen die Möglichkeit, die vom Klienten präsentierten Para-Botschaften auf Inkongruenz in der Kommunikation hin zu überprüfen.

Meta-Taktik 2 für Phase 1 (Inkongruenz): Aber

Klienten äußern ihren Therapeuten gegenüber häufig, sie wollten etwas für sich selbst erreichen. Solche Äußerungen haben folgende allgemeine Form:

$$\text{Ich} \left\{ \begin{array}{l} \text{will} \\ \text{muß} \\ \text{würde gern} \end{array} \right\} X \left\{ \begin{array}{l} \text{haben} \\ \text{tun} \end{array} \right\}$$

Wenn der Therapeut Äußerungen hört, die diese Form aufweisen, kann er den Prozeß des Identifizieren der Inkongruenzen beim Klienten beschleunigen, indem er sich vorlehnt und sagt:

»… aber …«

Daraufhin fährt der Klient höchstwahrscheinlich mit der begonnenen Äußerung fort und fügt die zweite Hälfte des Satzes hinzu (den Teil, der auf das Wort »aber« folgt). Wie der Therapeut das so gelieferte verbale Material nutzen kann, wurde in *Struktur der Magie I* ausführlich beschrieben. Entscheidend ist im hier beschriebenen Kontext, daß sich die Para-Botschaften des Klienten – verglichen mit den Para-Botschaften, die er im ersten Teil des Satzes präsentiert hatte – radikal verändern, während er den Satz vervollständigt. So erhält der Therapeut eine Gruppe widersprüchlicher Para-Botschaften, bei denen er mit Veränderungsbemühungen ansetzen kann.

Meta-Taktik 3 für Phase 1 (Inkongruenz): Meta-Frage

Diese Taktik wird in der Regel dann benutzt, wenn der Klient gerade bezüglich eines Teils seines Erlebens ein starkes Gefühl ausgedrückt hat. Beispielsweise:

»*Ich bin sehr wütend darüber, wie sie ignoriert, was ich sage!*«

Daraufhin beugt sich der Therapeut vor und sagt:

»*… und was empfinden Sie dabei, daß sie deswegen wütend sind?*«

Die Antwort des Klienten auf diese Frage liefert dem Therapeuten verbales Material, das den Bedingungen für Wohlgeformtheit in der Therapie im Sinne des Meta-Modells unterliegt. Wichtiger für unsere aktuelle Thematik jedoch ist, daß man die Gruppe der Para-Botschaften, die der Klient bei seiner Antwort auf diese Frage erkennen läßt, mit der Gruppe, die er bei seiner ursprünglichen Äußerung präsentierte, auf Inkongruenzen vergleichen kann.

Meta-Taktik 4 für Phase 1 (Inkongruenz): Links-Rechts-Überprüfung der Para-Botschaften

Eine sehr ergiebige Quelle für das Erkennen von Inkongruenzen in den kommunikativen Äußerungen eines Klienten resultiert aus der Tatsache, daß die beiden Hemisphären des menschlichen Gehirns die beiden jeweils entgegengesetzten Seiten des menschlichen Körpers steuern. Der Therapeut wird feststellen, daß er durch visuelle Überprüfung des Gesichts des Klienten (z. B. der Größe seiner Augen und der Positionierung auf einer bestimmten Gesichtshälfte, der Lippenform, des Muskeltonus usw.), der Handhaltung und der Bewegungen Unterschiede hinsichtlich der jeweils zum Ausdruck gelangenden Para-Botschaften feststellen kann. Außerdem kann er im auditiven Bereich Stimmklang und Syntax des Klienten beim Sprechen miteinander vergleichen. Auch diese Unterscheidungsmerkmale ermöglichen dem Therapeuten die Identifikation von Inkongruenzen.

Die vier Meta-Taktiken für Phase 1 sind keineswegs als vollständiger Katalog aller Techniken zu verstehen, die einem Therapeuten zur Verfügung stehen; vielmehr sind sie als eine Art Starthilfe gedacht, die Ihnen gute Dienste leisten und Ihnen ermöglichen soll, von diesem Punkt ausgehend selbst Methoden zu entwickeln, mit denen Sie Menschen, die bei Ihnen Hilfe suchen, schnell und effektiv neue Wahlmöglichkeiten erschließen können.

Meta-Taktiken für Phase 2

In Phase 2 besteht die Aufgabe des Therapeuten darin, die widersprüchlichen Para-Botschaften, die der Klient ihm präsentiert hat, zu vollständig ausgedrückten und kongruenten Anteilen anzuordnen. Er muß also die gleichzeitig ausgedrückten gegensätzlichen Modelle, die er in der Kommunikation des Klienten identifiziert hat, in zwei (oder, falls es um mehr als zwei Anteile geht, in n) vollständig repräsentierte Anteile umwandeln, die kongruent simultan und inkongruent sequentiell ausgedrückt werden.

Meta-Taktik 1 für Phase 2 (Inkongruenz): Film-/Schauspielregisseur

In diesem Fall nutzt der Therapeut alle seine Input-Kanäle, um die Para-Botschaften des Klienten zu repräsentieren – er fungiert als Film- oder Schauspielregisseur und versucht in dieser Eigenschaft, den Klienten zu einer möglichst überzeugenden »Aufführung« zu bewegen, bei der alle Output-Kanäle des Klienten die gleichen oder konsistente Para-Botschaften ausdrücken.

Meta-Taktik 2 für Phase 2 (Inkongruenz): Räumliches Ordnen

Nachdem die polar gegensätzlichen Positionen bzw. Anteile identifiziert worden sind, welche die inkonsistenten Weltmodelle des Klienten ausdrücken, lokalisiert der Therapeut eine der polaren Positionen auf einem Stuhl und die andere auf einem zweiten. Dies hilft sowohl dem Klienten als auch dem Therapeuten, die für die unterschiedlichen Anteile des Klienten adäquaten Verhaltensweisen voneinander zu trennen.

Meta-Taktik 3 für Phase 2 (Inkongruenz): Phantasiebasiertes Ordnen

Gewöhnlich nutzt der Therapeut die Technik der geführten Phantasie (siehe hierzu *Struktur der Magie I*, Kapitel 6), um dem Klienten zu helfen, seine polaren Anteile vollständig auszudrücken. Indem er den Klienten nacheinander die phantasierte visuelle Repräsentation der beiden polaren Positionen beschreiben läßt, verschafft der Therapeut sich die Möglichkeit, die beschriebenen Charakteristika des Bildes sowie die Para-Botschaften zu überprüfen.

Meta-Taktik 4 für Phase 2 (Inkongruenz): Psychodramatisches Ordnen

Nachdem der Therapeut die polaren Anteile identifiziert hat, an denen er zu arbeiten beabsichtigt, wählt er zwei Mitglieder der Gruppe aus, die diese gegensätzlichen Positionen darstellen sollen. Das bedeutet, daß beide jeweils alle Para-Botschaften übernehmen, die für den polaren Anteil, den sie verkörpern sollen, kongruent sind. Gewöhnlich läßt der Therapeut den Klienten als Film- oder Schauspielregisseur fungieren, was bedeutet, daß er den beiden Gruppenmitgliedern Anweisungen für eine möglichst überzeugende (kongruente) Darstellung ihrer jeweiligen Rolle gibt.

Meta-Taktik 5 für Phase 2 (Inkongruenz): Ordnen nach Repräsentationssystemen

Während der Klient sequentiell (nacheinander) die polaren Anteile zum Ausdruck bringt, verfolgt der Therapeut, welche Prädikate auf unterschiedliche Repräsentationssysteme hinweisen. Indem er während dieses Vorgangs systematisch seine eigenen Prädikate verändert, kann er die Zuordnung der Anteile zu verschiedenen Repräsentationssystemen beschleunigen – eine der Bedingungen für eine wohlgeformte Anordnung vor Beginn der Integrationsphase.

Meta-Taktik 6 für Phase 2 (Inkongruenz): Ordnen nach Satir-Kategorien

Der Therapeut stellt durch Überprüfung sicher, daß die polaren Anteile des Klienten unterschiedlichen Satir-Kategorien zugeordnet sind. Nicht-Überschneidung der Anteile hinsichtlich der Satir-Kategorien ist eine weitere Bedingung für Wohlgeformtheit vor Erreichen der Integration.

Auch bei der Beschreibung der hier vorgestellten Meta-Taktiken für Phase 2 haben wir nicht versucht, alle Techniken aufzuführen, die sich bei unseren Bemühungen, unseren Klienten aus auswegslosen Verhaltensweisen herauszuhelfen, als nützlich erwiesen haben.

Wir raten Ihnen hiermit ausdrücklich, zusätzlich zu den beschriebenen Techniken auch eigene zu entwickeln.

Bei der Anwendung der für diese Phase beschriebenen Meta-Taktiken hat sich noch eine andere Möglichkeit als sehr wertvoll erwiesen. Wenn Sie sich genau anschauen, was die ersten vier Meta-Taktiken für diese Phase bewirken, werden Sie feststellen, daß sie den Klienten in zwei in sich kongruente polare Anteile gliedern. Die letzten beiden Meta-Taktiken kann man als ergänzende Bedingungen zu den beiden polaren Gegensätzen verstehen, die mit Hilfe der ersten vier Taktiken herauskristallisiert wurden und die in ihrer Beziehung zueinander gesehen werden müssen (z. B. anklagend und visuell sowie nicht-anklagend und kinästhetisch). Zusammen bestimmen sie die beiden Bedingungen, die ausreichen, damit der Klient durch Integration eine Meta-Position erreichen kann. Der Therapeut erkennt also, daß Phase 2 abgeschlossen ist, wenn die Kommunikation des Klienten diese beiden Bedingungen erfüllt – d. h., wenn beide polaren Anteile:

1. sequentiell kongruent ausgedrückt sind und
2. die Ordnung nach Repräsentationssystem/Satir-Kategorie folgende Bedingungen für Wohlgeformtheit erfüllt:

Repräsentationssystem	Satir-Kategorie
visuell	anklagend 2
kinästhetisch	beschwichtigend 1
auditiv	rationalisierend 3

Meta-Taktiken für Phase 3

In Phase 3 hilft der Therapeut dem Klienten, sequentiell kongruente polare Anteile in ein beide umfassendes Modell umzuwandeln, mit dessen Hilfe er alle in diesem Bereich seines Verhaltens gewünschten Entscheidungen treffen kann. In dieser Phase erreicht der Klient für sich selbst eine Meta-Position.

Meta-Taktik 1 für Phase 3 (Inkongruenz): Kontakt

Hier arbeitet der Therapeut daran, zwischen zwei vollständig ausgedrückten, kongruenten und gut geordneten polaren Anteilen Kontakt herzustellen. Da *erstens* eine der Bedingungen für eine wohlgeformte Anordnung in Phase 2 war, daß den polaren Anteilen unterschiedliche Repräsentationssysteme zugeordnet sind, wählt der Therapeut ein Repräsentationssystem, in dem der Klient zwischen seinen polaren Anteilen Kontakt herstellen kann.

Zweitens müssen die polaren Anteile des Klienten, damit sie zueinander in Kontakt treten können, simultan repräsentiert werden. Hierbei ist von Bedeutung, für welche Form des Ordnens der Therapeut sich in Phase 2 entschieden hat. Hat er sich dort beispielsweise für das psychodramatische Ordnen entschieden, kann der Kontakt im auditiven oder im visuellen Repräsentationssystem stattfinden. Hat er sich dafür entschieden, keine anderen Personen in die Arbeit einzubeziehen (z. B. beim räumlichen Ordnen), wäre die Wahl des auditiven Repräsentationssystems kontraproduktiv, weil es sequentiellen Charakter hat, wohingegen das visuelle (phantasierte innere visuelle Bilder) System geeignet wäre. Diese zweite Bedingung – die der Gleichzeitigkeit oder Simultaneität – ist von der für die Zeitmessung verwendeten Maßeinheit abhängig. Zweifellos wird die neurologische Forschung später einmal in der Lage sein festzustellen, welche Refraktärzeit optimal ist. Fritz Perls hat bei seiner Arbeit an polaren Anteilen Klienten manchmal bei der Integration geholfen, in dem er sie sehr schnell von Stuhl zu Stuhl – also vom einen zum anderen polaren Anteil – wechseln ließ. Der Grenzfall für diese Technik ist natürlich eine simultane Repräsentation.

Meta-Taktik 2 für Phase 3 (Inkongruenz): Neukodieren

Sobald der Kontakt zwischen den polaren Anteilen des Klienten mittels (eines) simultanen, gleichartigen Repräsentationssystem/s/en) hergestellt ist, hilft der Therapeut ihm bei der Neukodierung der beiden eigenständigen Repräsentationen zu einer einzigen. Dabei können die speziellen polaritätsbezogenen Fragen von Nutzen sein. Die Möglichkeiten der Neukodierung, die der Therapeut dem Klienten nahelegen kann, sind so zahlreich, wie seine Kreativität sie zu ersinnen vermag. Gemeinsam ist ihnen allen, daß der Klient eine einzige, alles umfassende Landkarte seines Verhaltens kreiert, die ihm ermöglicht, die beiden polaren Anteile, die einander zuvor ausschlossen, nach Belieben zu nutzen.

Wir hoffen, daß die hier wiedergegebene unvollständige Liste von Meta-Taktiken zur Umwandlung der Inkongruenzen des Klienten von einer Quelle des Schmerzes, der Unzufriedenheit und der Lähmung in eine Grundlage des Wachstums, der Energie und der Veränderung Sie ermutigen wird und daß die Auseinandersetzung mit diesen Möglichkeiten Sie dazu anregt, im Rahmen Ihrer Arbeit selbst weitere nützliche Meta-Taktiken zu entwickeln, die Ihren persönlichen Eigenarten, Fertigkeiten und Ressourcen Rechnung tragen.

3 | Unscharfe Funktionen (fuzzy functions)

In diesem Teil geht es um einen der wichtigsten Aspekte des in *Struktur der Magie I* vorgestellten Meta-Modells: semantische Fehlgeformtheit. Die beiden Hauptformen semantischer Fehlgeformtheit, so wie sie in *Struktur der Magie I*[1] dargestellt werden, sind:

Falsche Ursache-Wirkungs-Zuschreibungen
George zwang Mary, 40 Pfund zu wiegen.
Du machst mich wütend.
Sie macht mich depressiv.

Gedankenlesen
Ich weiß, was du denkst.
Sie mag mich nicht.
Alle hassen mich.
Er denkt, daß ich häßlich bin.

Zur Erinnerung werden wir uns diese Formen von Fehlgeformtheit kurz noch einmal vergegenwärtigen.

Eine semantische Fehlgeformtheit des *Ursache-Wirkungs*-Typs liegt vor, wenn der Referenzindex der Verantwortlichkeit außerhalb des Sprechenden verortet wird.

Du machst mich wütend.

Der Sprecher, X, hat hinsichtlich des Wütendseins keine freie Wahl, weil Y ihn gezwungen hat, wütend zu sein. Deshalb wird eine Aussage wie

Y kausatives Verb (bei) X bestimmte Emotion spüren

als semantisch fehlgeformt bezeichnet. Sätze dieser Art bezeichnen Situationen, in denen ein Mensch eine Handlung ausführt und ein zweiter Mensch darauf *reagiert*, indem er sich auf eine bestimmte Weise fühlt. Entscheidend ist dabei, daß trotz der Aufeinanderfolge der beiden Ereignisse nicht zwingend eine Verbindung zwischen der Handlung des ersten Beteiligten und der Reaktion des zweiten besteht. Deshalb verweisen Sätze dieser Art auf ein Modell, innerhalb dessen der Klient die Verantwortung für seine Emotionen Menschen oder Kräften zuschreibt, auf die er keinen Einfluß hat. Nicht die Handlung selbst verursacht die Emotion, sondern die Emotion ist eine Reaktion, die aufgrund eines Modells entsteht, innerhalb dessen der Klient für Erlebnisse, die er beeinflussen kann, keine Verantwortung übernimmt.

Die Aufgabe des Therapeuten besteht in solchen Fällen darin, das Modell des Klienten auf eine Weise zu hinterfragen, die diesem hilft, die Verantwortung für seine Reaktionen zu übernehmen.

Wir werden dieses Phänomen auf den folgenden Seiten gründlicher erforschen, indem wir die Erlebnisse untersuchen, die gewöhnlich die Grundlage für diese Art der Repräsentation sind.

Gedankenlesen liegt vor, wenn jemand (X) behauptet, er kenne die Gedanken und Emotionen eines anderen Menschen (Y).

Ein Beispiel hierfür ist:

Ich weiß, daß sie unglücklich ist.

Die Hinterfragung dieser beiden Arten von semantischer Fehlgeformtheit im Sinne des Meta-Modells läßt sich am besten durch die Prozeßfrage »*Wie?*« zusammenfassen. In Kapitel 3 von *Struktur der Magie I* beschreiben wir die therapeutische Aufgabe des Umgangs mit semantischer Fehlgeformtheit des Ursache-Wirkungs-Typs wie folgt:

Klienten-Aussage
    a. *Mein Mann macht mich wütend.*
    b. *Mein Mann ist unglücklich.*

Wenn man einem Klienten helfen will, semantisch fehlgeformte Repräsentationen richtigzustellen, gibt es zwei Aspekte zu beachten: Erstens muß man sich darüber im klaren sein, wie semantisch fehlgeformte Repräsentationen entstehen, und zweitens muß man lernen, dem Klienten zu helfen, den Prozeß zu verändern, durch den er semantisch fehlgeformte Repräsentationen erzeugt.

Semantische Fehlgeformtheit und unscharfe Funktionen: Ursache-Wirkungs-Fehler

Zahlreiche Kinderpsychologen haben darauf hingewiesen, daß Kinder zwischen sich selbst und der Welt, die sie umgibt, nicht unterscheiden können. Sie können eintreffende Reize noch nicht tilgen und Reize, die sie von außen erreichen, noch nicht von solchen unterscheiden, die aus ihrem eigenen Körper stammen. Die Sinnesreize aller Input-Kanäle eines Neugeborenen werden kinästhetisch repräsentiert. Wenn Sie beispielsweise in der Nähe eines kleinen Kindes ein lautes Geräusch erzeugen, fängt das Kind an zu weinen, und zwar nicht nur wegen des lauten Geräusches, sondern auch, weil es das Geräusch als Körperempfindung repräsentiert. (Wie auch viele Erwachsene zuckt das Kind zusammen.) Demnach besteht der für das Kind wichtigste Repräsentationsprozeß darin, Informationen über alle seine Input-Kanäle aufzunehmen und diese Sinnesinformationen als Körperempfindungen zu repräsentieren. Das Kind *sieht* Sie lächeln und *fühlt* sich gut; das Kind *sieht* Sie spöttisch grinsen und *fühlt* sich schlecht. Wenn ein Fremder lächelt und sich mit seinem großen Gesicht dem Baby nähert, bekommt das Baby Angst und fängt an zu weinen.

In diesem Sinne bezeichnen wir jede Art von Modellbildung, bei der ein Repräsentationssystem und entweder ein Input- oder ein Output-Kanal eine Rolle spielt, als »unscharfe Funktion« *(fuzzy function)*, sofern sich der Input- oder Ouput-Kanal in einer anderen Sinnesmodalität befindet als das Repräsentationssystem, mit dem zusammen er benutzt wird. In der traditionellen Psychophysik kommt der Begriff *fuzzy functions*, zu deutsch *unscharfe Funktionen*, dem Begriff *Synästhesie* am nächsten. Wie wir in diesem Teil des Buches immer wieder erwähnen werden, sind unscharfe Funktionen nicht grundsätzlich schlecht, verrückt oder böse, und das Resultat einer in unseren Augen wirksamen Therapie besteht nicht in der Ausschaltung dieser Funktionen, sondern in der Erkenntnis, daß sie gleichermaßen viele kreative Aktivitäten ermöglichen wie auch Leiden und Schmerz verursachen können. Hier wäre nach unserer Auffassung ein positives therapeutisches Resultat, daß der Klient selbst darüber entscheiden kann, ob er *unscharfe* oder *scharfe* Funktionen benutzen will.

Aus alldem kann ein Therapeut zwei wichtige Dinge lernen. *Erstens* sind viele der sogenannten prägenden Erlebnisse kleiner Kinder dadurch zustandekommen, daß ihre Eltern oder andere Menschen diese Seh-Fühl-, Hör-Fühl- und Fühl-Fühl-Prozesse nicht respektieren – was beängstigende und traumatisierende Erlebnisse zur Folge haben kann, auch wenn die betreffenden Erwachsenen dies nicht beabsichtigt hatten. *Zweitens* können wir daraus lernen, daß wir als Kinder für Seh-Fühl- und Hör-Fühl-Repräsentationen verdrahtet werden. Diese neuronalen Schaltkreise lösen sich nicht auf, wenn wir erwachsen werden. Viele Erwachsene benutzen genau diese Repräsentationsprozesse, wenn sie Blut *sehen* und sich krank *fühlen*; sie *hören* eine brüllende, anklagende Stimme und *fühlen* sich verängstigt. Besonders bei starkem Streß kommen solche Prozesse häufig zum Tragen. Streß ist *per definitionem* eine Körperempfindung, die durch eine Ereignissequenz entsteht, deren Ursprung innerhalb oder außerhalb des Organismus liegen kann. Damit wollen wir nicht den Eindruck erwecken, daß diese Form der Repräsentation schlecht, falsch oder unnütz ist. Es geht vielmehr darum, auf einen sehr verbreiteten, bei fast allen Menschen auftretenden Aspekt des Streßerlebens hinzuweisen. Formuliert ein Klient eine semantisch fehlgeformte Aussage wie:

Mein Vater macht mich wütend,

dann fragen wir ihn, wie genau der Vater dies »macht«. Daraufhin beschreibt der Klient fast immer eine Aktivität des Vaters, die er gesehen oder gehört (oder beides) hat. Formuliert er semantisch fehlgeformte Aussagen dieses Ursache-Wirkungs-Typs, so bezieht er sich auf Sehen-Fühlen oder Hören-Fühlen oder beides. Beschreibt er in unserem Beispiel die Repräsentation seines Erlebnisses wie folgt:

»*Wenn mein Vater mich so anschaut* (ahmt einen Gesichtsausdruck nach), *fühle ich mich wütend.*«

dann beschreibt er im Grunde ein Sehen-Fühlen-Erlebnis. Heißt es also im oben angeführten Zitat aus *Struktur der Magie I*, da die Reaktion des Klienten auf seinem Weltmodell basiere, sei die empfundene Emotion eine auf dem Weltmodell des Klienten basierende Reaktion, und im Falle einer Ursache-Wirkungs-Repräsentation werde der Referenzindex für Verantwortlichkeit mit der Außenwelt verknüpft, beschreiben wir damit im Grunde das Resultat unkontrollierter Sehen-Fühlen- und Hören-Fühlen-Koppelungen. Und wenn wir sagen, daß diese Klienten keine Verantwortung für Emotionen übernehmen, die sie beeinflussen könnten, meinen wir damit nicht, daß alle Menschen sich immer vernünftig und rational verhalten sollten, sondern daß sie darüber entscheiden können sollten, wann und wo sie die Sehen-Fühlen- und die Hören-Fühlen-Prozesse anwenden.[2]

Semantische Fehlgeformtheit und unscharfe Funktionen: Gedankenlesen

Gedankenlesen ist häufig die Folge der Umkehrung des Prozesses semantischer Fehlgeformtheit aufgrund falscher Ursache-Wirkungs-Zuschreibungen. Bei letzteren nimmt der Klient über den visuellen und den auditiven Input-Kanal Informationen auf und repräsentiert sie als Körperempfindung – eine kinästhetische Repräsentation. Beim Gedankenlesen verzerrt der Klient, wie wir festgestellt haben, die aus der Außenwelt eintreffenden visuellen und auditiven Informationen so, daß sie seinen Körperempfindungen – seiner kinästhetischen Repräsentation – entsprechen. Nehmen wir beispielsweise an, ein Klient ist depressiv und fühlt sich in seiner Beziehung zu einer Frau, die ihm sehr viel bedeutet, wertlos. Diese Frau, die von den Gefühlen des Klienten nichts weiß, kommt nach der Arbeit sehr müde nach Hause, betritt den Raum, in dem sich der Klient befindet, grüßt beiläufig und stöhnt. Aufgrund seiner Gefühle der Depression und Wertlosigkeit deutet der Klient den beiläufigen Gruß der Frau und ihr Stöhnen als Reaktion darauf, daß sie ihn in dem Raum sitzen sieht, und er wendet sich an den Therapeuten und sagt:

»*Sehen Sie, ich habe Ihnen doch gesagt, daß sie mich für wertlos hält. Sie haben ihr Seufzen doch selbst gehört.*«

Hier handelt es sich um einen Fall von Gedankenlesen. Der Klient hat bestimmte analoge Kommunikationen seiner Freundin (beiläufiges Grüßen und Stöhnen) als visuelle und auditive Informationen darüber gedeutet (oder, mit einem klassischeren psychologischen Begriff bezeichnet, projiziert), daß seine Freundin ihn für wertlos hält; der Grund für diese Deutung ist, daß er selbst sich so fühlt. Anschließend verzerrt der Klient die empfangene visuelle und auditive Information, um sie mit seinen Gefühlen in Einklang zu bringen. Wenn wir Informationen, die wir visuell und auditiv empfangen, verzerren, geschieht dies keineswegs willkürlich; vielmehr verzerren wir so, daß das Ergebnis möglichst gut mit den Gefühlen harmoniert, die wir uns selbst gegenüber haben. Mit anderen Worten: Wir benutzen unsere Fühlen-Sehen- und unsere Fühlen-Hören-Koppelungen.[3]

Mini – Na wenn schon!

Die Menschen, die sich in unserer Funktion als Therapeuten an uns wenden, wünschen sich, daß wir ihnen helfen, den Schmerz, unter dem sie leiden, zu überwinden. Manchmal sind die Betreffenden auf Gedeih und Verderb den Sehen-Hören-, Hören-Fühlen- oder anderen *Fuzzy-Function*-Koppelungen ausgeliefert. Liegen solche unscharfen Funktionen vor, kommt es zu semantischer Fehlgeformtheit.

Ursache-Wirkung = Sehen-Hören oder Hören-Fühlen
Gedankenlesen = Fühlen-Sehen oder Fühlen-Hören

Wenn wir diese beiden Prozesse visuell repräsentieren, sieht das wie folgt aus:

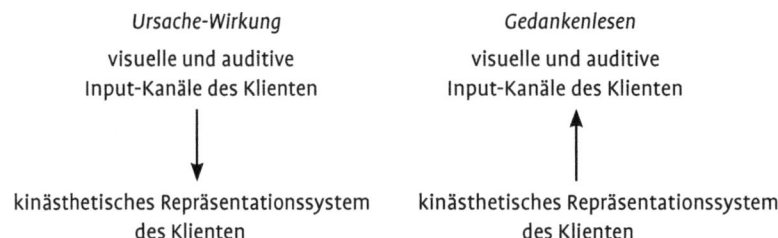

Beachten Sie, daß unkontrollierte unscharfe Funktionen, die mit der ursache-wirkungsbasierten semantischen Fehlgeformtheit verbunden sind, einerseits dazu führen, daß der Klient erstens buchstäblich keinen Einfluß darauf hat, wie er sich fühlt, und daß er zweitens (buchstäblich) den Kontakt zu seinem eigenen aktuellen kinästhetischen Erleben verliert, da die Informationen, die er visuell und auditiv empfängt, die Grundlage für seine Gefühle sind, nicht sein momentanes kinästhetisches Erleben. Andererseits führen unkontrollierte unscharfe Funktionen, die mit dem Gedankenlesen assoziiert sind, dazu, daß der Klient seine Input-Kanäle verzerrt – daß er Vorwärts-Feedback oder *Feed-Forward* erzeugt, so wie es in *Struktur der Magie I* beschrieben wird –, und zwar so, daß er sich in sich selbst erfüllenden Prophezeiungen verstrickt, die es ihm sehr erschweren, auch nur irgend etwas zu verändern, und ihn davon abhalten, seine Umgebung und seine Freunde direkt wahrzunehmen.

Wenn wir Therapeuten dazu angeleitet haben, dieses Phänomen zu erkennen, haben viele seine Existenz noch vehementer angezweifelt als die Möglichkeit, Repräsentationssysteme mit Hilfe von Prädikaten der natürlichen Sprache zu identifizieren. Wir werden uns nun der Arbeit von Paul Bach-y-Rita zuwenden, um Ihnen zu zeigen, daß diese Fuzzy-Function-Koppelungen nicht nur existieren, sondern sowohl ein wichtiger Aktivposten als auch die Grundlage für semantisch fehlgeformte Repräsentationen sein können.

Bach-y-Rita hat sich mit der sensorischen Substitution auseinandergesetzt und hat in Zusammenarbeit mit Kollegen eine Maschine entwickelt, die visuellen Input in kinästhetische Empfindungen umwandelt. Blinde, die gelernt haben, dieses Gerät (TVSS genannt) zu benutzen, können sich mit seiner Hilfe mit Ausdauer und Geschick Informationen beschaffen, die andernfalls nur Sehenden zur Verfügung stehen. Infolge von Bach-y-Ritas Projekt ist mittlerweile bereits eine weitere Maschine entstanden, die auditiven Input in kinästhetische Empfindungen übersetzt. In seinem Buch *Brain Mechanism in Sensory Substitution* (1965) beschreibt er nicht nur den Erfolg seines Projekts, sondern auch dessen neurologische Grundlagen. Dabei führt er folgende Erkenntnisse aus eigener Forschung sowie Erkenntnisse anderer Forscher an:

> Wie beschrieben wurde, tauchen visuelle Reaktionen früher im somatosensorischen (kinästhetischen) Kortex als im spezifischen visuellen Kortex auf (Kreindler, Crighel, Stoica & Sotirescu 1963). Ebenso können Reaktionen auf Hautreizungen von einer Vielzahl unterschiedlicher Kortex-Regionen registriert werden, unter anderem vom »spezifischen« somatosensorischen Kortex, von den assoziativen Bereichen und sogar vom visuellen Kortex (Murata, Cramer & Bach-y-Rita, 1965).
>
> ...
>
> In einer Studie über die primären visuellen Kortexzellen der Katze haben Murata *et al.* nachgewiesen, daß sogar diese Zellen polysensorisch sind, wobei ungefähr 37 Prozent von ihnen auf auditive und 46 Prozent auf Hautstimulation reagierten, während 70 Prozent auf den applizierten visuellen Stimulus reagierten. Die meisten der Einheiten, die auf visuelle und auditive Stimuli reagierten, sprachen auch auf die Hautstimulation an ... Diese Resultate zeigen, daß der visuelle Kortex (der als der am stärksten spezialisierte unter den sensorischen Projektionsbereichen gilt) Input von anderen Sinnesmodalitäten sowie auch visuellen Input empfängt, was an eine assoziative oder integrierende Rolle zumindest einiger Zellen in diesem Bereich denken läßt.

Bach-y-Rita demonstriert nicht nur die Existenz von Überkreuzschaltungen, sondern er weist auch auf Möglichkeiten hin, diese Koppelungen für Blinde und Taube zu nutzen. Weil dem Leser vielleicht nicht auf Anhieb einleuchten wird, welche Bedeutung diese Phänomene für die Psychotherapie haben, kehren wir nun zur Auseinandersetzung mit der semantischen Fehlgeformtheit zurück.

Wenn ein Therapeut mit geführten Phantasien arbeitet – d. h., wenn er einen Klienten auffordert, seine Augen zu schließen und sich im Geiste Bilder von dem vorzustellen, was der Therapeut beschreibt, fordert er den Klienten im Grunde zur Nutzung einer unscharfen Funktion auf, nämlich Wörter (auditive Informationen) als Input zu benutzen und visuelle Repräsentationen zu erzeugen. Äußert ein primär visueller Klient:

> »*Ist mir völlig klar, was Sie sagen*«,

dann stellt der Betreffende sich das, was der Therapeut zu ihm gesagt hat, sehr oft wirklich bildhaft vor. Wie wir in Teil I erwähnt haben, können Sie sehr leicht überprüfen, ob dies der Fall ist, indem Sie Ihre Klienten und Freunde bei solchen Äußerungen danach fragen. Auch dies sind unscharfe Funktionen. Der Begriff *fuzzy function* für diese Art von Aktivitäten soll nicht den Eindruck erwecken, es handle sich dabei um eine schlechte Aktivität – denn wie Bach-y-Rita gezeigt hat und wie der Gebrauch der geführten Phantasie in der Therapie es zeigt, kann es sich dabei durchaus um eine phantastische Ressource handeln. Vielmehr wurde der Ausdruck *fuzzy function* für diese spezielle Art des Modellierens eingeführt, weil sich so viele Menschen dieses Phänomens gar nicht bewußt sind und weil sie nicht in der Lage sind, das Entstehen solcher Repräsentationen zu steuern. Wir haben Menschen anderen vorwerfen hören, daß diese nicht über die gleiche unscharfe Funktion wie sie selbst verfügen. So entstand einmal, als die Autoren dieses Buches an einem College einen Vortrag halten wollten, kurz vor Beginn der Veranstaltung ein heftiger Streit, weil eine Studentin ihrem Freund vorwarf, er sei gefühllos. Sie bezeichnete ihn als unsensibel, weil er sich nicht schlecht fühlte, wenn er im Biologiekurs eine tote Katze sezierte (er tendierte nicht zum Sehen-Fühlen). Der Student wiederum bezeichnete seine Freundin als mindestens ebenso unsensibel, weil sie ihm gegenüber kein Mitgefühl gezeigt habe, als er ihr gesagt hatte, wie er sich angesichts ihres Vorwurfes fühlte (sie tendierte nicht zum Hören-Fühlen). Dieser interpersonale Konflikt wurde zum Hauptthema unserer Demonstration, bis die Beteiligten verstanden, daß ihre jeweiligen Landkarten bzw. Beschreibungen der Situation beide nicht *die richtige Art* waren, die Wirklichkeit zu repräsentieren, sondern daß beide aus genau den Unterschieden [d. h. Eigenarten] bestanden, die wir bei anderen Menschen zu akzeptieren und zu schätzen lernen können. Außerdem lernten die beiden Studenten etwas Neues über ihre Möglichkeiten, ihre Welt zu repräsentieren. Wir halfen der Frau, das Sehen-Sehen und das Sehen-Fühlen zu erlernen, so daß sie am Biologie-Kurs teilnehmen und ihn erfolgreich abschließen konnte. Sie war nun auch in der Lage, sich vielen anderen Herausforderungen zu stellen, die für sie sehr schmerzhaft geworden wären, wenn sie sich nur auf das Sehen-Fühlen eingeschränkt hätte. Viele Teilnehmer unserer Ausbildungsseminare haben die Fertigkeiten und Wahlmöglichkeiten zu schätzen gelernt, über die sie verfügen, wenn sie *lernen*, alle ihre Input-Kanäle und Repräsentationssysteme auf vielfältige Weisen zu nutzen. Beispielsweise empfinden es viele Therapeuten als sehr schmerzhaft, sich die Berichte ihrer Klienten über ihre Probleme und Bemühungen anzuhören. Das muß nicht zwangsläufig eine Bürde sein, sondern kann sogar im Gegenteil ein Aktivposten sein. Doch haben einige Teilnehmer unserer Ausbildungen berichtet, der Schmerz ihrer Klienten habe sie derart überwältigt, daß sie ihnen nicht sonderlich hätten helfen können. Wenn Sehen-Fühlen- und Hören-Fühlen-Koppelungen nicht überprüft werden und wenn ein Klient oder ein Therapeut keine Wahlmöglichkeiten zu haben glaubt, kann das katastrophale Folgen haben, unserer Auffassung nach sogar sogenannte psychosomatische Erkrankungen.

Wir planen zu untersuchen, welche Unterscheidungsmerkmale aller sensorischer Systeme (beispielsweise Anblick, Farbe, Gestalt, Intensität usw.) sich in welchem Repräsentationssystem abbilden lassen und welche Folgen dies sowohl bezogen auf das Verhalten als auch auf die psychische Situation haben kann. Wir sind überzeugt, daß bestimmte Kombinationen unscharfer Funktionen, wenn man sie zu starr einsetzt, zu bestimmten psychosomatischen Krankheiten führen können. Doch nun werden wir uns zunächst wieder der Nutzung dieser Funktionen in der Therapie zuwenden.

Wie wichtig es ist, die unscharfen Funktionen zu verstehen und mit ihnen zu arbeiten, kann gar nicht oft genug betont werden. Therapeuten, die das erste Mal mit dieser Art, menschliches Verhalten zu beschreiben, in Kontakt kommen, reagieren häufig, indem sie beispielsweise sagen: »Was habe ich denn davon? Wie kann ich dies nutzen?« Diese Fragen kann man sehr unterschiedlich beantworten. Zunächst müssen wir uns vergegenwärtigen, daß Menschen, die zu uns zur Therapie kommen, nicht (wie wir bereits in *Struktur der Magie I* klargestellt haben) schlecht, krank, verrückt oder böse sind, sondern daß sie die aufgrund ihrer Weltsicht bestmöglichen Entscheidungen treffen. Schauen wir uns beispielsweise Martha an, eine junge Frau von ca. 28 Jahren, die wegen Kindesmißhandlung verurteilt wurde. Sie war deswegen nicht nur vor Gericht, von ihren Eltern und von ihren Freunden verhöhnt worden, sondern war sich auch – und das war noch weitaus wichtiger für sie – selbst lächerlich vorgekommen. »Von mehreren Ärzten war sie behandelt und vom Pfarrer ihrer Kirchengemeinde beraten worden«. Und doch vertraute sie sich immer noch nicht und haßte sich im Grunde selbst. Sie war eines Abends bei einem unserer Seminare aufgetaucht. Weil sie nicht eingeladen worden war, war sie sehr verlegen – was jedoch an ihrer Hilfsbedürftigkeit nichts änderte. Als wir sie fragten, warum sie gekommen sei, entschuldigte sie sich und versprach, wieder zu gehen. Daraufhin fragen wir sie beide fast gleichzeitig, was sie wolle, und sie fing an zu weinen und ihre Geschichte zu erzählen. Sie berichtete, sie habe sehr jung geheiratet und sich früh wieder scheiden lassen. Sie habe ein kleines Kind, einen Jungen, den sie zwar sehr liebe, aber trotzdem geschlagen habe. Deswegen habe sie sich schließlich selbst beim Jugendamt gemeldet, woraufhin sie ihren Sohn verloren habe und »völlig zu Recht« bestraft worden sei. Sie erklärte:

»Ich habe das Gefühl, keinerlei Grund zur Hoffnung mehr zu haben. Ich sehe für mich keine Möglichkeit, in eine andere Gefühlslage zu kommen. Ich verliere einfach immer wieder die Kontrolle, und dann kann ich mich nicht mehr zusammenreißen. Ich sehe nicht, wie ich es schaffen könnte, mich anders zu fühlen. Manchmal, wenn ich meinen Sohn sah, fühlte ich mich so stolz, doch wenn er dann die kleinste Kleinigkeit ›falsch‹ machte, wurde ich so wütend, daß ich anfing, ihn auszuschimpfen. Irgend etwas an der Art, wie er mich dann anschaute, machte mich immer wütender, bis ich ihn schließlich schlug, und dann … ich weiß selbst nicht, was dann geschah. Ich verlor die Beherrschung und schlug ihn immer wieder – es war so, als ob ich verrückt werden würde.«

Wir entdeckten in dieser Beschreibung sofort einige uns wohlbekannte Muster, obwohl wir noch nie mit einer Frau gearbeitet hatten, die ihr Kind geschlagen hatte. Wir hörten bei ihr eine ungewöhnliche Art, Prädikate zu benutzen:

»Ich *sehe* keine Möglichkeit, wie ich mich anders *fühlen* könnte.«

Dies ist eines der deutlichsten Beispiele für Sehen-Fühlen-Prädikate, mit dem wir jemals konfrontiert worden sind. Sie äußerte auch Sätze wie:

»Mein Sohn *schaute* mich so warmherzig an.«
»Der Richter schien ein *kalter* Mensch zu sein.«
»Ich *sehe* nicht, wie ich meine Probleme in den Griff bekommen könnte.«
»Klar war das *hart* für mich.«

Alle oben genannten Äußerungen sind Überkreuz-Prädikate, die einen visuellen Input voraussetzen, der kinästhetisch repräsentiert wird. Diese Frau entsprach dem Sehen-Fühlen-Typus. Mit Hilfe des Meta-Modells begannen wir, ihr Weltmodell zu erforschen. Wir beobachteten und hörten zu, um herauszufinden, wie die Fuzzy-Funktion des Sehen-Fühlens dieser Frau bewirkte, daß sie ihr Kind schlug, obwohl es bei so vielen anderen Menschen nicht dazu kommt. Wie es dazu kam, zeigte sich, während wir eine vollständige Repräsentation bzw. ein Modell ihres Erlebens elizitierten. Dabei wurden folgende wichtige Parameter (im Sinne der bisher in diesem Buch sowie der in Band 1 beschriebenen Informationen) sichtbar:

Der primäre Input-Kanal der Frau war der visuelle. Sie hatte sehr starke Kommunikationsschwierigkeiten, weil sie viele unserer Fragen nicht hörte und uns oft bat, Fragen noch einmal zu wiederholen. Es fiel ihr nur dann leicht, unsere Fragen zu verstehen, wenn wir bei ihrer Formulierung kinästhetische Prädikate benutzten. *Ihr primäres Repräsentationssystem war das kinästhetische.* Sie verbrachte den größten Teil der Zeit mit *Beschwichtigen*, und sie benutzte in ihrer sprachlichen Kommunikation viele *Nominalisierungen*. Ihr primärer Output-Kanal für die Kommunikation war offenbar ebenfalls der *kinästhetische*. Mittels Gesten konnte sie problemlos kommunizieren, und sie antwortete uns fast immer durch unterschiedliche Arten des Gesichtsausdrucks – indem sie beispielsweise lächelte oder die Stirn runzelte, wenn wir sie fragten, wie sie sich hinsichtlich einer bestimmten Sache fühle. Verbal äußerte sie sich mit krächzender Stimme, und sie antwortete nur dann mit Worten, wenn wir sie ausdrücklich dazu aufforderten. Als wir sie baten, noch einmal zu beschreiben, wie es dazu gekommen sei, daß sie ihren Sohn geschlagen habe, beschrieb sie seine Handlungen sehr ähnlich wie ihre eigenen. (Da der Junge allerdings nicht selbst anwesend war, konnte er diese Äußerung nicht bestätigen.)

Die Frage, wie diese junge Frau plötzlich dazu gekommen war, ihr Kind zu schlagen, blieb vorerst unbeantwortet. Allerdings verfügten wir nun über Informationen, die sich wie folgt darstellen lassen:

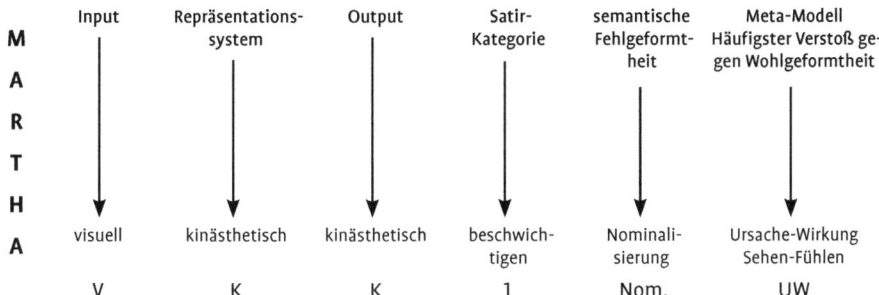

Der visuelle Input wird in Form von Körperempfindungen repräsentiert – nominalisiertes Sehen-Fühlen, das kinästhetisch als Beschwichtigen ausgedrückt wird. Nun dämmerte uns allmählich, weshalb diese Frau gewalttätig geworden war. Wenn Sie sich den Abschnitt über das Ausspielen polar gegensätzlicher Anteile noch einmal anschauen, erinnern Sie sich vielleicht daran, daß durch das Ausspielen eines polaren Anteils der im betreffenden Augenblick nicht ausgespielte Anteil aktiviert wird – was bei dieser Frau das Anklagen war, das weiterhin kinästhetisch ausgedrückt wurde (das polare Gegenstück zum Beschwichtigen ist in der Regel das Anklagen). Und kinästhetisches Anklagen in seiner übertriebensten Form ist Gewalt. Einer der Autoren des vorliegenden Buches spielte den polaren Anteil aus, dessen Darstellung normalerweise Martha übernahm; dabei begann er kongruenter, als sie selbst es getan hatte, indem er seine Stimme an den Klang der ihren anpaßte, was sie nicht zu merken schien. Außerdem ahmte er ihre beschwichtigende Haltung nach und forderte sie unter Verwendung ihrer eigenen Stimmcharakteristik auf, sich selbst gegenüber nicht so hart zu sein. Wie die Stimme des Therapeuten klang, schien sie nicht zu merken, doch sie schaute ihn zunächst sehr direkt an, kniff die Augen zusammen, ballte ihre Fäuste, bewegte ihre Arme auf und ab, kniff die Augen noch stärker zusammen, bis schließlich die Wut aus ihr herausbrach, sie erratisch losbrüllte und – die Fäuste schwingend – auf den Autor zuging.

Wir halten nun kurz inne, um uns mit dem Resultat der Intervention auseinanderzusetzen. Martha veränderte in bestimmten Augenblicken einige Aspekte ihrer Repräsentation der Welt so, daß es ihr möglich wurde, gewalttätige Handlungen auszuführen. Wir bemerkten, daß ihr Input-Kanal der visuelle und ihr Repräsentationssystem das kinästhetische blieben, während sie brüllte und sich uns näherte. Außerdem waren die Nominalisierungen aus ihren verbalen Äußerungen verschwunden, ihre Wangen röteten sich, und seit sie sich in unserer Gesellschaft befand, atmete sie das erste Mal tief. Die semantische

Fehlgeformtheit des Ursache-Wirkungs-Typs bestand immer noch, doch die Klientin beschwichtigte nicht mehr. Statt dessen klagte sie mit ziemlich starker Wut-Energie an, und ihre wichtigster Ouput-Kanal war der kinästhetische.

M A R T H A	Input-Kanal	Repräsentationssystem	Output-Kanal	Satir-Kategorie	semantische Fehlgeformtheit	Verstoß gegen Meta-Modell
	visuell	kinästhetisch	kinästhetisch	Anklagen	De-Nominalisierung	Ursache-Wirkung
	V	K	K	2	Nom.	UW

Das Resultat dieses Repräsentationsprozesses war Gewalttätigkeit. Versuchen wir uns einmal vorzustellen, wie es dazu kam: Visuelle Information, die sie aufnahm, repräsentierte Martha gewöhnlich als Körperempfindung, was man in nominalisierter Form als Nicht-Bewegung bezeichnen kann. (Nominalisierung ist der Prozeß, bei dem ein Verb der natürlichen Sprache in ein Ereignis oder Ding umgewandelt oder »verdinglicht« wird.) Die Nominalisierung einer kinästhetischen Repräsentation ist eine zu einer Körperhaltung erstarrte Bewegung. Als einer von uns einen der polaren Anteile Marthas ausspielte, sah-fühlte die Klientin folglich ihren eigenen polaren Anteil. Dadurch kam es bei ihr zur Denominalisierung, und es entstand eine direkte Biofeedback-Schleife: Sie fühlte, was sie mit ihrem Körper tat, während der Therapeut ihr im betreffenden Augenblick ein Spiegelbild [ihres Verhaltens] präsentierte, so daß sie, als sie ihn sah-fühlte, auch spürte, was in ihrem eigenen Körper vor sich ging. Weiterhin spielte der Therapeut ihren dominierenden polaren Anteil kongruenter [als sie selbst] aus, so daß sie darauf reagieren konnte, indem sie die mit dem weniger stark zum Ausdruck gelangenden polaren Anteil – dem Anklagen – verbundenen Para-Botschaften ausdrückte. Das Resultat war eine kinästhetische Denominalisierung – ein kinästhetisch kommuniziertes Anklagen, besser bekannt als blanke Gewalt. Versuchen Sie nun bitte einmal einen Augenblick lang, sich eine Frau wie Martha vorzustellen, die starr auf Sehen-Fühlen fixiert ist – sie schimpft ihren Sohn mit krächzender Stimme aus, was ihr meist gar nicht bewußt ist. Als Kind hört-fühlt und beschwichtigt der Junge, was sie sieht-fühlt, genauso wie es einem der Autoren erging. Dann reagiert sie durch Denominalisierung und indem sie eine kinästhetisch-anklagende Explosion auslöst – sie schlägt ihren Sohn, der noch stärker beschwichtigend reagiert, weil er von einer erwachsenen Person angegriffen wird. Dies verstärkt Marthas Seh-Fühl-Zyklus noch weiter zu einer eskalierenden Sequenz, die zu kontrollieren sie nicht in der Lage ist.

Auf die Gefahr hin, daß unsere Sichtweise von Marthas Situation als zu klinisch erscheinen mag, werden wir uns nun noch weiter von ihrer Geschichte entfernen, um Ihnen die Grundlagen zu vermitteln, die Sie benötigen, um das Folgende zu verstehen. Wir sind der Meinung, daß Sie zwei Dinge verstehen müssen, bevor wir mit unseren Ausführungen fortfahren können. *Erstens geht es dabei um die Theorie der Muster-Unterbrechung.* Diese hat sich bei unseren Bemühungen, Klienten bei der Durchbrechung eskalierender Verhaltensmuster zu helfen, als äußerst nützlich erwiesen, und zwar insbesondere, wenn es um Muster des kinästhetischen Ausdrucks von Wut ging. Viele Psychotherapeuten sind sich über die Gefahr, die mit dieser Art von unkontrollierter Eskalation verbunden ist, im klaren und bestehen deshalb darauf, daß ihre Klienten entsprechende Medikamente einnehmen oder sich festschnallen lassen, um das eskalierende Muster der Gewalttätigkeit zu bändigen. Uns erscheinen diese Möglichkeiten jedoch als sehr unbefriedigend, weil weder Medikamente noch Gurte das Muster des Sehen-Fühlens oder des Hören-Fühlens so zu durchbrechen vermögen, daß sich den betreffenden Klienten neue Möglichkeiten offenbaren, ihre Welt zu repräsentieren und zu kommunizieren. Medikamente und Gurte zielen zudem auch nicht ansatzweise darauf, die wertvollen Anteile von Menschen zu integrieren. Sie unterdrücken nur einen bestehenden polaren Anteil – genau so, wie Martha dies ihr ganzes bisheriges Leben lang gemacht hat. Wenn ihr Sehen-Fühlen-Muster weiterhin bestehen bleibt, explodiert sie irgendwann in Zukunft, und der Zyklus beginnt wieder von vorn. Außerdem werden medikamentöse Behandlungen und freiheitsberaubende Maßnahmen den erstaunlichen Fähigkeiten von Menschen nicht gerecht, sich neue Bewältigungsmechanismen und Arten der Repräsentation anzueignen. Vor allem aber nutzen solche Methoden nicht die Fülle dynamischen Lebens, die in einer Explosion dieser Art zum Ausdruck kommt, so, daß sie zu einem Mittel der Integration werden.

Es geht uns hier nicht darum, Therapeuten, die solche Methoden anwenden, öffentlich zu schelten. Uns ist völlig klar, daß jeder Therapeut das Beste tut, was er tun kann, um Menschen zu helfen, und daß er dabei alle Werkzeuge und Fähigkeiten einsetzt, die ihm zur Verfügung stehen. Uns ist klar, daß der Bereich der Psychotherapie noch relativ jung ist und daß wir alle noch viel lernen und uns noch stark entwickeln müssen, um die Prozesse, mit deren Hilfe Menschen ihre Erlebnisse repräsentieren und kommunizieren, umorganisieren zu können. Wir müssen auch noch viel darüber lernen, wie Menschen sich auf neuartige Weisen verändern können, sofern sie über die dazu notwendigen Ressourcen verfügen. Einige Psychotherapeuten, die dieses Dilemma erkannt haben, haben mit den Möglichkeiten der traditionellen Psychotherapie ihre Klienten dazu angehalten, sich bis zur Erschöpfung kathartisch auszudrücken, weil sie der Überzeugung waren, daß sich Gefühle, die in Form von Wut zum Ausdruck gelangen, dauerhaft neutralisieren lassen. Leider werden dadurch nach unseren Erfahrungen nicht die Sehen-Fühlen- und Hören-Fühlen-Zyklen durchbrochen, und ebensowenig kommt es aufgrund solcher Aktivitäten zu einer Integration oder Umerziehung, die Klienten in die Lage versetzt, ihre Erlebnisse auf neuartige Weisen zu repräsentieren oder zu kommunizieren. Zwar mag die kathartische Methode für die betreffenden Klienten größeren Wert haben als das Einnehmen von

Medikamenten, deren Wirkungen nicht genau bekannt sind, doch bleibt bei einer solchen Behandlung das Grundmuster unverändert. Welche anderen Möglichkeiten stehen dem Therapeuten in solchen Situationen offen?

Wir empfehlen, eine andere Möglichkeit ausprobieren: die Wutexplosion so zu unterbrechen, daß die Klientin die dynamische Lebenskraft, die entladen wird, nutzen kann, um die zum Ausdruck gelangenden Para-Botschaften zu integrieren. Mit Hilfe der frei werdenden Energie wird der Sehen-Fühlen-/Hören-Fühlen-Zyklus so unterbrochen, daß sich die Klientin dauerhafte neue Möglichkeiten erschließen kann, die eine andere Art der Organisation des Erlebens möglich machen. Natürlich ist dies leichter gesagt als getan, obgleich es auch wieder nicht so schwierig ist, wie es auf den ersten Blick erscheinen mag. Wir können das Problem in folgende Schritte gliedern:

Zunächst einmal handelt es sich hier um eine Klientin mit Sehen-Fühlen-Charakteristik; ihre Wut explodierte, als der Therapeut eine ihrer polaren Positionen ausspielte. Ein derartiges eskalierendes Muster kann der Therapeut mit Hilfe verschiedener Methoden unterbrechen. Unter anderem kann er den polar gegensätzlichen Anteil ausspielen. Dies erfordert, daß er einen möglichst großen Teil der verfügbaren Kongruenz mobilisiert, um eine anklagende Haltung darzustellen, die noch stärker ist als die Haltung der Klientin. Der Therapeut kann die Klientin auch auffordern, ihre Augen zu schließen und so den Sehen-Fühlen-Zyklus zu unterbrechen. In diesem Fall könnte die Klientin jedoch eine visuelle Vorstellung entwickeln, die anschließend in eine kinästhetische Repräsentation verwandelt wird. Dies kann der Therapeut verhindern, indem er die Klientin immer wieder zum Atmen auffordert. Er kann sie auf kongruente Weise auffordern, das Repräsentationssystem zu wechseln und alles, was sie fühlt, in eine bildliche Repräsentation umzuwandeln. In der folgenden visuellen Repräsentation veranschaulichen wir, was das Ausspielen des polaren Anteils durch den Therapeuten bewirkt hat.

Input-Kanal	Repräsentationssystem	Output-Kanal	Satir-Kategorie	semantische Fehlgeformtheit	Verstoß gegen Meta-Modell	Resultat
			POLARER ANTEIL I			
V	K	K	1	Ursache-Wirkung	Nominalisierung	inkongruent, instabiles System
↓			POLARITÄT II		↓	
V	K	K	2	Ursache-Wirkung	Ø	kongruent, Gewalt

Wenn Sie die beiden obigen Repräsentationen überprüfen, werden Sie nicht nur feststellen, daß beide Möglichkeiten und Weltbeschreibungen nicht besonders geeignet sind, um

Marthas Erleben zu repräsentieren, sondern daß es sich außerdem – gemessen anhand der in Teil II dieses Buches vorgestellten Kriterien – um nicht gut geordnete und voneinander getrennte polare Gegensätze handelt. Martha kann erst mit dem Integrationsprozeß beginnen, wenn sie über mehr unterschiedliche Möglichkeiten, ihr Erleben zu repräsentieren, verfügt. Im Augenblick kann sie ihr Erleben der Welt nur in Form von Gefühlen repräsentieren. Das erste Therapieziel besteht in diesem Fall darin, Martha ein Erlebnis zu ermöglichen, das sie in die Lage versetzt, ein anderes Repräsentationssystem zu nutzen. Ziel Nr. 2 sollte die Verbindung dieses neuen Repräsentationssystems mit einem anderen Output-Kanal sein, den sie gefahrlos benutzen kann, um sich selbst zu denominalisieren.

Als Martha brüllend und Fäuste schwingend im Sitzungsraum eintraf, unterbrachen die beiden Autoren die Explosion entschieden und kongruent, als sie einen Gipfelpunkt erreichte, indem sie die Klientin in anklagendem Ton aufforderten, damit aufzuhören, ihre Augen zu schließen und alles, was sie fühlte, in ein Bild einfließen zu lassen, das sie im Geiste entwickeln sollte. Die Klientin hielt inne, als ob sie erschrocken sei. Daraufhin brachten die Therapeuten ihre Aufforderung noch strikter und kongruenter vor. Nun schlossen sich ihre Augen, und Martha fing an zu blinzeln.

> THERAPEUT: Was *sehen* Sie jetzt?
>
> MARTHA: *(brüllt)* Nichts. *(Ihre Stimme wird schwächer.)* Verdammt!
>
> THERAPEUT: Schauen Sie intensiver hin, bis Sie etwas *sehen*!
>
> MARTHA: Ich kann nicht. Ich kann es nicht! *(Weint, doch ihre Fäuste bleiben geballt.)*
>
> THERAPEUT: *(Der Therapeut hat sie aufgefordert, tief zu atmen, und sie hat dies getan, um die Anspannung in ihrem Körper in Form eines Bildes ausdrücken zu können. Seine Stimme wird weich, und er fährt fort, ihr zuzureden, bis sich der Ausdruck ihres Gesichts leicht verändert.)* Und was *sehen* Sie jetzt?
>
> MARTHA: Also, ich kann nicht sagen, was es ist ... Das Bild ist nicht klar ...
>
> THERAPEUT: Atmen Sie, und lassen Sie das Bild klar werden. Schauen Sie genauer hin, und lassen Sie zu, daß es zutage tritt.
>
> MARTHA: *(schluchzt)* Scheiße ... oh Scheiße! *(Sie fängt an, die Fäuste zu ballen, als kündigte sich die nächste Krise an.)*
>
> THERAPEUT: Nein, greifen Sie diesmal nicht ein. Lassen Sie einfach kommen, was kommen will, und schauen Sie, was es ist. Sie laufen schon zu lange davon, und Sie haben schon zuviel Schmerz gehabt; ertragen Sie es diesmal eine Zeitlang, dann werden Sie etwas daraus lernen *(sanft und leise)*.
>
> MARTHA: *(weint jetzt)* Mein Baby, mein Baby, er ... *(schluchzt)*.
>
> THERAPEUT: Berichten Sie mir, was Sie *sehen*, beschreiben Sie Ihr *Bild* so *klar*, wie Sie können.

MARTHA: Er wirkt so verängstigt, so verletzt ... *(fängt an zu weinen, aber ballt gleichzeitig die Fäuste).*

THERAPEUT: Nein, *schauen* und *sehen* Sie einfach und *beschreiben* Sie dies alles. Sie schleppen all das schon viel zu lange mit sich herum. *Sehen* Sie einfach, was Sie *sehen*, und *beschreiben* Sie es mir.

Martha fing an, ihren Sohn als verängstigt und verletzt zu beschreiben. Sie schluchzte und konnte gar nicht mehr damit aufhören.

Dies ist nur der Anfang, und unseren Erfahrungen gemäß unterbrechen Therapeuten leider nur zu oft an einem Punkt wie diesem ihre Bemühungen und lassen zu, daß alle diese Energien vergeudet werden. Wir fuhren fort, Martha zu helfen. Sie hatte ihren Prozeß nun umgekehrt: Sie ersetzte kinästhetische Repräsentationen durch visuelle. Der Sehen-Fühlen-Zyklus wurde zumindest zeitweise unterbrochen.

Input-Kanal	Repräsentationssystem	Output-Kanal		Satir-Kategorie	
K ———————	V ———————	auditiv —— Ø	———————	1 —————	——————— GL

Martha hatte mit dem Prozeß der Veränderung begonnen. Daraufhin versuchten wir, die jeweils adäquaten Input-Kanäle dem mit ihnen verbundenen Repräsentationssystem zuzuordnen. Währenddessen ließen wir Martha das Bild von ihrem Baby anschauen, und wir versetzten ihren Körper in die Position, in der sie zuvor beschwichtigt hatte, wobei wir sie baten, sich das innere Bild genauer anzuschauen, während wir ihren Körper in eine andere Position brachten. Das Bild veränderte sich; sie hatte zunächst Angst, und wir beruhigten sie. Sie beschrieb, sie sehe sich selbst; sie erklärte, sie wirke auf ihren Bildern niederträchtig und wütend. Sie beschrieb sich als einen Menschen mit grimmigem Gesichtsausdruck.

THERAPEUT: Schauen Sie sich diesen Teil von sich genau an, und sagen Sie ihr, wie Sie sich fühlen, während Sie sie sehen. Sorgen Sie dafür, daß Ihr inneres Bild immer absolut klar bleibt, und beobachten Sie ihren Ausdruck, während Sie ihr dies sagen.

Diese Aufforderung basiert auf der Voraussetzung, daß die Klientin ihre kinästhetische Empfindung verbal ausdrücken und gleichzeitig eine visuelle Repräsentation aufrechterhalten wird.

MARTHA: Bitte, mache mich nicht ...

THERAPEUT: *(unterbricht)* Sagen Sie ihr, was Sie empfinden, während Sie sie im Geiste sehen.

Martha: Ich habe Angst.

Therapeut: Sagen Sie ihr, was das für Sie konkret bedeutet.

Martha: Du ...

Therapeut: Sagen Sie ihr, daß Sie in Ihrem Körper Angst spüren.

Martha: Ich fühle mich im Rücken angespannt, und mein Bauch ist auch ziemlich aufgewühlt. Ich habe Angst vor dir ... davor, wozu du mich bringen könntest.

Therapeut: Beobachten Sie ihr Gesicht! Was sehen Sie? ... Wie sieht sie aus?

Martha: Sie wirkt angeekelt.

Therapeut: Wie genau kommt das zum Ausdruck?

Martha: Sie blickt finster, und sie bewegt ihren Kopf vor und zurück. *(Martha schüttelt den Kopf, um ein Nein auszudrücken.)*

Therapeut: Beschreiben Sie, was Sie sehen – tun Sie das nicht. *(Der Therapeut hindert Martha, ihren Kopf zu bewegen.)* Schüttelt sie immer noch den Kopf?

Martha: Ja.

Therapeut: Was sagt sie, während Sie sie beobachten und ihr zuhören?

Martha: Ich höre ni...

Therapeut: Hören Sie genauer hin. Da! Haben Sie es gehört? Was sagt sie, während Sie beobachten, wie sich ihre Lippen und ihr Mund bewegen?

Martha: Sie dreht ihren Kopf, als wollte sie lauschen, und dann verzieht sich ihr Mund zu einem leichten Grinsen.

Therapeut: Was hat sie zu Ihnen gesagt?

Martha: *(kichert)* Sie hat gesagt, ich sei eine Heulsuse, und ich solle aufhören zu jammern und mich wehren.

Therapeut: Was ist daran komisch?

Martha: Daß *ich* das sage – weil es genau das gleiche ist wie das, was meine Mutter immer zu mir gesagt hat *(ihr Kichern wird zu einem leisen Schluchzen)*. Ich hatte mir geschworen, nie so wie sie zu werden. Verdammter Mist! *(Immer noch sehr leise und murmelnd.)*

Therapeut: Martha, schauen Sie sie genau an, und sagen Sie ihr, in welcher Hinsicht Sie nicht so sind wie sie. Beobachten Sie sie genau, und hören Sie gleichzeitig zu. Sagen Sie *Martha*.

Martha: Martha, ich bin nicht wie du. Ich ... ich ... Ich bin – hmm – nett zu anderen Menschen und sanft und warmherzig. Ich verletze sie nicht.

Therapeut: Was sagt sie, während Sie sie beobachten? Hören Sie genau zu.

Martha: ... Sie sagt, ich bin zu schwach, ich lasse mich zu leicht herumschubsen.

THERAPEUT: Wie sieht sie aus, während sie das zu Ihnen sagt?

MARTHA: Sie wirkt jetzt nicht wütend, sondern besorgt, als wenn sie sich wegen mir Sorgen machen würde.

THERAPEUT: Sagen Sie ihr, daß Sie sich ihretwegen Sorgen machen. Beobachten Sie sie dabei, und hören Sie ihr genau zu.

MARTHA: Du … äh … ich … ich mache mir Sorgen wegen dir. Du tust anderen Menschen weh, wenn du so barsch und gemein zu ihnen bist … Wenn du so weitermachst, bist du irgendwann einsam. Sogar ich versuche, dich von mir fern zu halten.

THERAPEUT: Hören Sie ihr nun genau zu, und beobachten Sie sie, während Sie ihr zuhören.

MARTHA: *(lächelt, wobei ihr Gesicht einen Ausdruck der Besorgnis erkennen läßt)* Sie sieht … irgendwie tapfer aus, falls Sie wissen, was ich meine. Sie sagt, sie könne es aus… aushalten.

THERAPEUT: Wie fühlen Sie sich jetzt ihr gegenüber, wenn Sie sie anschauen?

MARTHA: Es ist das erste Mal, daß ich sie … nun ja … irgendwie mag, verstehen Sie.

THERAPEUT: Martha, beobachten Sie sie, und fragen Sie sie, was genau sie will.

MARTHA: *(fällt ihm ins Wort)* Was *willst* du? Sie möchte, daß ich mir von ihr helfen lasse, für mich einzustehen, damit … also … damit sie keine Wutausbrüche mehr zu bekommen braucht. Sie möchte, daß ich sehe, daß ich nicht immer so kraftlos sein muß.

THERAPEUT: Wäre Ihnen das recht? *(Martha nickt bejahend.)* Dann sagen Sie ihr das.

MARTHA: Ich habe das Gefühl, ich brauche dich, um mutiger und stärker zu werden, wirklich. Aber ich kann das nicht alles auf einmal schaffen.

THERAPEUT: Sagen Sie ihr, was Sie aus Ihrer Sicht brauchen. Beobachten Sie sie, und sagen Sie ihr, was Sie für sich brauchen.

MARTHA: Ich möchte … nun ja … gute Dinge, aber ich will auch sanft sein und niemanden verletzen … ich meine körperlich, und ich will auch nicht völlig die Kontrolle verlieren, verstehst du …

THERAPEUT: Was antwortet sie? Hören Sie ihr zu, und beobachten Sie sie.

MARTHA: Sie sagt, daß wir das schaffen können. Sie lächelt und …

THERAPEUT: Martha, während Sie sie lächeln sehen, stark und mutig, ohne daß sie es für notwendig hält, Sie zu dominieren – in dem Wissen, daß Sie sowohl ihre Härte als auch Ihre eigene Zartheit haben können, je nachdem, was einer Situation angemessen ist –, lassen Sie zu, daß sich Ihre Hände langsam erheben und sich dem Bild vor Ihnen entgegenstrecken, ganz langsam, und während Sie ihr Gesicht beobachten. *(Marthas Augen sind immer noch geschlossen. Sie erhebt ihre Hände und greift auf Unterarmlänge in die Luft vor ihrem Körper.)* Nun schauen Sie sie an, und spüren Sie, wie Sie sie ganz allmählich näher zu sichhin ziehen ... ganz langsam ... bis Sie spüren, wie sie in Ihren Körper eintritt und zu einem Teil von Ihnen wird, der sieht, was Sie sehen, und fühlt, was Sie fühlen. So ist es gut. *(Martha zieht ihre Hände langsam auf ihren Körper zu, bis sie ihre Brust berühren. Währenddessen atmet sie einmal tief, und dann noch einmal, entspannt ihren Körper und lächelt.)* Was spüren Sie, während Sie dies zu einem Teil von sich werden lassen?

MARTHA: *(lächelt)* Merkwürdig ...

THERAPEUT: Was ist los?

MARTHA: Ich spüre ein Kribbeln in meiner Brust ... ich fühle mich gut ... aber ...

THERAPEUT: Lassen Sie zu, daß sich dieses Gefühl ausbreitet und daß es Ihren ganzen Körper erfüllt. Was sehen Sie währenddessen?

MARTHA: Bobby *(ihren Sohn)*. Ich vermisse ihn ...

THERAPEUT: Wie fühlen Sie sich?

MARTHA: Es kribbelt immer noch, aber jetzt im ganzen Körper.

THERAPEUT: Martha, lassen Sie jetzt zu, daß sich Ihre Augen öffnen. Spüren Sie Ihren Körper, und sehen Sie, was Sie sehen, während Sie sich spüren ... ganz allmählich, ja, genau so ... und nun sagen Sie mir, was Sie sehen.

MARTHA: Ich sehe Menschen – sie leuchten ... Ich meine, die Farben leuchten so, und ich sehe Sie *(wendet sich an einen der Autoren).*

THERAPEUT: Und wie fühlen Sie sich, wenn Sie mich anschauen?

MARTHA: Es kribbelt immer noch. Es fühlt sich gut an. Ich bin so entspannt und doch so – so, na ja, wach, irgendwie. Ich fühle mich gut.

THERAPEUT: Martha, eine Therapie wirkt oft auf den ersten Blick, als sei sie gut und erfolgreich verlaufen, in Wirklichkeit ist sie es aber gar nicht. Dürfen wir das bei Ihnen prüfen?

MARTHA: Was? Nein, ich habe gehört, was Sie gesagt haben. Aber wie wollen Sie das machen?

THERAPEUT: Wenn ich es erkläre, ist die Sache verdorben. Können Sie mir vertrauen?

MARTHA: Ja *(neigt verwirrt den Kopf zur Seite, aber glüht und lächelt immer noch und atmet weiter tief).*

THERAPEUT: *(In diesem Augenblick fängt der Therapeut an, den polaren Anteil, der die gewalttätige Reaktion produziert hatte, erneut auszuspielen, indem er Martha beschwichtigt und sie auffordert, doch bitte [mit krächzender Stimme] nicht so hart mit sich selbst umzugehen.)*

MARTHA: *(lacht schallend, zwingt sich dann zu einem Grinsen, schaut den Therapeuten an und sagte scherzend)* »Sie sind ekelhaft; Sie brauchen Hilfe.«

Obwohl die beiden Therapeuten Martha danach nicht mehr behandelt haben und obwohl immer noch zahlreiche Anteile von ihr zweifellos therapeutische Hilfe gebrauchen könnten, ist dies ein Beispiel dafür, in welchem erstaunlichen Maße Menschen sich verändern können. Die Klientin rief uns zweimal an; das erste Mal, zwei Monate nach der Behandlung, berichtete sie, es gehe ihr gut, und sie lebe im Mittleren Westen. Sie sei glücklich und versuche, ein neues Leben zu beginnen. Das zweite Mal rief sie sechs Monate später an, um freudig zu berichten, ihr Sohn lebe wieder bei ihr. Sie dankte uns für die zwei Stunden, die wir der Arbeit mit ihr gewidmet hatten, und sie versprach uns, sich ein Exemplar des vorliegenden Buches zu kaufen. Damit wollen wir nicht den Eindruck erwecken, daß eine einzige Therapiesitzung ausreicht, um einen Klienten zu behandeln, sondern es geht uns nur darum zu demonstrieren, daß in einer so kurzen Zeit erstaunlich viel geschehen kann, wenn wir als Therapeuten die Fähigkeit unserer Klienten, zu wachsen und sich zu verändern, respektieren und wenn sie über die für eine solche Entwicklung notwendigen Ressourcen verfügen. Vor allem aber möchten wir Ihnen die Notwendigkeit vor Augen führen, Klienten verschiedene Möglichkeiten, die Welt zu repräsentieren, zu erschließen, insbesondere wenn ihre Fuzzy-Function-Muster sehr starr sind.

Wenden wir uns nun wieder Martha zu, um herauszufinden, welche allgemeinen Schlüsse sich aus der beschriebenen Sitzung ableiten lassen. Bei der letzten Veränderung, mit der wir uns beschäftigt haben, repräsentierte Martha die Welt mit Hilfe des folgenden Prozesses:

Input-Kanal	Repräsentations-system	Output-Kanal	Satir-Kategorie	semantische Fehlgeformtheit	Verstoß gegen Meta-Modell
K	V	A	1	GL	Ø

Während der Therapeut Marthas Körper in die für das Beschwichtigen charakteristische Haltung versetzte, die sie zuvor selbst benutzt hatte, bestand die einzige Möglichkeit zur Veränderung im Inhalt ihrer visuellen Repräsentation: Sie wurde sie selbst, statt ihren Sohn zu verkörpern.

Input-Kanal	Repräsentations-system	Output-Kanal	Satir-Kategorie	semantische Fehlgeformtheit	Verstoß gegen Meta-Modell
K	V	A	1	GL	Ø

Das obige Diagramm stellt einen Repräsentationsprozeß dar, dessen Denominalisierung nicht mit Gefahren verbunden ist. Der Therapeut unterstützte die Klientin bei der Denominalisierung und bei ihren Bemühungen, Bewegungen, Handeln und Prozeß in die visuelle Repräsentation einzubeziehen, und gleichzeitig arbeitete er an der Entwicklung eines kinästhetischen Repräsentationssystems und daran, Marthas Inkongruenz so zu ordnen, daß zwei kongruente Weltmodelle entstanden.

Input-Kanal	Repräsentations-system	Output-Kanal	Satir-Kategorie	semantische Fehlgeformtheit	Verstoß gegen Meta-Modell
1. K	K	A extern	1	GL	Til.
2. A	V	A intern	2	UW	Til.

Diese polar gegensätzlichen Anteile wurden anschließend gleichzeitig sowohl in das visuelle als auch in das kinästhetische Repräsentationssystem integriert, mit folgendem Resultat:

Input-Kanal	Repräsentations-system	Output-Kanal	Satir-Kategorie	semantische Fehlgeformtheit	Verstoß gegen Meta-Modell
K	K	K			
V	V	V			

Obgleich sicherlich viele Bereiche in Marthas Leben weiterhin fehlgeformte Repräsentationen enthalten, hat sie eine neue Referenzstruktur für gleichzeitiges Sehen-Sehen und Fühlen-Fühlen, was sich auf ihre Fähigkeit, mit Problemen fertig zu werden, sehr positiv auswirken wird – sofern sie sich dafür entscheidet, das neu Erlernte zu nutzen. Könnte man bei einem Aufwand von zwei Stunden und einem eher zufälligen Zusammentreffen mehr erwarten?

Fälle wie den Marthas erleben wir im Rahmen unserer Arbeit durchaus nicht selten. Wir haben festgestellt, daß vielen schmerzhaften und inadäquaten Bewältigungssystemen unserer Klienten unscharfe Funktionen zugrunde liegen. Fälle von Sadismus beispielsweise wurden als Sehen-Fühlen-Koppelungen identifiziert, bei denen der visuelle Input des Schmerzes eines anderen Menschen als kinästhetisches Lustgefühl repräsentiert wurde. Bei einigen unserer Klienten war aufgrund der Sehen-Fühlen- oder Hören-Fühlen-Repräsentation der in ihrem Körper (insbesondere im Bereich des Halses und der Kehle) gespeicherten Aggression anderer ihnen gegenüber Asthma entstanden. Der Wert der Arbeit mit unscharfen Funktionen besteht darin, daß unsere Klienten dann entscheiden können, wo und wann sie diese unscharfen Funktionen direkt benutzen wollen – was schon an und für sich für eine Therapie oft von großem Wert ist.

Allerdings ist das Verständnis dieser Prozesse auch noch mit anderen Vorteilen verbunden. In Therapien kommt es häufig vor, daß ein Klient, wenn die Situation in Bewegung kommt, seine Fähigkeit zu hören oder zu sehen oder beides zu verlieren scheint. Er kann in einen Zustand der Aufregung geraten, der seine Fortschritte und sein Wachstum sowie die Entwicklung neuer Möglichkeiten unterbricht. Im Rahmen unserer therapeutischen Arbeit haben wir festgestellt, daß wir solche Unterbrechungen oft beheben können, indem wir unsere Aufmerksamkeit einfach auf die Veränderungen der Körperhaltung des Klienten richten. Uns ist nämlich aufgefallen, daß unscharfe Funktionen mit bestimmten klar unterscheidbaren Körperhaltungen verbunden sind. Diese können je nachdem, mit wem wir arbeiten, unterschiedlich sein, doch sie sind immer deutlich erkennbar. In Streßsituationen heben manche Klienten ihr Kinn an, andere bewegen ihre Schultern aufeinander zu, und wieder andere kneifen die Augen zu schmalen Schlitzen zusammen. Alle diese typischen Verhaltensweisen ermöglichen es uns, eine unscharfe Funktion zu identifizieren. Wie wir festgestellt haben, brauchen wir oft nichts weiter zu tun, als die Klienten wieder in eine entspanntere Haltung zu versetzen und sie dann zu bitten, tief und regelmäßig zu atmen. Gelingt uns dies, können wir die therapeutische Arbeit so fortsetzen, daß sie wieder den zuvor angesteuerten Zielen zustrebt. Manchmal löst eine solche Maßnahme eine starke Reaktion aus. Wenn ein Klient eine starke Emotion sieht-fühlt und versucht, diese zu unterdrücken, indem er sein Kinn anhebt und seinen Hals steif macht, und wir dann den Hals des Betreffenden wieder in seine natürliche Position versetzen, tritt der Klient zu Gefühlen in Kontakt, mit denen er schon seit langem große Schwierigkeiten hatte.

Zu diesem Bereich gibt es einige sehr interessante wissenschaftliche Untersuchungen. Gerald Schuchman und Ernest J. Burgi berichteten im Jahre 1971, die Position der Kinnlade habe eine starke Wirkung auf das Hören. Durch die Veränderung der Kinnbacken könnten Unterschiede in der Empfänglichkeit für reine Klänge verstärkt werden. Außerdem ließe sich dadurch die Schwellenempfindlichkeit um durchschnittlich 15 db steigern. Für Psychotherapeuten bedeutet dies, daß Sie durch Veränderung der Position des Unterkiefers eines Klienten die Hörfähigkeit des Betreffenden steigern können. Außerdem können wir aufgrund der Position des Unterkiefers unserer Klienten herausfinden, wann sie etwas hören und wann nicht.

Altshuler und Comalli haben über Erkenntnisse bezüglich Schiefhaltungen des Körpers und der Fähigkeit, Geräusche zu orten, berichtet. Viele Untersuchungen dieser Art liegen uns vor. Als Therapeuten können wir lernen, die entsprechenden Fachzeitschriften nicht einfach nur zu lesen, sondern auch unsere eigenen Erlebnisse auf neuartige Weisen wahrzunehmen. Wenn Sie wollen, können Sie folgende kleine Übung ausführen:

ÜBUNG

Bitten Sie jemanden, Ihnen über etwas zu berichten, und zwar so, daß Sie während des Berichts nicht zu antworten brauchen. Verändern Sie währenddessen immer wieder die Haltung der Kinnlade, und versuchen Sie herauszufinden, wie sich dies jeweils auf Ihr Hörvermögen auswirkt. Wir alle haben schon erlebt, daß wir bei einem Gespräch plötzlich »weggetreten« sind. Aber ist Ihnen schon einmal aufgefallen, daß Sie dann manchmal Ihre Haltung ändern? Sie finden dabei nicht nur etwas über sich selbst heraus, sondern auch darüber, wie Ihre Klienten mit Hilfe ihrer Körperhaltung ihre Hörfähigkeit beeinflussen. Probieren Sie als nächstes alle möglichen Kombinationen von Bewegungen des Kopfes von links nach rechts und von Schiefhaltungen des Körpers aus; dabei können Sie beispielsweise Ihre Schulterblätter zusammendrücken und auch alle möglichen anderen Kombinationen von Bewegungen, die Ihnen in den Sinn kommen, ausführen. Versetzen Sie sich einmal probeweise in eine typische Haltung eines Ihrer Klienten, der Sie besonders gut zu hören scheint, und stellen Sie dann fest, ob eine entsprechende Veränderung seiner Haltung sich auch bei Ihnen auf die Hörfähigkeit auswirkt.

Veränderungen, die Sie hinsichtlich Ihrer Hörfähigkeit bemerken, fallen bei Ihren Klienten in Streßsituationen oder wenn sie über emotionsbefrachtete Themen reden, besonders stark aus. Wenn Sie die Betreffenden daran erinnern, weiterzuatmen und eine das Hören begünstigende Haltung einzunehmen, so ist das ein großer Gewinn. Virginia Satir hat einmal zu einem Klienten gesagt: »Es passiert leicht, daß man sich niedergeschlagen fühlt, wenn man ständig nach unten schaut.« Wir empfehlen Ihnen, dies eine Stunde lang auszuprobieren und die in diesem Satz enthaltene Wahrheit selbst zu erleben. Wir benutzen im Rahmen unserer Arbeit viele Übungen zur Harmonisierung des Körpers, die wir in einem später erscheinenden Buch ausführlicher beschreiben werden. Die meisten dieser Möglichkeiten können Sie selbst entdecken, sofern Sie zur Selbsterforschung bereit sind. Menschen, die häufig blinzeln, klagen oft über große Schwierigkeiten mit dem Sehen. Sie sagen häufig:

Mir ist nicht klar, was Sie zu ihnen sagen.

Wenn Menschen Schwierigkeiten mit visuellen Vorstellungen haben, kann man ihnen helfen, diese Techniken zu erlernen, indem man genau auf die Muster ihrer Augenbewegungen achtet, wie schon ein flüchtiger Überblick über die aktuellen Untersuchungen zum Thema »schnelle Augenbewegungen« (*rapid eye movements* – REM) zeigt.

An der Harmonisierung des Körpers zu arbeiten kann sich in einer Therapie erstaunlich positiv auswirken, wenn man Klienten auf diese Weise hilft, das volle Potential ihrer Sinneswahrnehmung zu nutzen, während sie sich mit belastend wirkenden Bereichen ihres Weltmodells auseinandersetzen. Wir haben uns vorgenommen, unsere Arbeit im nächsten Jahr verstärkt in diese Richtung zu orientieren. Im Augenblick muß es genügen, daß dies kurz erwähnt wird, damit diejenigen unter den Lesern, die sich für diesen Bereich interessieren, zumindest einen ersten Eindruck gewinnen können.

Zusammenfassung von Teil III

Unscharfe Funktionen sind Repräsentationsprozesse, die semantischer Fehlgeformtheit zugrunde liegen, wenn unsere Klienten keine Möglichkeit haben, darüber zu entscheiden, was sie sehen-fühlen, hören-fühlen, fühlen-hören usw. Weil semantische Fehlgeformtheit die Ursache für einen großen Teil des Schmerzes ist, den wir in Therapien sehen und hören, möchten wir gern kurz die verschiedenen Arten unscharfer Funktionen und ihrer Konsequenzen rekapitulieren.

Input		Repräsentation	Art semantischer Fehlgeformtheit
visuell	zu	kinästhetisch	= Ursache-Wirkung (»Du machst mich traurig«)
V	→	K	= UW
auditiv	zu	kinästhetisch	= Ursache-Wirkung (»Du machst mich traurig«)
A	→	K	= UW

Input		Repräsentation	Art semantischer Fehlgeformtheit
kinästhetisch	zu	visuell	= Gedankenlesen (»Ich kann sehen, wenn er Angst hat.«)
K	→	V	= GL
kinästhetisch	zu	auditiv	= GL (»Ich weiß, was er denkt.«)
K	→	A	= GL
visuell	zu	auditiv	= GL
V	→	A	= GL
auditiv	zu	visuell	= GL
A	→	V	= GL
Alle Gedankenlese-Funktionen			= verlorengegangenes Performativ (»Er weiß, daß es falsch ist.« – »Sie ist verrückt, wenn sie es nicht sieht.«)

4 | Familientherapie – die zarte Blume

Wenn Sie bei der Arbeit mit einer Familie nichts weiter tun würden, als es den Familienmitgliedern zu ermöglichen, einander anzuschauen, einander zu berühren und einander zuzuhören, dann hätten Sie damit das Pendel schon in Richtung eines Neuanfangs in Bewegung gesetzt.

— Virginia Satir
Praxiskurs Familientherapie, S. 84

Eine Blume ist etwas wunderbar Lebendiges; wir können zwar einen Samen aussähen und den Wachstumsprozeß der Pflanze, die sich entwickelt, unterstützen, doch ist es uns bisher noch nicht möglich, eine lebende Blume zu schaffen. Wir können Blumen kreuzen, umpflanzen, kultivieren und pfropfen, aber eine Blume völlig neu herstellen können wir nicht – es sei denn aus Papier oder Kunststoff. Eine weitere Eigenschaft von Blumen und Pflanzen ist, daß sie in ihrer natürlichen Umgebung am besten gedeihen; sie wachsen zwar auch in einer anderen Umgebung, brauchen dann aber wesentlich mehr Pflege, wenn sie sich ebensogut entwickeln und ihr Potential vollständig entfalten sollen. Allerdings gedeihen Blumen manchmal auch in ihrer natürlichen Umgebung nicht gut, und sie entwickeln nur wenige Blüten, obwohl sie ihren gesamten Lebenszyklus durchlaufen. Manchmal wird die Entwicklung solcher wild wachsender Blumen sogar so stark eingeschränkt, daß sie einander ersticken, krank werden und absterben. Pflanzen erreichen ihr stärkstes Wachstum, entfalten ihre Schönheit am besten und entwickeln die süßesten Früchte, wenn sie in ihrer natürlichen Umgebung die erforderlichen Nährstoffe erhalten und genügend Raum haben. Wir sind überzeugt, daß das, was wir soeben über Blumen gesagt haben, in vielerlei Hinsicht auch für Menschen gilt. Im nun folgenden Kapitel über Familientherapie gelangt diese Überzeugung zum Ausdruck. Familientherapie ist wahrscheinlich die lohnendste Form therapeutischer Arbeit, wenn sie ebenso sachkundig wie liebevoll ausgeführt wird.

Wie man Familien helfen kann, sich zu verändern – eine umfassende Strategie

Die für die Familientherapie wichtigen Techniken unterscheiden sich nicht grundsätzlich von den in der Einzeltherapie verwendeten, sie werden allerdings anders organisiert. Zwar sind auch in einer Familientherapie Meta-Modell-Fragen, Repräsentationssysteme und polar gegensätzliche Anteile die wichtigsten Elemente, sie werden aber anders organisiert und genutzt, weil das Konzept der Familie als System im Mittelpunkt steht. Die Familie als die systemische Einheit zu akzeptieren, mit welcher in der Therapie gearbeitet wird, bedeutet, daß man für diese Arbeit eine umfassende Strategie entwickeln muß, als handle es sich bei einer Familie um einen einzigen lebenden Organismus; die einzelnen Familienmitglieder sind wichtige Bestandteile und Ressourcen dieser Einheit und deshalb für das zufriedenstellende Verhalten des Organismus als Ganzes unverzichtbar. Folglich beeinflußt das Verhalten aller Bestandteile bzw. aller Familienmitglieder auch alle anderen Mitglieder. Die Anteile des Weltmodells eines Menschen, ob sie sich miteinander im Konflikt befinden oder nicht, wirken sich in jedem Fall auf das Verhalten des Betreffenden sowie auf seine Fähigkeit, mit Problemen fertig zu werden, aus. Für die Familientherapie bedeutet all das: Ebenso wie konträre Para-Botschaften bei einem einzelnen Menschen Inkongruenz erzeugen, die Fähigkeit, mit Problemen fertig zu werden, beeinträchtigen und schmerzhafte Empfindungen der Hoffnungslosigkeit hervorrufen können, können auch widersprüchliche Weltmodelle im Organismus einer Familie Chaos erzeugen, lähmende Regeln etablieren und die Familienmitglieder so daran hindern, auf nährende Weise zueinander in Beziehung zu treten.

Gibt es ungeachtet dessen spezifische Unterschiede zwischen einer Familien- und einer Einzeltherapie? Die therapeutische Arbeit mit einzelnen Klienten ist in beiden Bänden von *Struktur der Magie* als ein Prozeß beschrieben worden, bei dem Meta-Modell-Unterscheidungen, Repräsentationssysteme, und Inkongruenz-Fragen zur Anwendung kommen. Letztere ermöglichen es einem Klienten, den Anteil seines Weltmodells zu identifizieren, der in irgendeiner Hinsicht verkümmert ist. Er kann also herausfinden, was ihn hindert, mit Problemen fertig zu werden, sich Wahlmöglichkeiten zu erschließen und dafür zu sorgen, daß er im Leben bekommt, was er sich wünscht. Das Verhalten des Klienten erscheint nun – unter den Voraussetzungen, die der Konstruktion seiner Repräsentationen zugrunde liegen – als sinnvoll. Dem Therapeuten stehen in diesem Fall viele Möglichkeiten offen. In *Struktur der Magie I* haben wir festgestellt, daß kein Mensch schlecht, krank oder verrückt ist, so merkwürdig sein Verhalten auf den ersten Blick auch erscheinen mag. Genauso sehen wir in einer Familientherapie kein einzelnes Mitglied als die Ursache der Probleme der Familie an. Wir stempeln auch kein Familienmitglied und auch keinen Persönlichkeitsanteil eines Familienmitglieds als grundsätzlich schlecht, krank oder verrückt ab. Wir gehen stets von der Voraussetzung aus, daß innerhalb des Systems (des Organismus der Familie insgesamt) ein Teil des gemeinsamen Weltmodells verkümmert ist und daß deshalb Prozesse innerhalb des Systems nicht nährend wirken können.

Einer der deutlichsten Unterschiede zwischen einer Familientherapie und einer Einzeltherapie besteht darin, daß ein Verhaltensmuster, das dem Therapeuten im Rahmen einer Einzeltherapie zunächst als sehr merkwürdig erscheint, wesentlich verständlicher wird, wenn man die Situation des Betreffenden im Kontext einer Familientherapie betrachtet. Die Familie ist einer der wichtigsten Zusammenhänge, an die sich ein einzelner anpassen muß. Muster, die dem Therapeuten besonders stark ins Auge springen, wenn er sie bei einem Einzelklienten sieht und hört (also ohne daß andere Mitglieder der betreffenden Familie anwesend sind), werden deshalb im Kontext der familiären Muster verständlicher. Der Therapeut hat in einer Familientherapie den für den einzelnen wichtigsten Kontext unmittelbar vor Augen – einen Kontext, der mehr als jeder andere zur Entstehung der Generalisierungen des einzelnen über das Leben – zu seinem Weltmodell – beigetragen hat. Natürlich hat dies erhebliche Auswirkungen auf die Techniken, die ein Therapeut für seine Arbeit wählt.

Schauen wir uns zur Veranschaulichung die Technik des *Enactments* einmal genauer an. Ihr Wert besteht unter anderem darin, daß sie dem Therapeuten ermöglicht, selbst zu sehen und zu hören, wie der Klient sein Erleben gestaltet. Er läßt den Klienten ein Erlebnis aus der Vergangenheit erneut durchleben. Und indem er dann die Fähigkeit des Klienten, dieses Erlebnis zu verstehen, mit seiner eigenen entsprechenden Fähigkeit vergleicht, hat er ein ausgezeichnetes Beispiel dafür vor Augen, mit Hilfe welcher Modeling-Prozesse der Klient gewöhnlich das Modell seines Erlebens konstruiert. In einer Einzeltherapie kann der Therapeut mittels eines Enactments herausfinden, wie der Klient die drei Universalprinzipien menschlichen Modellierens benutzt, um mit Problemen fertig zu werden, oder wie er mit diesem Bemühen scheitert. So könnte der Therapeut beispielsweise entdecken, daß der Klient notorisch überhört, was die übrigen an dem Enactment beteiligten Personen auditiv präsentieren – d. h., was sie zu ihm sagen. Im Rahmen einer Familientherapie jedoch braucht der Therapeut sich nicht auf die Rekonstruktion einer Szene aus der Vergangenheit zu verlassen. Der Kommunikationsprozeß, der sich vor ihm entfaltet, ist nämlich genau der Prozeß, der auch die Grundlage für das Modellieren des Klienten bildet. Er kann diesen Kommunikationsprozeß sorgsam verfolgen und darauf achten, ob die Kommunikation zwischen Familienmitgliedern kongruent ist oder nicht und ob sich bei bestimmten Arten von Botschaften systematische Vermeidungen bzw. Tilgungen feststellen lassen. Wenn er dann die Familienmitglieder danach fragt, was ihnen am klarsten vor Augen steht, kann der Therapeut Tilgungen, Verzerrungen und Generalisierungen identifizieren, welche die Familienmitglieder daran hindern, gemeinsam die Erlebnisse zu haben, die sie gern haben wollen.

Noch in einer zweiten Hinsicht unterscheidet sich eine Familientherapie stark von einer Einzeltherapie. Ganz gleich, wie inkongruent oder gespalten der Einzelne auch sein mag, wie viele Anteile von ihm zum Ausdruck gelangen und wie stark die Konflikte zwischen diesen unterschiedlichen Anteilen sein mögen: An einer Familientherapie ist stets eine Anzahl von Personen beteiligt, die unterschiedliche physische Körper bewohnen. Die Interventionen des Therapeuten können deshalb das Familiensystem so verändern, daß sich die Familienmitglieder entscheiden, die Familie als Organismus aufzulösen. Unserer weiteren Darstellung liegt die Annahme zugrunde, daß das Zerbrechen einer Familie infolge der Therapie für einen Familientherapeuten das am wenigsten akzeptable Resultat seiner Arbeit ist. Etwas Entsprechendes gibt es im Falle einer Einzeltherapie nicht.

Die Annahme, daß das Zerbrechen der Familie das am wenigsten akzeptable Resultat familientherapeutischer Arbeit ist, führt zwangsläufig zu einer gewissen Einschränkung der Handlungsfreiheit von Therapeuten. Zunächst empfehlen wir ihnen, zu Beginn ihrer Arbeit genau festzulegen, welches Ziel sie verfolgen. So können sie sich darüber klarwerden, ob sie bereit sind, innerhalb der Grenzen einer Familientherapie mit der Familie auf diese Ziele hinzuarbeiten. Sollte ein Therapeut zu der Überzeugung gelangen, daß er nicht bereit ist, die mit einer Familientherapie typischerweise verbundenen Einschränkungen zu akzeptieren, könnte er statt dessen anbieten, mit einzelnen Familienmitgliedern individuell zu arbeiten.[1]

Doch wenn wir das Auseinanderbrechen des Familiensystems für das am wenigsten wünschenswerte Resultat der therapeutischen Arbeit halten, in welcher Hinsicht verhält sich der Therapeut dann im Kontext der Familientherapie anders als in einer Einzeltherapie? Unseren Erfahrungen gemäß taucht bei allen Familien und allen Paaren eine bestimmte Form semantischer Fehlgeformtheit auf, nämlich die des Ursache-Wirkungs-Typs: Ein Familienmitglied wird so dargestellt, als *bewirke* es, daß ein anderes Familienmitglied ein bestimmtes Gefühl oder eine Emotion empfindet. Das kommt in Äußerungen wie den folgenden zum Ausdruck:

»*Wenn mein Mann mich so anschaut, fühle ich mich jedesmal wunderbar.*«
»*Wenn sie mir nicht zuhört, enttäuscht sie mich jedesmal sehr.*«

In beiden Fällen akzeptiert der Sprecher des Satzes eine Repräsentation seines Erlebens, in welcher seine Gefühle durch die Handlungen eines anderen Menschen determiniert oder verursacht werden. Die linguistische Repräsentation der semantischen Fehlgeformtheit des Ursache-Wirkungs-Typs wird, wenn sie auf die Erlebenswelt des Sprechers abgebildet wird, in spezifische Hören-Fühlen- und Sehen-Fühlen-Koppelungen übersetzt – das Thema von Teil III dieses Buches. Eine der häufigsten Arten der Pflege von Paar- und Familienbeziehungen besteht somit in der Aufrechterhaltung einer Anzahl sehr positiv eingeschätzter unscharfer Funktionen. In der familientherapeutischen Arbeit gibt es jedoch die Einschränkung, die Familie als Organismus in jedem Fall zu erhalten. Wenn der Therapeut nun die semantische Fehlgeformtheit oder die unscharfen Funktionen, die ersteren zugrunde liegen, hinterfragt, greift er damit die Grundlagen des Familiensystems an. Dies ist einer der wichtigsten Unterschiede zwischen Familien- und Einzeltherapie. In der Einzeltherapie wird es als positiv angesehen, jeden Ausdruck semantischer Fehlgeformtheit vom Ursache-Wirkungs-Typ zu hinterfragen; hingegen muß der Therapeut in der Familientherapie bewußt entscheiden, ob eine solche Hinterfragung im Interesse der Erhaltung der Familienstruktur wünschenswert ist. Die Sensibilität des Therapeuten bei der Wahl der spezifischen Ursache-Wirkungs-Beziehungen, mit denen er sich konkret auseinandersetzen will, macht einen großen Teil der Kunst aus, eine Familientherapie schnell und effektiv durchzuführen. In diesem Kapitel werden später allgemeine Leitlinien beschrieben, die Therapeuten zu entscheiden helfen, in welchen Fällen es sinnvoll sein kann, Ausdrucksformen semantischer Fehlgeformtheit des Ursache-Wirkungs-Typs zu hinterfragen.

Unter Berücksichtigung der für eine Familientherapie wichtigen Unterschiede nutzt der Therapeut einen vertrauten drei Schritte umfassenden Prozeß, um der Familie beim Veränderungs- und Wachstumsprozeß zu helfen: (1) Identifizieren der Wünsche und Ziele der Familie als Einheit und ihrer aktuell verfügbaren Ressourcen; (2) Entwickeln des Familiensystems von seinem aktuellen Zustand zu einem gewünschten Zustand und (3) Integration der neuen Wahlmöglichkeiten und Interaktionsmuster, welche die Familie in Zusammenarbeit mit dem Therapeuten in den Therapiesitzungen entwickelt hat. Diese drei Schritte entsprechen den drei Schritten der Arbeit an Inkongruenzen mit den Namen (1) Identifizieren der Inkongruenzen, (2) Ordnen der Inkongruenzen zu polar gegensätzlichen Anteilen und (3) Integrieren der Inkongruenzen. Nach einer gründlicheren Auseinandersetzung mit den Prinzipien der Familientherapie werden die Parallelen noch deutlicher werden.

Identifizieren des gegenwärtigen und des gewünschten Zustandes der Familie

Wie bei jeder Therapieform fungiert der Therapeut auch im Falle einer Familientherapie als Vorbild (Modell) für die Kommunikation. Wir haben festgestellt, daß es gerade zu Beginn der therapeutischen Arbeit mit einer Familie besonders nützlich ist, die Therapieziele sehr klar und direkt zu benennen. Konkret hat es sich als sinnvoll erwiesen, alle Familienmitglieder separat zur Beschreibung ihrer Erwartungen an die Therapie aufzufordern. Dies kann mit Hilfe folgender Fragen geschehen:

- Was erhoffen Sie sich für sich selbst und für Ihre Familie von der Therapie?
- Wie genau wünschen Sie sich, daß Sie selbst und Ihre Familie sich ändern werden?
- Was wünschen Sie sich für sich selbst und für Ihre Familie?
- Wenn Sie sich und Ihre Familie so verändern könnten, wie Sie es sich wünschen, welche Veränderungen würden Sie dann vornehmen?
- Wie wären Sie selbst und Ihre Familie anders, wenn Sie alle sich durch das, was Sie nun hier erleben werden, auf bestmögliche Art verändern würden?

Die Antworten, die der Therapeut auf solche Fragen erhält, erfolgen natürlich in Form einer Oberflächenstruktur, die allen für Wohlgeformtheit in der Therapiesituation maßgeblichen Kriterien unterliegt. Außerdem wird jedes Familienmitglied für seine Antworten unbewußt Prädikate auswählen, an denen ein aufmerksamer Therapeut erkennen kann, welches Repräsentationssystem der betreffende Klient bevorzugt. Die Unterscheidungen im Sinne des Meta-Modells ermöglichen es ihm hier, den Prozeß des klaren Kommunizierens mit jedem Familienmitglied effektiv zu beginnen. Gleichzeitig kann er sowohl für sich selbst als auch für die Familienmitglieder die Ziele für die therapeutische Arbeit identifizieren und festlegen. Aufgrund dieser Bemühungen können therapeutische Ziele herausgearbeitet werden, die beide Seiten akzeptieren. Auf diese Weise wird geklärt, wie die Familie zusammenleben möchte.

Während der Therapeut mit der Familie an der Klärung der Therapieziele arbeitet, beobachtet er, wie die einzelnen Familienmitglieder sich ausdrücken. Er registriert, welche Hoffnungen, Ängste und Bedürfnisse sie erkennen lassen, so, wie sie selbst diese wahrnehmen. Aufgrund unserer Erfahrung wissen wir, daß es sehr nützlich ist, verschiedene Familienmitglieder aufzufordern, über ihre Erlebnisse dieses laufenden Prozesses zu berichten. Wie sie auf diese Aufforderung reagieren, gibt uns Aufschluß über die Prinzipien, die sie bei der Konstruktion des Modells für ihr Erleben anwenden. Die im folgenden zitierten kurzen Beispiele veranschaulichen Anfänge familientherapeutischer Sitzungen:

> THERAPEUT: Und Sie, Betty, als die Frau und Mutter in der Familie, welche Hoffnungen hegen Sie für sich selbst und Ihre Familie? Welche Veränderungen wünschen Sie sich?
>
> BETTY: Ich sehe so viel Groll und Verbitterung in unserer Familie ... Ich habe nie die Möglichkeit, mich zu entspannen; schauen Sie sich doch nur meinen Mann an, wie er dasitzt und mich ignoriert, so wie er es immer tut.
>
> THERAPEUT: Woher wissen Sie, daß Jim, Ihr Mann, Sie ignoriert, Betty?
>
> BETTY: Was wollen Sie denn damit sagen, woher ich weiß, daß er mich ignoriert? Das sieht doch jeder auf den ersten Blick ... Er hat mich in der ganzen Zeit, in der ich rede, nicht ein einziges Mal angeschaut. Ich glaube nicht einmal ...

Aufgrund dieser wenigen Zeilen kann der Therapeut schon eine Anzahl wichtiger Muster identifizieren. Betty benutzt hauptsächlich visuelle Prädikate *(sehen, schauen, klar, angeschaut)*, Universalquantoren *(nie, immer, jeder, nicht einmal, die ganze Zeit)* und visuellen Input als Grundlage für Gedankenlesen (komplexe Äquivalenz: *Er ignoriert mich = Er hat mich nicht ein einziges Mal angeschaut*). Bettys Gebrauch sowohl visueller Prädikate als auch von Universalquantoren (syntaktische Korrelate der Satir-Kategorie 2: Anklagen) entspricht einem verbreiteten Muster, mit dem wir uns in Teil II dieses Buches befaßt haben – konkret: der Kongruenz eines Anklägers und dem Gebrauch visueller Prädikate.

THERAPEUT: *(unterbricht)* Einen Augenblick, Betty. Jim, ich bin neugierig, ob Sie Betty jetzt gerade ignoriert haben.

JIM: Nein, ich habe gehört, was sie gesagt hat.

THERAPEUT: Jim, was haben Sie erlebt, als Sie Betty sagen hörten, was sie gesagt hat?

JIM: Sie sagt mir oft, daß ich nicht besonders gut bin. Daran bin ich also schon gewöhnt, verstehen Sie ... Ich ...

THERAPEUT: Augenblick, Jim, was haben Sie Betty sagen hören?

JIM: Also, ich ... äh, na ja, ich kann mich nicht genau daran erinnern, welche Worte sie benutzt hat, aber es klang, als ob sie ziemlich wütend wäre. – Verstehen Sie, ich habe schon ziemlich oft gehört, daß sie so klang. Bei mir kommt das so an ...

Ein aufmerksamer Therapeut kann in diesen wenigen Zeilen noch ein weiteres Muster erkennen. Achten Sie darauf, daß Jim eine große Zahl von auditiven Prädikaten benutzt *(gehört, gesagt, Wörter, klang, Klang)*, doch er kann sich an den Wortlaut von Bettys Äußerung nicht erinnern. Offenbar reagiert er also auf die Stimmcharakteristik von Bettys Kommunikation. Weiterhin bestätigt seine Äußerung, daß der Austausch – Bettys Anklagen – ein Muster ist, daß er gut kennt. Beachten Sie, daß er auch eine komplexe Äquivalenz *(Sie klang ziemlich wütend = Sie sagt mir, daß ich nicht gut bin)* als Grundlage für sein Gedankenlesen benutzt. Familien, die für Veränderungen und Wachstum relativ offen sind, unterscheiden sich von diesen Dingen gegenüber relativ verschlossenen Familien darin, inwieweit die Familienmitglieder einander in ihrer Kommunikation Feedback geben, statt zu »kalibrieren« (siehe Bateson, S. 9, in Jackson Bd. 2).* Anders ausgedrückt: Wenn Jim jedesmal beim Hören einer wütenden stimmlichen Äußerung Bettys »weiß«, daß sie ihm wieder einmal gesagt hat, er tauge nichts, oder wenn Betty jedesmal beim Anblick von Jim glaubt, dieser ignoriere sie, weil er sie nicht anschaut, dann sind beide

---

* Der Begriff »Kalibrierung« wird hier völlig anders verwendet als sonst im NLP üblich (siehe NLP-Wörterbuch von Ötsch & Stahl), nämlich eher im Sinne von »Fixierung«. Dies gilt für die gesamte Passage. Anm. d. Übers.

Familienmitglieder relativ stark auf die Kommunikation des jeweiligen anderen kalibriert. Bei ihnen bestehen keine gut entwickelten Kanäle, über die sie Feedback empfangen oder um Feedback bitten können: Statt Jim zu fragen, ob er ihr zuhört und ob er ihr antworten will (also statt um Feedback bitten), bevorzugt Betty das Gedankenlesen und schließt: Er schaut sie nicht an, also ignoriert er sie. Wahrscheinlich wird Betty auch dann weiterhin bei ihrer Meinung bleiben, wenn Jim beteuert, er höre ihr zu; sie ist auf die teilweise analoge Kommunikation Jims kalibriert – ganz gleich, ob er sie anschaut oder nicht –, eine Kalibrierung, die er durch noch so heftiges Beteuern des Gegenteils nicht beeinflussen kann. Betty und Jim haben bestimmte Gewohnheiten entwickelt und eine daraus resultierende kalibrierte Kommunikation. Das läßt wenig Raum für Veränderungen.

> JOAN: Ich möchte ja antworten, aber ich habe Angst, daß ich ...
>
> THERAPEUT: Angst wovor?
>
> JOAN: Also, ich ... ich weiß nicht, ob ich darüber reden sollte. ... Mami sagt immer ...
>
> JOYCE: *(unterbricht)* Natürlich, mein Liebes. Bitte sprich frei von der Leber weg *(sie sagt dies mit harter, schriller Stimme, streckt den linken Arm vor und deutet mit einem Finger auf ihre Tochter Joan).*
>
> JOAN: Ich glaube, ich warte einfach ... Ich fühle mich im Moment nicht wohl.
>
> THERAPEUT: Max *(wendet sich dem Vater zu)*, was haben Sie während des Austausches zwischen Ihrer Tochter und Ihrer Frau empfunden?
>
> MAX: Also, na ja, ich verstehe nicht, was du von uns willst, Joan. Du fängst an, etwas zu sagen; deine Mutter ermutigt dich sogar noch dazu, und dann hörst du mittendrin auf. Das machst du ständig, und es ist für uns ziemlich frustrierend.

Bei diesem Austausch findet der Therapeut heraus, (indem er den Vater/Ehemann auffordert, zu beschreiben, was er während der Kommunikation zwischen seiner Frau und seiner Tochter erlebt hat), daß für ihn (Max) die Kommunikation seiner Frau mit seiner Tochter (analoges Anklagen mit verbal inkongruenter Botschaft) nur durch den verbalen Anteil repräsentiert wird. Tatsächlich wirft er Joan, seiner Tochter, vor *(Du frustrierst uns immer auf diese Weise)*, daß sie auf die analogen Anteile der an sie gerichteten Botschaften ihrer Mutter reagiert. Die Benutzung von Pronomina im Plural *(wir, uns)* erschließt dem Therapeuten, wie der Vater das Verhältnis der Familienmitglieder zueinander wahrnimmt und repräsentiert.

Beispiele dieser Art könnte man in großer Zahl anführen. Es geht jedoch letztlich darum, daß der Therapeut in dieser Anfangsphase einer Familientherapie so agiert, daß er versteht, welchen Zustand die Familie erreichen möchte und in welchem Zustand sie sich augenblicklich befindet. Die umfassenderen Muster der Kommunikation zwischen den

Familienmitgliedern lassen sich durch Konkretisierung folgender Dimensionen nützlich organisieren:

a. Das Repräsentationssystem jedes Familienmitglieds,
b. die Satir-Kategorie jedes Familienmitglieds,
c. die sich wiederholenden Muster inkongruenter Kommunikation jedes Familienmitglieds,
d. der primäre Input-Kanal, über den jedes Familienmitglied Informationen aufnimmt,
e. die primären Output-Kanäle, die jedes Familienmitglied für den Selbstausdruck benutzt,
f. Art und Ausmaß semantischer Fehlgeformtheit bei jedem Familienmitglied.

Wie wir bereits in vorangegangenen Abschnitten ausführlich erörtert haben, liefern diese Details dem Therapeuten genügend Informationen für ein kohärentes Verständnis des aktuellen Zustandes aller Familienmitglieder. Wir werden uns nun damit befassen, wie diese Muster zusammen das Familiensystem ergeben.

Grundlegend für jede Beschreibung einer Familie als System ist zu verstehen, auf welche Weise Menschen sich zu Paaren und schließlich zu Familien zusammengefunden haben. Wir bezeichnen dies als Pairing-Prinzip.

Das Pairing-Prinzip

Wir haben immer wieder festgestellt, daß Repräsentationssysteme und Satir-Kategorien in Familiensystemen genau so verteilt sind wie in polar gegensätzlichen Anteilen einer Person. In Teil II dieses Buches haben wir gezeigt, daß die häufigste und effektivste Anordnung von Inkongruenzen zu Polaritäten diejenige ist, die zur Herausbildung zweier polarer Gegensätze führt: einer Position, für die das visuelle Repräsentationssystem und die Satir-Kategorie 2 kennzeichnend sind, und einer zweiten mit den Merkmalen des kinästhetischen Repräsentationssystems und der Satir-Kategorie 1. Entsprechend ist im Kontext der Paar- und Familientherapie die am häufigsten anzutreffende Verteilung der Repräsentationssysteme und Satir-Kategorien so beschaffen, daß bei einem Elternteil das visuelle Repräsentationssystem und die Satir-Kategorie 2 dominieren und beim anderen das kinästhetische Repräsentationssystem und die Satir-Kategorie 1. Wir werden uns nun zunächst mit dem kleinstmöglichen Familiensystem, dem Paar, befassen. Das soeben genannte Muster der Verteilung von Repräsentationssystemen und Satir-Kategorien erscheint uns als plausibel. Denken Sie insbesondere an die Meta-Taktik für die Arbeit an der Inkongruenz: die Polarität ausspielen. Ein Therapeut arbeitet an der Elizitierung des schwächeren der polaren Gegensätze, um dem Klienten zu helfen, diesen Anteil vollständig zum Ausdruck zu bringen und so der Integration näherzukommen. Wir kennzeichnen die beiden polaren Gegensätze mit den Symbolen P_1 und P_2. Nehmen wir nun an, daß der mit P_1 bezeichnete polare Anteil der stärkere von beiden ist. Um nun den schwächeren, P_2, zu elizitieren, spielt der Therapeut nicht den Schwächeren, sondern P_1, den stärkeren von beiden aus – denjenigen, den der Klient selbst im Moment zum Ausdruck bringt. Spielt der Therapeut P_1 kraftvoller aus als der Klient, wechselt letzterer zum anderen polaren Anteil, also zu P_2. Folgendes haben wir schon im genannten Abschnitt in Teil II erwähnt: Wenn der Therapeut sich nicht am Polaritätsprinzip orientiert und versucht, den Klienten zu überzeugen, oder wenn er ihm auf eine Weise Rat anbietet, die dazu führt, daß der Klient den Eindruck gewinnt, der Therapeut spiele die schwächere polare Position aus, so bewirkt dies, daß der Klient darauf fixiert wird, den polaren Gegensatz auszuspielen. In der Folge übernimmt der Klient in der Regel niemals die Verantwortung für die schwächere Position, er drückt sie niemals vollständig aus, und somit kann er sie auch nicht integrieren.

Schauen wir uns das Polaritätsprinzip nun im Kontext des Pairing und der Bildung einer stabilen Paarbeziehung an. Nehmen wir einmal an, wir hätten es mit einem Mann namens Sam zu tun, bei dem eine sehr verbreitete Inkongruenz besteht: Er hat zwei Weltmodelle, die in einigen Bereichen seines Verhaltens in Konflikt geraten, wenn auch nicht so stark, daß er dadurch völlig gelähmt wird. Eines dieser beiden Weltmodelle weist die Charakteristika eines kinästhetischen Repräsentationssystems und der Satir-Kategorie des Beschwichtigens (1) auf – wir werden dieses Modell S_1 nennen –, wohingegen für das andere Modell ein visuelles Repräsentationssystem und die Satir-Kategorie des Anklagens (2) charakteristisch sind – wir nennen dieses Modell S_2. Sams stärker entwickelter polarer Anteil ist S_1. Eines Tages stolpert Sam (der Kinästhetiker) über eine Frau mit Namen Luise, die ebenfalls einen stärkeren polaren Anteil herausgebildet hat; bei ihr visuell und anklagend – wir nennen ihn L_1 –, während der andere polare Anteil kinästhetisch und beschwichtigend ist – wir nennen ihn L_2. Treten diese beiden gutgesinnten Menschen zueinander in Kontakt, entsteht folgende Situation:

Luise	**Sam**
L_1 (visuell/anklagend)	S_1 (kinästhetisch/beschwichtigend)
L_2 (kinästhetisch/beschwichtigend)	S_2 (visuell/anklagend)

Wenn diese beiden Menschen zueinander in Kontakt treten, nehmen sie jeweils den dominierenden polaren Anteil des anderen wahr, also:

Luise	**Sam**
L_1 (visuell/anklagend)	S_1 (kinästhetisch/beschwichtigend)

Mit Hilfe des Polaritätsprinzips können wir das Resultat dieser Begegnung voraussagen: Beide Beteiligten gewinnen den Eindruck, der jeweils andere spiele ihren schwächeren polaren Anteil aus:

$L_1 = S_2$
und
$L_2 = S_1$

Fassen wir diese visuelle Darstellung in Worte, kommen wir zu folgendem Ergebnis: Da beide Partner den jeweils schwächeren polaren Anteil des anderen ausspielen, entspricht die Situation derjenigen eines Therapeuten, der das Polaritätsprinzip nicht berücksichtigt und deshalb versehentlich den schwächeren polaren Anteil des Klienten ausspielt. Die Folge ist, daß der Klient auf den dominierenden Anteil fixiert wird, deshalb seinen schwächeren polaren Anteil nicht vollständig ausdrückt und ihn folglich auch nicht integriert. Der Klient verläßt sich dann praktisch darauf, daß der Therapeut weiterhin seine schwächere Polarität ausspielt.[2] Im Kontext einer Paarbeziehung entsteht durch diesen Vorgang ein äußerst stabiles System, innerhalb dessen sich beide Beteiligte darauf verlassen, daß der jeweils andere weiterhin ihren weniger stark zum Ausdruck gelangenden polaren Anteil ausspielt. Wir wollen hier nicht den Eindruck erwecken, als sei das Polaritätsprinzip das *einzige* Prinzip, das dafür sorgt, daß Menschen zusammenkommen und dauerhafte Beziehungen entwickeln; vielmehr ist es dasjenige, das nach unseren Erfahrungen bei der Arbeit mit Paaren und Familien gewöhnlich eine wichtige Rolle spielt. Wir werden unser hypothetisches Beispiel noch ein wenig weiterverfolgen.

Nehmen wir einmal unter Beibehaltung aller oben beschriebenen Charakteristika an, Luise und Sam empfinden einander als anziehend und beschließen, eine traditionelle Familie zu gründen. Sie bekommen ein Kind, das wir Jim nennen wollen. Jim wächst heran und hört und sieht seine Eltern agieren und macht sie, wie die meisten Kinder, zu seinen Vorbildern bzw. Modellen. Allerdings sieht sich Jim mit einem Problem konfrontiert. Das Verhalten seiner beiden Eltern stimmt nicht in allen Punkten überein. Ihre Modelle für ihr eigenes Verhalten sind nicht völlig gleich: Der eine Elternteil ist visuell orientiert und neigt zum Anklagen, wohingegen der andere kinästhetisch orientiert ist und zum Beschwichtigen neigt. Indem Jim seine Eltern dabei beobachtet (und ihnen dabei zuhört), wie sie mit Streß umgehen und wie sie mit den Anforderungen des Lebens fertig werden, lernt er viele Entscheidungsalternativen für sein eigenes Weltmodell kennen (wenn auch unbewußt). Allerdings sind sie leider nicht alle miteinander zu vereinbaren. Wie soll der noch ziemlich junge Jim dieses Problem lösen? Wir können kaum erwarten, daß er die Modelle, die seine beiden Eltern verkörpern, akzeptiert und sie integriert, wenn seine Eltern dies trotz der vermutlich gegebenen Vorteile ihrer alters- und erziehungsbedingten fortgeschrittenen Reife selbst nicht geschafft haben. Das wahrscheinlichste Resultat dieser schwierigen Situation ist, daß Jim sich mit einem Elternteil stärker als mit dem anderen »identifizieren« wird und daß er das Weltmodell des Betreffenden zu seiner dominierenden oder vollständiger ausgedrückten polaren Position macht. Natürlich wird Jim als liebender Sohn irgendwie zum Ausdruck bringen, daß er auch den anderen Elternteil liebt und achtet. Und dies kann er natürlich zeigen, indem er sich das Weltmodell des anderen Elternteils als weniger stark ausgedrückte konträre polare Position zu eigen macht.

Luise
L_1 (visuell und anklagend)

Sam
S_1 (kinästhetisch und beschwichtigend)

Jim
J_1 (kinästhetisch und beschwichtigend)
J_2 (visuell und anklagend)

Nun brauchen wir nur noch eine zweite Familie mit einer Tochter Namens Marie zu erfinden, bei deren Eltern das gleiche Polaritätenspiel im Gange ist. Marie wählt wie folgt:

Marie
M_1 (visuell und anklagend)
M_2 (kinästhetisch und beschwichtigend)

… und schon haben wir die Voraussetzungen dafür geschaffen, daß sich der Zyklus des Polaritäts-Pairing wiederholt.

Die gleichen Muster können auch zu anderen Resultaten führen. Wenn beispielsweise bei dem Paar am Anfang unserer Betrachtung, Luise und Sam, die polaren Positionen jeweils relativ gleich stark sind, entwickelt sich zwischen beiden wahrscheinlich das, was Virginia Satir als Yo-Yo-Spiel bezeichnet hat. Drückt beispielsweise Luise ihren polaren Anteil L_1 (visuell und anklagend) aus, bringt Sam seinen primären Anteil S_1 (kinästhetisch und beschwichtigend) zum Ausdruck. Nehmen wir nun weiter an, daß Luise energisch zu ihrem anderen polaren Anteil L_2 wechselt (kinästhetisch und beschwichtigend), so entsteht folgende Situation:

Luise
L_2 (kinästhetisch und beschwichtigend)

Sam
S_2 (kinästhetisch und beschwichtigend)

Dem Polaritätsprinzip gemäß hat Luise damit eine Handlung ausgeführt, die im Kontext einer Therapie eine Meta-Taktik ist: Sie hat Sams dominierende polare Position ausgespielt. Wenn sie in ihrem Wechsel kongruent genug ist, wechselt Sam dem Polaritätsprinzip gemäß zu seiner sekundären polaren Position und stabilisiert so das Gesamtsystem. Das Resultat ist:

Luise **Sam**
L_2 (kinästhetisch und beschwichtigend) S_2 (visuell und anklagend)

Unserer Erfahrung nach variiert dieses Yo-Yo-Muster je nach Familie, was bedeutet, daß das Abschließen eines einzigen Zyklus (was im vorliegenden Fall bedeutet, daß Luise und Sam jeweils zu ihrer primären polaren Position zurückkehren) zwischen 30 Sekunden und mehreren Monaten oder sogar Jahren dauern kann. Virginia Satir hat diese Art von Wechsel zwischen den polar gegensätzlichen Positionen als eine der möglichen Bewegungen im »Streßballett«* einer Familie bezeichnet. Menschen, die in solchen Bewegungen gefangen sind, sind sich so gut wie nie darüber im klaren, daß ihr Verhalten bestimmten Regeln folgt.

Schauen wir uns nun an, welche Auswirkungen diese Art von Erlebnis auf das Kind Jim hat – wobei wir natürlich von der Annahme ausgehen, daß Luise und Sam das »Ballett« so weit stabilisieren, daß sie Kinder bekommen können. Im beschriebenen Fall ist das, was Jim erlebt, etwas verwirrender, und die Entscheidung, die er treffen muß, um seine beiden Eltern lieben und achten zu können, liegt weniger klar auf der Hand. Würde Jim seine polaren Anteile so miteinander vermischen, daß er ständig maximal inkongruent ist, wäre das eine besonders unglückliche Entscheidung.

Luise **Sam**
L_1 (visuell und anklagend) S_1 (kinästhetisch und beschwichtigend)
L_2 (kinästhetisch und beschwichtigend) S_2 (visuell und anklagend)

Jim
J_1 (visuell und beschwichtigend)
J_2 (kinästhetisch und anklagend)

Achten Sie insbesondere auf Jims weniger stark entwickelten polaren Anteil: J_2 (kinästhetisch und anklagend). Der Leser wird diese Kombination als einen Aspekt der Beschreibung Marthas wiedererkennen, der im vorigen Teil dieses Buches erwähnten Frau, die ihr Kind geschlagen hatte. Und da Jim überdies notorisch inkongruent ist, reagieren andere

---

* Es handelt sich um die in Virginia Satirs Buch *Kommunikation, Selbstwert, Kongruenz* (Paderborn, Junfermann 1990; engl.: *The New Peoplemaking*) auf Seite 150 beschriebene freie Kommunikationsübung. Anm. d. Übers.

Menschen ähnlich auf ihn, und er erlebt die Welt wahrscheinlich auf eine sehr eigentümliche Weise.

Stehen Kinder vor der Aufgabe, vor der Jim steht, entwickeln sie häufig die Ansicht, daß ein Input-Kanal die *wahre* Information über die Welt und die Mitmenschen enthalte. Jim könnte beispielsweise zu folgender Überzeugung gelangen: Wenn er darüber entscheiden muß, wie er auf das Verhalten eines Elternteils reagieren soll, der beide polaren Gegensätze gleichzeitig ausdrückt, weil er sich im Stadium des Übergangs vom einen zum anderen polaren Anteil befindet (beispielsweise den visuellen und anklagenden Anteil in Verbindung mit Körperbewegungen und Gesten und den kinästhetischen und beschwichtigenden Anteil in verbaler Form ausdrückt), dann akzeptiert er nur Botschaften, die ihn über den visuellen Kanal erreichen, und reagiert ausschließlich auf sie. Folglich verschließt er einen seiner primären Input-Kanäle – eine der Arten, auf die er zur Welt und zu anderen Menschen in Beziehung treten kann –, was einem nicht wiedergutzumachenden Verlust gleichkommt. Bateson und seine Kollegen (1956) haben sich mit einem Sonderfall der Art von Entscheidungen beschäftigt, mit denen Jim in unserem Beispiel konfrontiert wird, nämlich damit, daß das Kind zur Sicherung seines Überlebens die seinem Weltmodell gemäß bestmögliche Entscheidung trifft und sich damit für Schizophrenie entscheidet. Offenbar ist diese für Kinder und junge Erwachsene, die ständig mit inkongruenter Kommunikation extremer Art konfrontiert werden, ein akzeptabler Ausweg. Dieser könnte sich anbieten, wenn Jim eine Partnerin mit den gleichen fehlgeformten polaren Anteilen gefunden hätte und seine Kinder durch die Kommunikation mit ihren Eltern mit dieser Situation konfrontiert würden.

Die obige Darstellung zeigt, daß die Familienmitglieder – insbesondere die Eltern – zu genau den gleichen einander nicht überlappenden Repräsentationssystemen und Satir-Kategorien neigen, mit denen wir uns in Teil II ausführlich befaßt haben – und somit gleichermaßen zu Inkongruenz neigen. Erfahrene wie auch unerfahrene Therapeuten werden generell feststellen, daß das soeben beschriebene Organisationsprinzip für ihre Arbeit mit Familiensystemen eine wichtige Rolle spielt. Deshalb ist eines der übergeordneten Muster, auf die bei der Arbeit mit Familiensystemen vorrangig zu achten ist, dasjenige einer maximalen Trennung von Repräsentationssystemen und Satir-Kategorien.

Ein zweites übergeordnetes Muster, das wir im Rahmen unserer Arbeit mit Familiensystemen immer wieder entdeckt haben, ist die Beziehung, die zwischen den akzeptablen Output-Kanälen oder den Ausdrucksmodalitäten für die Familienmitglieder und den gewöhnlich benutzten Input-Kanälen oder Modi der Informationsbeschaffung besteht. Dies wird deutlich, wenn man z. B. untersucht, was sich die verschiedenen Familienmitglieder innerhalb des Familiensystems voneinander versprechen. In der Anfangsphase einer Familientherapie, wenn die einzelnen Familienmitglieder gefragt werden, welche Hoffnungen sie mit der Therapie verbinden, bestehen die Antworten gewöhnlich aus Nominalisierungen wie Anerkennung, Zuneigung, Wärme, Liebe, Unterstützung, Freiheit, Ermutigung. Jeder dieser Begriffe kann anhand des Meta-Modells hinterfragt werden. Meist zeigt sich dann, daß die Input-/Output-Kanäle der Familienmitglieder, die mit dem, was sie im Moment erhalten, nicht zufrieden sind, nicht zusammenpassen. Es folgt ein Auszug aus einer familientherapeutischen Sitzung, eine Passage vom Anfang der Arbeit.

THERAPEUT: George (ein zehnjähriger Junge), ich habe nun von allen Familienmitgliedern außer dir gehört, was sie wollen. Kannst du mir das auch sagen?

GEORGE: Ich möchte Respekt.

MATT: *(der Vater, grinst breit)* Das glaube ich.

GEORGE: *(explodiert)* Sehen Sie! Genau das meine ich: Keiner in dieser Familie respektiert mich.

THERAPEUT: Einen Augenblick, George; es hört sich an, als ob du verärgert bist. Kannst du mir erklären, was gerade mit dir passiert ist?

GEORGE: Ich … Ich … äh, ach, ist auch egal. Sie würden es sowieso nicht verstehen.

THERAPEUT: Vielleicht nicht, aber vielleicht könnten wir es einmal versuchen. Hatte deine Reaktion jetzt eben etwas mit dem zu tun, was dein Vater getan hat?

GEORGE: Ja, ich habe um Respekt gebeten, und ER *(deutet auf seinen Vater Matt)* lacht laut und macht sich über mich lustig.

MATT: Das stimmt nicht, ich habe nicht …

THERAPEUT: Bitte gedulden Sie sich einen Augenblick, Matt. *(Wendet sich George zu)* George, bitte beschreibe ganz genau, was gerade eben für dich passiert ist.

GEORGE: Ich habe um Respekt gebeten, und mein Vater fing an, sich über mich lustig zu machen. Er hat also genau das Gegenteil von dem getan, worum ich gebeten hatte.

THERAPEUT: George, kannst du mir erklären, woran genau du erkennen würdest, daß dein Vater dich respektiert?

GEORGE: Er würde dann nicht über mich lachen. Er würde mich beobachten, wenn ich etwas sage, und es ernst nehmen.

THERAPEUT: George, ich möchte dir etwas sagen, das mir aufgefallen ist, und etwas, das ich im Moment sehen kann. Schau dir das Gesicht deines Vaters an.

GEORGE: Ja und?

THERAPEUT: Sieht er deiner Meinung nach im Moment ernst aus? Sieht er so aus, als ob er dich im Moment ernst nehmen würde? Respektiert er zum Beispiel im Moment, was du sagst und tust?

GEORGE: Also im Moment sieht er tatsächlich so aus, als ob er das tun würde.

Therapeut: Frage ihn, George.

George: Was? ... Ihn fragen? ... Papi, respektierst du mich? Nimmst du mich ernst?

Matt: Ja, mein Sohn ... *(sanft)* ... Ich nehme dich im Moment ernst. Ich respektiere, was du tust.

George: *(weint leise)* Ich glaube dir das, Papi.

Therapeut: Ich habe im Moment das Gefühl, daß Matt noch mehr zu sagen hat, George. Wirst du ihn *(deutet auf Matt)* ernst nehmen und ihm zuhören?

George: Klar ...

Matt: Ja, ich glaube, ich habe wirklich noch einiges zu sagen. Gerade eben, als du das erste Mal gesagt hast, du wünschtest dir Respekt, George, da habe ich gelächelt und gesagt: »Ja, das glaube ich.« Aber ich glaube, du hast nur das Lächeln gesehen und nicht gehört, was ich gesagt habe *(weint leise)*. Und als du dann wütend wurdest, ist mir plötzlich wieder eingefallen, daß auch ich nie geglaubt habe, daß mein Vater mich respektierte; und jetzt bin ich Ihnen dankbar *(wendet sich an den Therapeuten)*, daß Sie mir geholfen haben, diese Sache mit George zu klären.

Therapeut: Genau. Eine Botschaft, die nicht so ankommt, wie sie eigentlich gemeint war, ist gar keine Botschaft. Matt, können Sie George, außer ihm zu sagen, daß Sie ihn respektieren, auch noch auf andere Weise verdeutlichen, daß er Ihnen wichtig ist?

Matt: Hmm, ... eine andere Art, außer ihm zu sagen ... Ich weiß nicht ...

Therapeut: Mir kommt noch etwas anderes in den Sinn – daß es in dieser Familie vielleicht eine Regel gibt, der zufolge Sie, Matt, von Ihrem Vater gelernt haben, daß die Männer in der Familie einander nicht berühren, um einander ihre Zuneigung und Liebe zu zeigen. Verstehen Sie, was ich meine, Matt?

Matt: ... Oh Mann ... Ich glaube ... das hat bei mir voll zugeschlagen!

Therapeut: Vielleicht ist ja jetzt für Sie der Zeitpunkt gekommen zu versuchen, eine neuartige Verbindung zu Ihrem Sohn herzustellen.

Matt: *(Bewegt sich zunächst langsam und unbeholfen, doch dann geschmeidiger und schneller zu George hin und nimmt ihn in den Arm.)*

In diesem Transkript lesen wir, daß der Therapeut zuerst mit George arbeitet, einem Familienmitglied, das nur einen Teil der Kommunikation seines Vaters empfängt und erkennt, nämlich das Lächeln, den Rest jedoch nicht: die Äußerung »Ja, das glaube ich«. Offenbar arbeitet bei George im betreffenden Augenblick nur das visuelle Input-System. Der Therapeut hilft George, die Nominalisierung *Respekt* zu denominalisieren, indem er beschreibt, woran er erkennen würde, daß sein Vater ihn respektiert. Im Einklang mit dem, was sich gerade zugetragen hat, spezifiziert George den Prozeß als einen, in dessen

Verlauf er (George) visuellen Input (»*er würde mich beobachten, wenn ich ...*«) empfangen würde. Der Therapeut beginnt daraufhin, an der Erweiterung der Möglichkeiten zu arbeiten, die George hat, um dieses Feedback zu bekommen. Er tut dies, indem er George zu einem aktiv am Kommunikationsprozeß Beteiligten macht, indem er ihn auffordert, seinen Vater um eine verbale Antwort zu bitten. Dadurch öffne sich für George ein neuer Output- und ein neuer Input-Kanal (auditiv-verbal). Schließlich befaßt sich der Therapeut mit einer die Kommunikationsfähigkeiten einschränkenden Regel, die er innerhalb der Familie beobachtet hat. Aufgrund dessen lernen Matt und George, sich auf eine neue Art auszudrücken. Sie öffnen neue Input- und Output-Kanäle, mit deren Hilfe sie zueinander in Kontakt treten können.

Eine sehr nützliche Art der Organisation von Erleben im Rahmen einer Familientherapie besteht darin, Regeln als Einschränkungen zu verstehen, welche die Mitglieder des Familiensystems einander auferlegt haben. Äußert ein Familienmitglied, daß es mehr Aufmerksamkeit benötigt, als es von bestimmten anderen Familienmitgliedern erhält, so stellt sich bei der Denominalisierung von *Aufmerksamkeit* gewöhnlich heraus, daß die Input-Kanäle, die das betreffende Familienmitglied benutzt, um Aufmerksamkeitszuwendungen anderer Familienmitglieder zu erkennen, die Aufmerksamkeit kommunizierenden Botschaften im Output-System eines anderen Familienmitglieds nicht zu erkennen vermag. Beispielsweise könnte das zweitgenannte Familienmitglied dem ersteren *Aufmerksamkeit* in Form von konzentriertem Zuhören schenken, ohne jedoch gleichzeitig Blickkontakt herzustellen. Doch hat das erstgenannte Familienmitglied nur dann das Gefühl, *Aufmerksamkeit* zu empfangen, wenn es beim Reden permanent Blickkontakt zu der anderen Person hat. Die Kanäle der beiden Beteiligten überschneiden sich nicht, und darunter leiden sie.

Aus dieser Perspektive betrachtet sind viele familiäre Regeln auf Input- und Output-Kanäle wirkende Einschränkungen. Dieser Ausfall eines ganzen Kanals als Ausdrucksmittel oder als Mittel der Kontaktaufnahme ist eine besonders übel wirkende Form der Tilgung. In der Regel wird er durch bestimmte unscharfe Funktionen hervorgerufen. In Fällen wie dem von Matt und George handelt es sich in der Regel um ein *negatives* Sehen-Fühlen-Erlebnis, das viele Männer haben, wenn sie andere Männer in engem physischem Kontakt sehen. – Eine andere unscharfe Funktion, die in vielen Familien eine Rolle spielt, ist eine Hören-Fühlen-Kopplung beim auditiven Ausdruck von Wut durch Brüllen und Schreien. Viele Menschen sind verblüfft, wenn sie feststellen, daß sie brüllen und schreien und so ihre Wut auf unschädliche Weise ausdrücken können, also ohne daß andere Mitglieder ihrer Familie deshalb sterben oder sich infolgedessen weigern, noch mit ihnen zu reden.

In dieser ersten Phase der Familientherapie muß der Therapeut sich über folgendes Klarheit verschaffen:

1. die Ziele (den gewünschten Zustand), den die Familie erreichen will;
2. den gegenwärtigen Zustand der Familie.

Erstere kann er mit Hilfe des Meta-Modells herausfinden. Gleichzeitig erhält er wichtige Informationen über die innerfamiliären Prozesse, wenn die Familie sich über ihre Ziele klarzuwerden versucht. Er muß in dieser Situation alle Fertigkeiten nutzen, die eine Therapie zu einem so anspruchsvollen und lohnenden Erlebnis machen, um die aktuellen Fähigkeiten und Ressourcen der Klienten ebenso zu verstehen wie die Blockierungen, die es ihnen unmöglich machen, den gewünschten Zustand zu erreichen. Um das Familiensystem adäquat einschätzen und die für die gewünschte Veränderung erforderlichen Schritte identifizieren zu können, benötigt der Therapeut eine ausgeprägte Fähigkeit, Muster der Kongruenz und Inkongruenz zu erkennen, Repräsentationssysteme zu identifizieren und die Funktion positiver wie negativer semantischer Fehlgeformtheit des Ursache-Wirkungs-Typs (und der unscharfen Funktionen, welche die neurologische Grundlage sind) zu verstehen. Besonders wichtig sind dabei die Fähigkeiten, die hierarchisch übergeordneten Muster des Polaritätsprinzips – wie z. B. das primäre Pairing-Prinzip – zu erkennen, und die Fähigkeit, Regeln als Einschränkungen der Input- und Output-Kanäle zu verstehen, wenn es um den Ausdruck bestimmter Arten von Botschaften innerhalb des Familiensystems geht.[3]

Um diese Muster familiärer Interaktion zu verstehen, stellt der Therapeut Vergleiche zwischen dem gegenwärtigen Zustand des Systems und dem gewünschten Zustand an. Dabei ist ein klares Verständnis dessen erforderlich, welche Unterschiede sowie welche familiären Regeln bzw. welche Einschränkungen des Repräsentationssystems aufgrund des Pairing-Prinzips bestehen, und insbesondere, welche semantische Fehlgeformtheit des Ursache-Wirkungs-Typs (welche Koppelungen unscharfer Funktionen) verändert werden müssen, um der Familie zu der gewünschten Veränderung zu verhelfen. Nur so kann der Therapeut entschlossen handeln und den Veränderungsprozeß beschleunigen.

Das System entwickeln

Sobald die Muster familiärer Interaktion (Regeln) identifiziert und mit der von der Familie gewünschten Referenzstruktur (ihren Wünschen) verglichen worden sind, kann der Familientherapeut mit der zweiten Phase einer familientherapeutischen Sitzung beginnen: Er entwickelt das System so weiter, daß die Regeln nicht mit den Bedürfnissen der einzelnen Mitglieder in Konflikt geraten. Geschlossene Systeme werden von Menschen geschaffen, die innerhalb ihres Weltmodells die bestmöglichen Entscheidungen treffen – von Menschen, die ihre Möglichkeiten, ihr Leben zu gestalten, auf die nach ihren

Kenntnissen bestmögliche Art nutzen. Da sie jedoch unglücklicherweise die Landkarte mit dem Gebiet verwechseln, entstehen Repräsentationen und dadurch wiederum Regeln, die festlegen, wie jedes Mitglied des Familiensystems handeln (Ouput-Kanäle), denken (Repräsentationssysteme) und worauf es achten (Input-Kanäle) sollte. Die Kluft zwischen den Wünschen und Bedürfnissen der Familienmitglieder und den familiären Mustern und Regeln ist das Resultat der Modellbildungsprozesse. Eine Familientherapie kann nur dann ihren Zweck erfüllen, wenn die Art, wie die Familienmitglieder Modelle bilden (Repräsentationen kreieren), sowie die familiären Regeln verändert werden. Die für diese Veränderungen notwendigen Zutaten wurden bereits in *Struktur der Magie I* und in den vorangegangenen Teilen des vorliegenden Buches dargestellt. Im Rahmen einer Familientherapie jedoch erfordert ihre Anwendung viel Feingefühl, weil sonst der Bestand der Familie als System gefährdet wird. Kein Familienmitglied darf die alten Regeln beibehalten, und keines darf außerhalb der Regeln stehen. In beiden Fällen käme es zu einer Spaltung im Familiensystem (in Form von Scheidung, Trennung, offener Feindseligkeit oder Schlimmerem). Eine solche Entwicklung zu vermeiden ist für einen Familientherapeuten ein sehr schwieriger Balanceakt. Allerdings erleichtert die Beachtung einiger simpler Prinzipien diese Aufgabe. Die generelle Strategie bei der Weiterentwicklung eines Familiensystems besteht darin, die drei Prozesse des Modellierens so zu nutzen, daß die Grenzen des Familiensystems erweitert werden.

1. Auch in diesem Fall ist die Wiederherstellung getilgten Materials unverzichtbar. Hinterfragungen im Sinne des Meta-Modells verhelfen zuhörenden Familienmitgliedern zu umfassenderer sprachlicher Kommunikation und somit auch zu entsprechenden Repräsentationen. Auch das Hinzufügen neuer Input- und Output-Kanäle ist ein wichtiger Schritt. Weiterhin sind neue Repräsentationssysteme wichtig, weil sie es Menschen ermöglichen, auf eine für andere verständliche Weise zu kommunizieren.
2. Ein großer Teil der Arbeit an der Weiterentwicklung des Familiensystems besteht in der Aufhebung von Verzerrungen, wobei das Meta-Modell zur Denominalisierung verwendet wird. Auch das Umbenennen, die Übersetzung von einem Repräsentationssystem in ein anderes und die Erschließung von Erinnerungen spielen wichtige Rollen.
3. Weitere notwendige Schritte sind das Aufbrechen von Generalisierungen mit Hilfe von Meta-Modell-Techniken, das Vergleichen der Modelle verschiedener Familienmitglieder und insbesondere die Hinterfragung semantischer Fehlgeformtheit in Form von Gedankenlesen.
4. Schließlich tragen auch auf die Meta-Position zielende Bemühungen erheblich zur Weiterentwicklung eines Familiensystems bei. Hierdurch kann man Familienmitgliedern beibringen, effektiver zu kommunizieren und gleichzeitig Muster des Sehen-Fühlens und des Hören-Fühlens zu verändern. Letztere lassen starre Regeln entstehen.

Gelingt es einem Familientherapeuten, ein Familiensystem so zu entwickeln, daß das Feedback nicht mehr kalibriert wird, bilden sich bei allen Familienmitgliedern neue Verhaltensmuster heraus, und sie kreieren umfassendere Repräsentationen der Welt, in der sie gemeinsam leben. Allerdings ist dies nur möglich, wenn die Familienmitglieder zumindest in einigen Bereichen ihres Lebens beherzigen, daß die Landkarte nicht das Gebiet ist. Dies läßt sich kaum allein dadurch erreichen, daß man es allen Beteiligten verbal mitteilt; deshalb konzentriert sich die Arbeit des Therapeuten darauf, den Familienmitgliedern nahezubringen, daß dies eine nicht zu leugnende und angenehme Realität ist. Daß Familien, die sich in eine Therapie begeben, unter Schmerz und Hoffnungslosigkeit leiden, belegt schon allein ihr Entschluß zur therapeutischen Behandlung. Sie wollen mehr erreichen, als sie haben, und sie glauben nicht daran, daß sie über die notwendigen Ressourcen verfügen, um das Gewünschte aus eigener Kraft zu realisieren. Ein wirklich fähiger Therapeut muß mehr tun, als nur zu versuchen, das aktuelle Problem zu lösen. Er muß die Entdeckung der Lösung zu einem angenehmen Erlebnis machen, und er muß der Familie Bewältigungsmuster erschließen, die sich auf andere Bereiche des Familienlebens übertragen lassen, und gleichzeitig dafür sorgen, daß sich alle Familienmitglieder allen anderen gegenüber respektvoll verhalten. Neue negative unscharfe Funktionen zu schaffen ist nicht annähernd so nützlich wie die Fähigkeit, das Erlernen neuer Bewältigungsfertigkeiten erfreulich und befriedigend zu gestalten. Das ideale Resultat einer Familientherapie ist ein offenes System, das die Entwicklung neuer Bewältigungsmuster aufgrund von sensorischem Feedback ermöglicht.

Wir werden uns nun Stück für Stück ein Familieninterview anschauen und so die im Vorangegangenen beschriebenen Prinzipien etwas anschaulicher machen. Es handelt sich um das erste Gespräch der Familie mit dem behandelnden Therapeuten. Die Familie hat vier Mitglieder:

Samuel A.	Ehemann/Vater	41	Lehrer
Jill A.	Ehefrau/Mutter	38	Bank-Kassiererin
Holly A.	Schwester/Tochter	16	
Thomas A.	Bruder/Sohn	15	

Diese Familie erklärte sich bereit, sich im Rahmen einer Ausbildung von einem der beiden Autoren interviewen zu lassen. Die Klienten hatten vorher bereits zweimal Sitzungen bei einem anderen Therapeuten gehabt, der sie dem Autor als unerträglich und unkooperativ beschrieben hatte; er war der Meinung gewesen, sie wollten sich gar nicht helfen lassen, bis sie schließlich auf seine Aufforderung, sich »freiwillig« für die Demonstrationssitzung zu melden, eingingen. Daß sie sich darauf eingelassen hatten, war für jenen anderen Therapeuten eine Überraschung gewesen; er hatte die Autoren trotzdem vor der Arbeit mit ihnen gewarnt, weil er fürchtete, sie könnten sich möglicherweise letztlich doch als unkooperativ erweisen. Das folgende Transkript geben wir hier wieder, weil es veranschaulicht, wie leicht gute Absichten falsch gedeutet werden können. Vor der hier dokumentierten Sitzung erhielt der Therapeut lediglich die soeben beschriebenen Informationen. Als die Familie eintraf, betraten zuerst die Mutter und dann der Vater den Raum; sie hielten ihre beiden Kinder an den Händen. Sie setzten sich in folgender Anordnung auf die vier für sie bereitgestellten Stühle:

              Sohn   Vater
    Mutter   Tochter

Dann trat der Therapeut ein. Der Kommentator stellte die Anwesenden einander vor.

THERAPEUT: Ich bin Ihnen sehr dankbar dafür, daß Sie heute zu mir gekommen sind. Außerdem freue ich mich, daß Sie damit einverstanden sind, Zuschauer an dieser Sitzung teilnehmen zu lassen, denn diese erhalten so die Gelegenheit, etwas zu lernen. Ich hoffe, Sie alle (an die Familie gerichtet) werden hier auch einige neue Dinge lernen. Ich würde mich gern zunächst damit beschäftigen, was das Neue, das Sie hier lernen können, sein könnte. Samuel, ich würde gern mit Ihnen anfangen. Wie würden Sie gern von unserer gemeinsamen Arbeit profitieren? Was erhoffen Sie sich von unserem heutigen Beisammensein?

SAMUEL: Hmm, im Grunde weiß ich nicht, was passieren wird.

THERAPEUT: Ich denke, da haben Sie recht; ich weiß es auch nicht. Aber was *erhoffen* Sie sich?

SAMUEL: Oh … Wir sind eigentlich wegen Holly zu Dr. P. gegangen. Sie hatte Probleme, und man empfahl uns, ihn aufzusuchen. Uns ist klar, daß sie oft aufgebracht ist und dann ziemlich massiv werden kann, und auch ihre Mutter ist oft aufgebracht.

THERAPEUT: Darf ich Sie einen Augenblick unterbrechen, Samuel. Ich habe Sie sagen hören, daß Holly etwas getan hat, aber ich weiß nicht, *was* sie getan hat. Und ich habe Sie, Jill, sagen hören, daß das schmerzhaft für Sie war. Nun würde ich gern zwei Dinge wissen: Erstens, welche Probleme Holly hatte, und zweitens – und das ist das Wichtigste – was genau Sie sich von unserer heutigen Zusammenkunft versprechen.

SAMUEL: Sie hatte Schwierigkeiten in der Schule; hat Lehrern Widerworte gegeben, und sie …

JILL: *(unterbricht ihn)* Sie steckt gerade in einer rebellischen Phase, und sie *sieht* einfach nicht, wie ernst das ist, was da vor sich geht. Sie spielt sich auf, wo sie nur kann, um allen zu *zeigen*, wie unabhängig sie sein kann, und sie *sieht* einfach nicht, was sie uns damit antut, und …

THERAPEUT: Einen Moment bitte, Jill. Ich würde mir das gern von Ihnen anhören, aber ich möchte erst mein Gespräch mit Samuel abschließen. Ist das für Sie in Ordnung?

JILL: Ich denke schon.

SAMUEL: Danke *(sarkastisch)*. Ich … Ich glaube, ich möchte, daß wieder *Ruhe einkehrt*. Ja, ich möchte, daß Jill und Holly *sich nicht ständig an die Kehle gehen*. Sie zanken und zanken und zanken, und alles wird immer nur noch schlimmer!

JILL: Weißt du, wenn du …

THERAPEUT: Jill …

JILL: Okay, ich warte.

HOLLY: Das wirst du wohl.

JILL: Jetzt wirst du auch noch …

THERAPEUT: Einen Moment bitte. Wir sind erst seit ein paar Minuten hier zusammen, und ich sehe und höre schon, daß Sie miteinander Schwierigkeiten haben. Jill und Holly, ich würde wirklich sehr gerne eine Möglichkeit erspähen, die Situation für Sie beide zu verbessern. Doch vorher brauche ich ein paar Informationen von Ihnen allen. Wären Sie wohl bereit, jedes Familienmitglied sprechen zu lassen, ganz gleich, was die einzelnen sagen, so daß jeder an die Reihe kommt und nicht unterbrochen wird? *(Alle nicken bestätigend.)* Ich danke Ihnen. Samuel?

SAMUEL: Das ist wirklich *unverschämt*. Ich werde so *wütend*, wenn sie mit diesem Mist anfangen. Ich wünsche mir nichts sehnlicher, als daß das aufhört.

THERAPEUT: Samuel, gibt es sonst noch etwas, das Sie sich dringend wünschen? Gibt es etwas, das Sie hoffen?

SAMUEL: Ja. Ich möchte, daß die ewigen Streitereien aufhören. Und ich möchte mehr Zuneigung von meiner Frau. Sie ist … also, sie ist einfach nicht mehr so wie früher.

THERAPEUT: Jill, was erhoffen Sie sich von unserem Treffen? Auf welche Veränderungen hoffen Sie?

JILL: Ich hoffe, daß es gelingt, die Probleme, die Holly hat, zu *klären*, bevor sie einen großen Fehler macht.

THERAPEUT: Welche Dinge müssen den nach Ihrer Meinung geklärt werden, Jill?

JILL: Hollys Verhalten.

THERAPEUT: Welches Verhalten genau meinen Sie?

JILL: Sie … also zwei Dinge. Sie muß ein wenig Respekt *zeigen* und ein wenig Verantwortungsgefühl.

THERAPEUT: Jill, könnten Sie beschreiben, wie Sie sich wünschen, daß Holly Ihnen gegenüber ein wenig Respekt zeigen soll?

JILL: Sie gehorcht mir nicht, geht lange aus, ist nie zu Hause und hilft mir deshalb nicht beim Putzen und ähnlichem. Mein Mann und ich, wir arbeiten beide; deshalb sollte sie uns schon bei der Hausarbeit helfen, einfach ein wenig Verantwortungsgefühl *zeigen*. Ihr Zimmer *sieht aus* wie ein Schweinestall, und …

THERAPEUT: Jill, haben Sie schon einmal einen Schweinestall gesehen?

JILL: Nein, aber Sie wissen doch wohl, was ich meine.

THERAPEUT: Ich würde es trotzdem gern hören, weil ich Schwierigkeiten habe, mir vorzustellen, daß ihr Raum voller Mist und Maiskolben ist *(alle lachen)*.

Jill, ich höre und sehe, daß Sie sich wegen Holly große Sorgen machen und daß Sie möglicherweise auch Hilfe von ihr benötigen. Ich würde Ihnen gern helfen, dies zu erreichen. Schaun wir mal, was passiert. Jetzt würde ich gern mit Holly sprechen.

Auf diese Weise verfuhr der Therapeut mit der ganzen Familie, also auch mit Holly und Thomas. Holly wünschte sich Freiheit von ihrer Mutter. Sie bezeichnete sie als Nörglerin, Schwarzseherin und Tyrannin. Außerdem wünschte sie sich, daß ihre Mutter ihren Vater in Ruhe ließe. Thomas behauptete, er wünsche sich nichts, und er sei nur zu der Sitzung gekommen, weil seine Mutter ihn dazu genötigt habe; allerdings wünsche er sich, daß »das Brüllen endlich aufhört«. Er sagte: »Manchmal habe ich das Gefühl, bei uns zu Hause ist ein offener Krieg ausgebrochen, bei dem jeder auf jeden schießt.« Als der Therapeut ihn fragte, was er sich für sich selbst wünsche, antwortete er: »Ruhe.«

Obwohl ein Teil des Transkripts weggelassen wurde, ermöglicht das hier Wiedergegebene, im Verhalten dieser Familie einige Muster zu erkennen, die bei Bemühungen um eine positive Veränderung von Nutzen sein können. Da wären zunächst die bevorzugten Repräsentationssysteme der einzelnen Mitglieder. Samuel ist primär kinästhetisch-beschwichtigend orientiert, Jill visuell-anklagend, Holly visuell-anklagend, Thomas kinästhetisch-beschwichtigend. Das Resultat ist ein stabiles, aber auch starres Familiensystem. Schon in den ersten Minuten dieser Sitzung haben die Familienmitglieder sofort angefangen, sich auf eine Weise zu verhalten, die man irrtümlich als schlechtes Benehmen verstehen könnte. Man könnte sie als unkooperativ ansehen, doch das würde der Situation nicht gerecht. Ganz im Gegenteil liefert dieses Verhalten genau die Informationen, die für eine Familientherapie nützlich sind. Der Therapeut hat einen großen Teil der benötigten Informationen zutage gefördert, indem er die Prädikate, die er selbst verwendete, auf die von seinen Klienten bevorzugten abstimmte. Bei Fragen an Jill bevorzugte er beispielsweise visuelle Prädikate wie *zeigen* und *klar*. Die Sitzung dauerte etwa zweieinhalb Stunden, und sie ergab 160 Seiten Transkript. Deshalb werden hier nur Auszüge des Textes abgedruckt. Diese sollen verschiedene Aspekte der Entwicklung von Familiensystemen veranschaulichen. In den ersten 35 Minuten traten folgende Muster zutage.

Samuel *fühlte* sich von Jill nicht umsorgt; er sehnte sich nach Zuneigung, und er wünschte sich, daß innerhalb seiner Familie ein besserer *Kontakt* zu den Bedürfnissen anderer Familienmitglieder bestünde. Außerdem hatte er das *Gefühl*, daß seine Frau seine Wünsche nicht respektierte; sie behielt ihre Tätigkeit als Kassiererin bei, obwohl er sie gebeten hatte, die Arbeit aufzugeben, bei ihrer Familie zu bleiben und sich um das Haus zu kümmern. Außerdem *empfand* er es als nicht richtig, wenn sie ohne ihn, nur mit ihren Freundinnen ausging. Jill hingegen *sah* die Dinge völlig anders. Sie glaubte, ihr Mann sei zu eifersüchtig und *sehe* nicht, »*wie albern das ist*«. Außerdem wünschte sie sich von ihm, daß er Holly gegenüber strenger auftrete. Sie sagte: »Er *schaut sich einfach nicht an*, was *direkt vor* seinen Augen geschieht.« Außerdem bemerkte sie: »Es ist völlig *klar*, daß Holly lernen muß, *sich zusammenzunehmen*«, und: »Holly sollte ihrem Bruder ähnlicher werden.« Holly fand, ihr Vater müsse sich ihrer Mutter gegenüber durchsetzen. »Er läßt zu, daß sie alle anderen in der Familie *herumschubst*; ich beobachte das, aber mit mir kann sie es nicht machen. Ich zeige ihr, daß sie damit bei mir nicht durchkommt.« Thomas sagte: »Mir wird übel, wenn sie sich ständig streiten.« Er wollte nur weglaufen und sich verstecken.

Wir werden nun die Referenzstrukturen untersuchen, welche die Familie sich wünscht, und uns anschauen, welche Art von Entwicklung diese Familie benötigt, um einige neue, befriedigendere Entscheidungsalternativen zu finden.

Um den Familienmitgliedern zu helfen, die gewünschten Ziele zu erreichen, müssen bestimmte Veränderungen vorgenommen werden. Wenn Jill und Holly zueinander in Verbindung treten sollen und wenn Jill ihr »Bild« von Holly (und umgekehrt) bereinigen will, müssen beide sich darüber klarwerden, daß zwei Aspekte ihrer Landkarten nicht mit dem Gebiet identisch sind:

Erstens verhindert die Inkongruenz ihrer Kommunikation die Verwirklichung ihrer Wünsche. Jill z. B. kommuniziert ihre Botschaft, daß sie sich wegen Holly Sorgen macht, auf anklagende Weise, und das, was sie sagt, klingt wie Kritik, nicht wie Besorgnis. Jills Worte passen nicht zum Ton ihrer Stimme und zu ihren Gesten. Inkongruente Kommunikation ist in dieser Familie die normale Art des kommunikativen Austausches. Selbst als Samuel sagte, er wünsche sich von seiner Frau mehr Zuneigung, paßten sein stimmlicher Ausdruck und die Worte, die er sagte, nicht zusammen. Vielmehr übermittelten sie andere Botschaften, die Jill als Kritik an ihrem Verhalten deutete. Die Kommunikation der Familienmitglieder schien generell riskant zu sein. Jede Bemerkung von jedem war eine Kritik an einem anderen Familienmitglied. Alle waren dazu kalibriert, negative Botschaften zu empfangen, und folglich wurde jede Botschaft als negativ konstruiert. Alle Mitglieder dieses Familiensystems glaubten, daß sie die Gedanken der übrigen Familienmitglieder lesen könnten. Die Klienten mußten sowohl lernen, ihre eigenen Botschaften adäquat mitzuteilen, als auch, die Botschaften anderer Familienmitglieder adäquat zu empfangen.

Zweitens wurden die Handlungen der Familienmitglieder so konstruiert, daß sie spezifische Bedeutungen (Sehen-Fühlen) hatten, die, falls die Mitglieder intensiver miteinander kommunizieren wollten, verändert werden mußten. Weil Holly Jills Handlungen falsch verstand, setzte sie sich sofort zur Wehr. Außerdem hatte sie die Landkarte für das Gebiet gehalten und ihre Sichtweise dementsprechend kalibriert. Während der Sitzung griff Jill nach Hollys Hand, was dem Therapeuten wie ein Versuch erschien, eine stärkere Verbindung herzustellen und kinästhetischen Input zu bekommen. Holly zog ihre Hand daraufhin zurück und warf ihrer Mutter vor, sie wolle durch das Halten der Hand nur den Eindruck erwecken, sie, Holly, sei noch ein kleines Kind.

Die Regeln, die in dieser Familie gültig waren, könnte man wie folgt formulieren:

- Höre nicht zu, es wird sowieso weh tun.
- Mach' dir gar nicht erst die Mühe, etwas Nettes zu sagen, weil dir ohnehin keiner zuhört.
- Bitte nie um etwas, denn du solltest nicht egoistisch sein, und außerdem gibt dir sowieso niemand etwas.
- Berühre niemanden, wenn jemand anders zuschaut; sie würden sonst sehen-fühlen, besonders Mutter.
- Sei stark und nicht du selbst, wenn du nicht verletzt werden willst.

Diese Regeln wurden nicht von Menschen entwickelt, die versuchten, einander Schmerzen zuzufügen, sondern von Menschen, die ihr Bestmögliches füreinander taten, soweit ihnen dies aufgrund ihrer speziellen Muster inkongruenter Kommunikation und unscharfer Funktionen möglich war. Die folgenden Auszüge stammen aus dem Teil der aufgezeichneten Therapiesitzung, der sich mit der Entwicklung des Familiensystems befaßte. Sie werden hier wiedergegeben, um das Muster der Anwendung aller in *Struktur der Magie I* und im bisherigen Verlauf des vorliegenden zweiten Bandes beschriebenen Techniken zur Weiterentwicklung eines Familiensystems zu veranschaulichen.

THERAPEUT: Was genau wollen Sie von Holly? Jill, was möchten Sie, das sich in Ihrer Beziehung zu ihr verändert?

JILL: *(mit kritisierendem Ton)* Ich möchte nur, daß sie glücklich ist, und ich möchte ihr zeigen, wie sie es vermeiden kann, die gleichen Fehler wie ich zu machen. Ich möchte, daß sie sieht, daß ich mir wirklich Mühe gebe.

THERAPEUT: Jill, ich glaube Ihnen, daß Sie tatsächlich mehr für Holly möchten, doch Ihre Stimme klingt so hart, während Sie sagen, daß Sie ihr helfen und ihr näher sein wollen, daß ich mich frage, ob Holly Ihre Botschaft nicht vielleicht eher im folgenden Sinne hört: »Du machst einfach nichts richtig; das tust du nie. Und du siehst nicht, wie viel ich für dich tue« *(mit übertrieben anklagender Stimme und komisch wirkenden Gesten)*. Ist das ungefähr das, was Sie hören, wenn Ihre Mutter so redet?

HOLLY: Ja, sie behauptet immer, sie wüßte, was für alle anderen richtig ist.

THERAPEUT: Es muß unglaubliche Mühe machen, Milliarden von Menschen auf der ganzen Welt ständig im Auge zu behalten. Behauptet sie wirklich, sie wüßte, was für alle Menschen das Beste ist, oder geht es nur um Sie?

HOLLY: Es geht zumindest um ziemlich viele Menschen.

THERAPEUT: Jill, ist Ihnen klar, daß Holly Ihre Botschaft nicht als Hilfe verstanden hat, sondern als erneute Kritik?

JILL: Irgendwie ja ...

THERAPEUT: Hätten Sie keine Lust, Ihren Wunsch, ihr zu helfen, auf andere Weise zu vermitteln und sie auch selbst um Hilfe zu bitten?

JILL: Ja, das würde ich schon gerne.

THERAPEUT: Holly, wenn Sie Ihre Mutter sagen hören, sie würde gern eine neue Art, mit Ihnen umzugehen, erlernen, dann frage ich mich, ob Sie nicht vielleicht auch etwas Neues mit ihr erlernen möchten?

HOLLY: Ich glaube, daß sie nur nach einer Möglichkeit sucht, mir Dinge so zu sagen, daß ich sie dann auch tatsächlich tue.

THERAPEUT: Glauben Sie das wirklich?

HOLLY: Ja.

THERAPEUT: Würden Sie gern herausfinden, ob es tatsächlich so ist?

HOLLY: Ja.

THERAPEUT: Wären Sie denn bereit, sie danach zu fragen? Mein Eindruck ist, daß die Mitglieder dieser Familie viel Zeit darauf verwenden, zu raten, was andere Mitglieder meinen, und ich glaube auch, daß sie oft falsch raten. Fragen Sie Ihre Mutter jetzt.

Im folgenden Abschnitt werden zwei interessante Muster erkennbar. Erstens versucht der Therapeut im Kommentar zu Jills Kongruenz, Jill zu demonstrieren, daß ihre Botschaften ganz und gar nicht so aufgenommen werden, wie sie das Gesagte gemeint hat. Dies ermöglicht die Entwicklung besserer Kommunikationsweisen und demonstriert gleichzeitig, worin diese Möglichkeiten bestehen; im vorliegenden Fall handelt es sich um auditives

Feedback statt Kalibrierung. Zweitens hinterfragt der Therapeut direkt die semantische Fehlgeformtheit des Gedankenlese-Typs. Zunächst demonstriert er, daß dies geschehen ist, und anschließend bietet er eine Alternative an, nämlich zu fragen. Dies ist gleichzeitig der erste Schritt auf dem Weg zur Entwicklung eines neuen Repräsentationssystems, mit dem Jill und Holly gleichermaßen zurechtkommen.

> HOLLY: Geht es dir nur darum, herauszufinden, wie du mich dazu bringen kannst zu tun, was du willst?
>
> JILL: Nein, ich will nur nicht aus deinem Leben ausgeschlossen werden. Ich mache mir deinetwegen große Sorgen.
>
> THERAPEUT: Holly, was haben Sie gehört?
>
> HOLLY: Sie glaubt immer noch, daß ich nicht auf mich selbst aufpassen kann.
>
> THERAPEUT: Jill, haben Sie gesagt oder gedacht, daß Holly nicht auf sich selbst aufpassen kann?
>
> JILL: Nein, das habe ich nicht gesagt. Ich … ich … glaube, daß sie das kann, aber …
>
> THERAPEUT: Aber was?
>
> JILL: Na ja, sie ist er 16.
>
> THERAPEUT: Erst 16?

Dies ist ein gutes Beispiel dafür, wie der Prozeß des Vergleichens von Modellen vor sich gehen kann. Im nächsten Schritt des Therapeuten geht es weiterhin um dieses Thema, indem er diese beiden visuell orientierten Frauen dazu bringt, ihr bevorzugtes Repräsentationssystem zu benutzen, um ihre Modelle noch intensiver miteinander zu vergleichen.

> THERAPEUT: Jill und Holly, ich möchte, daß Sie nun etwas ausprobieren, damit wir das, worum es uns hier geht, teilweise etwas klarer sehen. Könnten Sie beide hierher kommen? Schließen Sie nun beide die Augen, und Holly, stellen Sie sich ein Bild von Ihrer Mutter vor, und Jill, machen Sie es mit einem Bild von Holly genauso. Schauen Sie sich das Bild genau an, und halten Sie die Augen weiter geschlossen. Jill, was sehen Sie?
>
> JILL: Mein kleines Mädchen, hübsch gekleidet und …
>
> HOLLY: Du siehst mich immer als kleines Mädchen.
>
> THERAPEUT: Holly, schließen Sie einfach die Augen, und warten Sie ab, was geschieht. Holly, was sehen Sie?
>
> HOLLY: Meine Mutter, wie sie mit ihrem Finger auf mich deutet und mich wieder einmal angeekelt und wütend anschaut.
>
> THERAPEUT: Während Sie Ihre Augen weiter geschlossen halten, möchte ich Ihnen sagen, was ich sehe und was ich höre. Ich sehe Holly mit ihren 16 Jahren; sie wird all-

mählich erwachsen. Und ich höre, Jill, daß Sie Holly immer noch mit einem Bild in Verbindung bringen, das Sie sich davon gemacht haben, wie sie einmal war. Und ich sehe auch Jill als Mutter, die versucht, eine Möglichkeit zu finden, zu ihrer Tochter in Verbindung zu treten, und Sie, Holly, haben sich ein Bild von Ihrer Mutter gemacht, auf dem sie als Monster erscheint, das nichts anderes zu tun hat, als Sie zu kontrollieren. Mein Eindruck ist, daß Sie einander gar nicht kennen. Vielleicht sollten Sie beide jetzt die Augen öffnen und einander wirklich kennenlernen – vielleicht nach vielen Jahren erstmals wieder?

JILL: *(fängt an zu schluchzen)* Ja, ja, ich möchte das.

THERAPEUT: Holly, ich sehe, daß Sie überrascht wirken. Vielleicht ist das, was ich sehe, ja eine neue Holly.

HOLLY: Ich glaube einfach nicht, daß wir … *(fängt an, ein wenig zu schluchzen)*.

THERAPEUT: Was glauben Sie nicht?

HOLLY: Daß sie …

THERAPEUT: Fragen Sie sie.

HOLLY: Könntest du mich wirklich als Person sehen, als …

JILL: Ja, aber das macht mir angst.

THERAPEUT: Könnten Sie sagen, was Ihnen angst macht, Jill?

JILL: Du wirst jetzt allmählich erwachsen, und ich habe Angst davor, daß ich dich verliere.

THERAPEUT: Sie können sie nicht verlieren, wenn Sie sie nicht haben. Haben Sie sie wirklich?

JILL: Nein, aber das möchte ich.

Nachdem diese beiden Familienmitglieder gemerkt hatten, daß ihre Sichtweisen voneinander nicht mehr der aktuellen Situation entsprachen, konnten sie beginnen, neue Arten der Kommunikation zu entwickeln. Allmählich wurde ihnen klar, daß das Gedankenlesen sie einschränkt und Mauern zwischen ihnen errichtet. Mit Hilfe des Therapeuten treffen sie eine neue Vereinbarung darüber, wie sie miteinander interagieren und kommunizieren können.

Die Situation im folgenden Auszug fand etwa 20 Minuten nach der im vorigen Ausschnitt wiedergegebenen statt. Der Therapeut hat den Fokus seiner Arbeit von Jill und Holly hin zu Jill und Samuel verlagert. Nachdem Jill eine neue Verbindung zu Holly aufgebaut hat, fragt der Therapeut, ob sie vielleicht auch ihre Kommunikation mit Samuel verändern möchte.

JILL: *(schaut Samuel an und beantwortet anschließend die Frage des Therapeuten)* Ich möchte, daß du mich nicht ständig bewachst, daß du mich nicht andauernd fragst, wo ich gewesen bin und wen ich getroffen habe, und daß du nicht versuchst, mich dazu zu bringen, daß ich meine Arbeit aufgebe.

SAMUEL: Das tue ich nicht mehr. Du hast gemeckert und geschimpft, und ich möchte einfach nicht …

JILL: Ach, laß das doch! Jetzt schaust du mich wieder so an und tust, als ob du schüchtern wärest …

SAMUEL: Ach Scheiße! Kannst du dir eigentlich vorstellen …

THERAPEUT: Einen Moment mal, Sie kommen vom Thema ab. Was genau wünschen Sie sich von Jill?

SAMUEL: Ich möchte, daß sie mehr Zuneigung zeigt, und …

THERAPEUT: Jetzt mal langsam. Mehr Zuneigung – wie stellen Sie sich das vor?

SAMUEL: Ich möchte, daß sie mich küßt, verstehen Sie? Sie sagt ständig: »Nicht hier, nicht vor den Kindern, jetzt nicht …«

THERAPEUT: Jill, haben Sie eine klare Vorstellung davon, worüber Samuel spricht?

JILL: Ich glaube schon. Er will mich betatschen, und ich finde, daß das okay ist, wenn man allein ist, aber nicht, wenn die Kinder dabei sind.

THERAPEUT: Was glauben Sie, was geschehen würde, wenn Ihre Kinder Sie und Samuel bei Zärtlichkeiten beobachten würden?

JILL: Also … *(Pause)* … das wäre ihnen sicher unangenehm.

THERAPEUT: Woher wissen Sie das?

JILL: Ich sehe sie doch, wenn er das tut. Ich sehe ihre Gesichter.

THERAPEUT: Sie raten schon wieder. Was halten Sie davon, herauszufinden, ob es tatsächlich so ist?

JILL: Ich weiß nicht.

THERAPEUT: Wenn Sie es nicht wissen, dann raten Sie.

JILL: Holly, ist es so?

HOLLY: Nein, es tut mir weh, wenn ich sehe, daß du ihn abweist; ich denke dann, daß du ihn nicht liebst.

JILL: Oh …

THOMAS: Ja, ich habe immer gedacht, daß du Papi nicht magst; manchmal fühle ich mich richtig unwohl, wenn du …

Therapeut: Hmm, Sie scheinen auch hier wieder falsch gelegen zu haben, Jill. Hält Sie sonst noch etwas davon ab, Samuel gegenüber liebevoller zu sein?

Jill: *(seufzt)* Ich glaube schon; ich fühle mich von ihm eingeschüchtert.

Therapeut: Wieso?

Jill: Er schnüffelt in meinem Privatleben herum und …

Samuel: Ich dachte, wir wären verheiratet.

Therapeut: Samuel, bedeutet die Ehe für Sie, daß beide Partner keinerlei Privatsphäre haben und keinen privaten Aktivitäten nachgehen können?

Samuel: Nein, sie hat ziemlich viele private Aktivitäten, aber wenn ich versuche, daran teilzunehmen, sagt sie, ich mache mir in ihrem Privatbereich zu schaffen.

Therapeut: Jill, ich höre Samuel sagen – und Samuel, bitte korrigieren Sie mich, wenn das, was ich sage, nicht stimmt –, daß er Sie eine Menge Dinge ohne ihn tun sieht und daß er Sie mit ihm nichts unternehmen sieht. Das sieht so aus, als ob Sie ihn nicht wollen oder nicht brauchen. Und jedesmal, wenn er ein gewisses Interesse an Ihnen erkennen läßt, dann sehen Sie das als Herumschnüffeln an.

Jill: Nein, ich sehe, daß er mich ständig fragt, wo ich gewesen bin, was ich getan habe, wenn ich getroffen habe …

Therapeut: Augenblick bitte, Jill. Haben Sie absichtlich in Hollys Privatangelegenheiten herumgeschnüffelt?

Jill: Äh, nein, jedenfalls nicht absichtlich.

Therapeut: Könnte es eventuell sein, daß dies ein weiteres Beispiel für die gleiche Sache ist, nur daß diesmal Sie diejenige sind, die sich bedrängt fühlt?

Jill: Das könnte sein.

Therapeut: Glauben Sie, daß es mehr als nur möglich ist?

Jill: Ja.

Therapeut: Samuel, versuchen Sie, in Jills Privatsphäre einzudringen, oder geht es Ihnen nur um ein wenig Aufmerksamkeit?

Samuel: Mir geht es um Aufmerksamkeit.

Therapeut: Jill, kennen Sie das: Sie wünschen sich Aufmerksamkeit und bekommen sie nicht? Wissen Sie, wie verzweifelt man versuchen kann, Aufmerksamkeit zu bekommen, und wie entsprechende Botschaften mißverstanden werden können? Ist das nicht genau das, was Ihnen mit Holly passiert ist?

JILL: Sieht ganz so aus, ja.

THERAPEUT: Könnten Sie beide Ihre Stühle hierhin mitbringen und sich einander gegenübersetzen? Ja, so ist es gut.

Im soeben wiedergegebenen Auszug werden einige interessante Muster erkennbar. (1) Die Art, wie der Therapeut aus einem Repräsentationssystem in ein anderes übersetzt, indem er Samuels kinästhetische Prädikate aufgreift und seine Botschaft an Jill mit Hilfe visueller Prädikate übermittelt. Dadurch hilft er diesen beiden Familienmitgliedern, einander Informationen mitzuteilen, die sie andernfalls nicht hätten übermitteln können. Gleichzeitig wird das Gedankenlesen direkt hinterfragt. (2) Die Art, wie der Therapeut das zwischen Jill und Samuel bestehende Problem umbenennt, um beiden vor Augen zu führen, daß es formell die gleichen Eigenschaften hat wie das Problem zwischen Jill und Holly. Da Jill dies erlebt hat, kann sie die Referenzindizes von Samuels Erleben auf ihr eigenes Erleben übertragen und auf diese Weise eine Verbindung herstellen, die andernfalls nicht möglich wäre. (3) Außerdem fungiert der Therapeut als Beispiel (Modell) dafür, wie man die gleiche Botschaft kongruent kommunizieren kann, wobei das Resultat die gewünschte Referenzstruktur ist. Samuel wird so hinsichtlich seiner eigenen Kommunikation in eine Meta-Position versetzt. Zunächst dadurch, daß seine Bemühungen falsch gedeutet werden, und später durch das Hören und Sehen dessen, wie seine polar gegensätzlichen Anteile kongruent kommuniziert werden, mit dem Resultat, daß sie verstanden werden. Dies eröffnet ihm eine neue Möglichkeit, seine Botschaften zu übermitteln, und gleichzeitig wird auch Jill eine neue Möglichkeit geboten, Samuels Botschaften aufzunehmen.

THERAPEUT: Ich würde nun gern ein paar Minuten darauf verwenden festzustellen, wie Sie Ihren Kontakt bedeutungsvoller gestalten können. Ich möchte Ihnen beibringen, einander wirklich zu hören und zu sehen, so wie Sie sind. Jill, wären Sie so nett, den Anfang zu machen? Nehmen Sie einander bei den Händen, und schauen Sie sich in die Augen, und dann, Jill, bitten Sie um das, was Sie sich für sich selbst wünschen, und zwar so, daß Samuel es nach Ihrer Meinung wirklich hören kann. Und Sie, Samuel, hören bitte einfach nur zu.

JILL: Bitte lasse mir meinen eigenen Raum, ohne daß du bitter wirst oder abfällige Bemerkungen machst oder mich böse anschaust.

THERAPEUT: Samuel, ich höre von Jill, daß sie Raum für sich will; den hat sie zwar schon, aber sie will ihn so haben, daß sie sich Ihnen gegenüber okay fühlt. Sie möchte Ihnen begreiflich machen, daß sie sich innerlich schlecht fühlt, wenn sie nonverbale oder verbale Botschaften empfängt, die besagen, daß Sie nicht billigen, wie sie ist und was sie tut. Verstehen Sie das?

SAMUEL: Ich denke schon. Aber da bleibt kein Raum mehr für mich. Sie *(Samuel deutet auf Jill)* – du hast für mich keinen Raum übriggelassen; ich fühle mich von dir ständig weggeschoben.

THERAPEUT: Jill, sehen Sie, wie es für Samuel ist, mitanzusehen, daß es Ihnen Freude macht, Dinge allein zu unternehmen, ohne ihn, und nicht zu sehen, daß Sie mit ihm Dinge tun, die ihm wichtig sind?

SAMUEL: Außerdem möchte ich auch nicht das Gefühl haben, es sei nicht richtig, daß mich interessiert, was du machst.

THERAPEUT: Jill, kennen Sie die Situation, daß Sie an einem anderen Menschen interessiert sind und daß dieser andere das Gefühl hat, Sie würden ungefragt in seine Privatsphäre eindringen?

JILL: Das kenne ich.

THERAPEUT: Samuel, ich vermute, Ihr Wunsch ist, daß Jill akzeptiert, was Sie tun. Ist das so?

SAMUEL: Was?

THERAPEUT: Ich habe gesagt, daß es für mich so klingt, als wollten Sie, daß Jill Ihr Interesse an ihr billigt, daß sie Ihre Zuneigung annimmt, ebenso wie Ihren Wunsch nach Gesellschaft mit ihr, genauso wie Sie, Jill, möchten, daß Samuel akzeptiert, daß Sie sich die Freiheit nehmen, Zeit ohne ihn zu verbringen und einen Beruf zu haben. Und ebenso möchten Sie, Jill, daß Holly Ihr Interesse an ihr akzeptiert und billigt. Ist das eine treffende Beschreibung dessen, was hier im Grunde vor sich geht?

SAMUEL: So habe ich das noch nie gesehen.

THERAPEUT: Vielleicht ist es ja für Sie eine neue Verständnismöglichkeit. Wie steht es mit Ihnen, Jill?

JILL: Ich glaube, Sie haben recht.

THERAPEUT: Könnten Sie einander nun einen Augenblick die Hände geben und dabei die Augen schließen? Ich möchte, daß Sie an den Zeitpunkt zurückdenken, zu dem Sie, Jill, das erste Mal gedacht haben, daß dies der Richtige für Sie ist, und als Sie, Samuel, zu der Überzeugung gekommen sind, daß Jill die richtige Frau für Sie ist. Und nun lassen Sie, ohne ein Wort zu sagen, Ihre Augen sich öffnen, und schauen Sie, ob Sie die Person von damals immer noch vor sich sehen. Mittlerweile sind ein paar Jahre vergangen, und Sie haben beide einige neue Dinge gelernt. Jill, was sehen Sie?

JILL: Ich habe das Gefühl, daß ich ihn schon lange nicht mehr angeschaut habe.

THERAPEUT: Jill, versprechen Sie mir, daß Sie nicht vergessen werden, auf diese Weise zu schauen, und daß Sie, falls Sie es doch vergessen, sich einfach so hinsetzen wie jetzt, selbst wenn Sie sich mitten in einem Streit befinden, und sich auf diese Weise anschauen. Sind Sie dazu bereit?

JILL: Ich werde es versuchen.

SAMUEL: Darf ich dich daran erinnern?

JILL: Ich wünsche es mir sogar.

Der soeben wiedergegebene Transkriptauszug veranschaulicht einige wichtige Muster, die bei der Weiterentwicklung des Familiensystems von Nutzen sein können. (1) Der Therapeut hat herausgearbeitet, daß die unerfüllten Bedürfnisse der verschiedenen Familienmitglieder im Grunde identisch sind – was nicht verwunderlich ist, wenn man bedenkt, daß sie aufgrund der gleichen Regeln und des gleichen Systems entstanden sind. (2) Als Resultat »sah« Samuel die Dinge anders; er ist also dabei, ein neues Repräsentationssystem aufzubauen. Außerdem wurden mit Gefühlen verbundene Erinnerungen erschlossen, um Jill zu helfen, die kinästhetischen Repräsentationen wiederherzustellen, die sie zu einem anderen Zeitpunkt ihres Lebens Samuel gegenüber empfunden hatte. Diese beiden Familienmitglieder fangen an, Brücken zueinander zu schlagen. Sie beginnen, gemeinsame Repräsentationssysteme zu entwickeln. Das am wenigsten genutzte Repräsentationssystem ist das auditive, das eine Fülle von Möglichkeiten zur Entwicklung von Verbindungen bietet. Außerdem werden neue Input-Kanäle entwickelt. Auditiver Input wurde innerhalb dieser Familie in der Vergangenheit fast gänzlich ignoriert. Nun wird er zu einer anerkannten Art, Informationen zu empfangen und zu würdigen. Da kein Mitglied eines Familiensystems übergangen werden sollte, wendet der Therapeut sich nun der Aufgabe zu, einige neue Brücken für Thomas zu bauen, der das Geschehen während der vergangenen beiden Stunden mit einem Ausdruck des Staunens beobachtet und angehört hat.

THERAPEUT: Ich habe dich nicht vergessen, Thomas – oder nennst du dich Tom?

TOM: Tom. Ich habe sie so noch nie gesehen.

THERAPEUT: Wie, Tom?

TOM: So nett zueinander. Wird das so bleiben?

THERAPEUT: Hättest du Lust, das herauszufinden? Frage jemanden.

TOM: Mami, wird das so bleiben?

JILL: Nicht ständig, Tom, aber die meiste Zeit. Wir müssen noch viel mehr lernen, bevor das hier ständig so bleiben wird. Verstehst du das?

Tom: Klar. Niemand kann ständig gut sein. Das ist zu schwierig.

Therapeut: Möchtest du dich jemandem hier näher fühlen?

Tom: Allen, denke ich.

Therapeut: Gut. Mir ist nämlich an dieser Familie etwas aufgefallen. Berührungen sind bei Ihnen sehr selten. Sie müssen alle fürchterlichen Hunger auf Hautkontakt haben. Jeder Mensch braucht es, in den Arm genommen und berührt zu werden. Sind Sie damit einverstanden, daß ich Ihnen helfe, etwas kennenzulernen, das Sie zusammen machen können? Es ist etwas ganz Einfaches, das Virginia Satir, meine Lehrerin, bei ihrer Arbeit mit Familien benutzt, um ihnen zu helfen, sich daran zu gewöhnen, einander häufiger zu berühren. Wären Sie dazu bereit?

Die Sitzung endete mit einer allgemeinen Umarmung, verbunden mit der Empfehlung, daß die Familie dies auch weiterhin mindestens einmal täglich wiederholen möge. Um das neu Erlernte zu festigen, berichtete zum Schluß der Sitzung jedes Familienmitglied den übrigen, was es gelernt hatte. Dann verabschiedete sich die Familie vom Therapeuten und brach auf. Nachdem sie den Raum verlassen hatte, fanden wir auf Hollys Stuhl einen Zettel, auf dem geschrieben stand: »Nochmals danke! H.«

Meta-Taktik für die Weiterentwicklung eines Familiensystems

Im vorigen Abschnitt haben Sie ein Beispiel für die Weiterentwicklung eines Familiensystems kennengelernt. Nun werden wir Ihnen einige Taktiken vorstellen, die bei der Arbeit mit Familien von Nutzen sein können. Allerdings möchten wir Sie daran erinnern, daß die generelle Strategie bei der Anwendung dieser Taktiken stets die gleiche ist und daß zur Weiterentwicklung eines Familiensystems in jedem Fall gehört: Nach dem Vergleich der Beziehung zwischen den Input- und Output-Kanälen und der Identifikation der sich daraus ergebenden unscharfen Funktionen werden die Familienregeln mit der Referenzstruktur verglichen, welche sich die verschiedenen Familienmitglieder jeweils wünschen. Die Weiterentwicklung des Systems erfordert zunächst, bei allen Familienmitgliedern die Bereiche in den Modellen zu verändern, die in irgendeiner Hinsicht verkümmert sind. Diese verkümmerten Bereiche verhindern nämlich, daß sich die gewünschte Referenzstruktur überhaupt entwickeln kann. Die Familienmitglieder müssen lernen, daß ihre Landkarte nicht das Gebiet ist und daß die Veränderungen akzeptabler sind als die Regeln, die erstere verhindert haben. Dies läßt sich wie folgt erreichen:

Modelle vergleichen

1. Der *Gebrauch von Meta-Modell-Fragen* zur Aktivierung der vollständigen Repräsentation der Weltmodelle aller Familienmitglieder. Dies ermöglicht allen Mitgliedern, maximalen auditiven Input zu empfangen, und liefert gleichzeitig die Informationen, die zur Herbeiführung von Veränderungen notwendig sind.

2. *Meta-Kommentare über Inkongruenz in der Kommunikation.* »Ich höre Sie sagen, daß Sie *Anteilnahme* kommunizieren, aber Sie *klingen wütend* und *sehen wütend aus.*« Kommentare wie diese ermöglichen es einem Familienmitglied zu verstehen, wie seine Botschaften von den anderen Familienmitgliedern mißverstanden werden konnten.

3. *Hinterfragen von Gedankenlesen* ist das wichtigste Element der Arbeit an der Weiterentwicklung eines Familiensystems. Es ermöglicht Klienten, auditives Feedback zu entwickeln, und gibt ihnen gleichzeitig Gelegenheit zu erleben, in welchem Maße die Aussage, daß die Landkarte nicht das Gebiet ist, zutrifft.

Permutationen von Repräsentationen

1. Das *Wechseln von Repräsentationssystemen* ermöglicht einem Mitglied, sein normalerweise inakzeptables Erlebnis mittels auditivem Output auf akzeptable Weise zu beschreiben.

2. Das *Umbenennen* besteht aus zwei Teilen, und zwar *erstens* aus dem Umbenennen eines Verhaltens, das eine negative Sehen-Fühlen- oder Hören-Fühlen-Koppelung beinhaltet, wodurch das Inakzeptable akzeptabel gemacht wird.

> THERAPEUT: Wie genau macht Ihre Frau Sie wütend?
>
> EHEMANN: Sie nörgelt ständig an mir herum und drängt mich, mit ihr zusammen zu Hause zu bleiben.
>
> THERAPEUT: Ihnen ist wahrscheinlich nicht klar, daß ihr Nörgeln im Grunde zeigt, wie sehr sie Ihnen zugetan ist. Sie würde nicht an Ihnen herumnörgeln, wenn Sie ihr nicht wichtig wären. Im Grunde übermittelt sie Ihnen die Botschaft, daß Sie für sie sehr wichtig sind. Stimmt's, W.?
>
> EHEFRAU: Äh, ja.
>
> THERAPEUT: Das bedeutet: Wenn sie an Ihnen herumnörgelt, haben Sie die Wahl, entweder auf die bisherige Weise darauf zu reagieren oder zu würdigen, daß Sie ihr so wichtig sind. Im letzteren Fall können Sie das Nörgeln als Botschaft ihrer Liebe verstehen.

Die *zweite* Form des Umbenennens ist das Gleichsetzen, so wie es im Transkript weiter oben, in dem es um Jill, Holly, Samuel und Thomas ging, gezeigt wurde. Jill lernte in jener Sitzung, daß ihre Wünsche es verdienten, anerkannt zu werden, und bei Samuel war es genau so.

3. Zu einer *Veränderung des Referenzindex* kommt es, wenn die negativen Erlebnisse eines Familienmitglieds von einem anderen verstanden werden; dies wird ermöglicht, indem sich dieses andere Familienmitglied »vorstellt, es hat (das gleiche Problem)«.

4. *Erinnerungen zu erschließen* (bzw. zugänglich zu machen) ist eine Technik, die benutzt wird, um positive unscharfe Funktionen zu reaktivieren und sie für das Familiensystem wiederherzustellen.

5. *Übersetzen von einem Repräsentationssystem in ein anderes* ermöglicht es, die jeweils bevorzugten Repräsentationssysteme anderer Familienmitglieder besser zu verstehen, und macht sie gleichzeitig mit einem Modell für die Entwicklung neuer Arten der auditiven Kommunikation vertraut.

Die Meta-Position betreffende Taktiken

1. *Meta-Fragen* wie:

   Wie fühlen Sie sich, wenn Sie X fühlen?

   ermöglichen es den Familienmitgliedern, ihre polar gegensätzlichen Anteile auszudrücken. Sie eröffnen den zuhörenden Mitgliedern in stärkerem Maße einen Zugang zu Informationen, die sie vorher nicht empfangen konnten, weil diese nie auditiv zum Ausdruck gebracht wurden.

   EHEMANN: Ich bin deswegen wütend.
   THERAPEUT: Und wie fühlt es sich an, auf Ihre Frau wütend zu sein?
   EHEMANN: Das gefällt mir nicht.
   THERAPEUT: W., wußten Sie, daß M. es nicht mag, auf Sie wütend zu sein?

2. *Sculpting* (früher: *Sculpturing*) ist die Technik, bei der die Familienmitglieder im Verhältnis zueinander in bestimmte Körperhaltungen versetzt werden, die formale Charakteristika ihrer Kommunikation repräsentieren. (Siehe hierzu V. Satir, 1991/1995, S. 305.)

3. Der *Therapeut als Modell* liefert den Familienmitgliedern eine Referenzstruktur, die sie brauchen, um effektive und kongruente Kommunikation erleben zu können, was die Nominalisierung der gewünschten Referenzstruktur fördert.

4. Das *Hinzufügen eines neuen Repräsentationssystems* bzw. eines Input- oder Output-Kanals ist besonders wünschenswert. Am leichtesten läßt sich dies erreichen, indem man eine Aufgabe erfindet, die den Gebrauch des betreffenden Kanals erforderlich macht.

Alle oben genannten Taktiken fungieren als Hilfsmittel für die Entwicklung eines Familiensystems. Weitere Literaturempfehlungen sind in der Literaturliste des Buches *Struktur der Magie I* zu finden.

Über die Integration neuer Wahlmöglichkeiten und Muster: Konsolidieren der Meta-Position

Das Ziel einer Familientherapie ist, dem Familiensystem zu helfen, sich von einem Zustand, in dem es sich zu Beginn der Therapie befand, hin zu einem Zustand, den die Familie als wünschenswert ansieht, zu entwickeln. Bei der Weiterentwicklung eines Familiensystems, die in der zweiten Phase einer auf die Familie als System zielenden Therapie stattfindet, bemüht sich der Therapeut, die Arbeit so zu gestalten, daß alle Familienmitglieder »mitkommen«. Aus systemischer Sicht und im Sinne des Ziels, daß die Arbeit mit der Familie eine maximal positive Wirkung erzielen soll, versucht der Therapeut, der Familie bei der Entwicklung hin zu ihrem Wunschzustand zu helfen. Gleichzeitig verändert er die Bewältigungsmuster, damit andere, von den Familienmitgliedern zunächst nicht erkannte Störfaktoren von der Familie selbst kreativ bewältigt werden. Die systemische Terminologie bezeichnet dies als *Morphogenese*. Die typischerweise morphogenetische Systemart ist das offene System – ein System, das auf seine Umgebung reagiert und sich bei Störungen kreativ und akzeptabel verhält.

Nun ist ein offenes System zwar das bestmögliche Resultat einer Familientherapie, leider jedoch nur schwer erreichbar. Außerdem findet Familientherapie in der realen Welt statt, die sowohl der behandelten Familie als auch ihrem Therapeuten zeitliche Beschränkungen auferlegt. Im Einklang mit dem Prinzip, die Familie als einen Organismus zu verstehen, muß der Therapeut eine Anzahl von Techniken anwenden, die der Familie helfen, in der Zeit zwischen den Sitzungen die in der Therapie erzielten Fortschritte zu sichern. Andernfalls will die Familie nur sehr eingeschränkte Ziele erreichen, die dem Ideal eines völlig offenen Systems, dessen Mitgliedern eine maximale Anzahl von Wahlmöglichkeiten offensteht, nicht entsprechen. Beispielsweise kehrt die Familie nach jeder Familientherapiesitzung wieder nach Hause zurück und versucht, bis zur nächsten Sitzung so gut wie möglich zurechtzukommen. Um zwischen den Sitzungen die Familie als Einheit intakt zu erhalten, kann der Therapeut eine der folgenden Techniken anwenden. Sie alle zielen darauf, den Familienmitgliedern zu helfen, sich der in den Sitzungen neu entwickelten Wahlmöglichkeiten und Bewältigungsmuster bewußt zu bleiben. Für diese Techniken gibt es zwei Grundkategorien:

1. *Hausaufgaben* – womit Übungen gemeint sind, die den Familienmitgliedern die Möglichkeit geben, die neu erschlossenen Wahlmöglichkeiten und die neu angeeigneten Fertigkeiten zu üben.
2. *Signale*, die eine wirksame Unterbindung alter destruktiver Muster ermöglichen, falls diese wieder auftauchen sollten.

Hausaufgaben sollen den Familienmitglieder grundsätzlich ermöglichen, sich in der Anwendung ihrer neuen Wahlmöglichkeiten und Fertigkeiten zu üben. Nach unserer Erfahrung erfordert dies in der Regel, die Nutzung neuer Input- und Ouput-Kanäle zu üben. Beispielsweise ist für eine Familie, deren Mitglieder einer Regel folgen, der zufolge physische Berührungen zwischen den Familienmitgliedern als negative Sehen-Fühlen-Koppelung verstanden werden, eine nützliche Übung neu erworbener Möglichkeiten und Fertigkeiten, einen Massagetermin zu vereinbaren, an dem sich alle Familienmitglieder beteiligen. Ein anderes Beispiel ist, daß eine Familie, in der traditionell keine verbale Kommunikation stattfindet, einen bestimmten Termin für ein Treffen vereinbaren kann, bei dem jedes Familienmitglied über einen Teil seiner aktuellen Erlebnisse oder über seine augenblicklichen Interessen redet. Hausaufgaben müssen, um maximale Effektivität zu erreichen, genau die Muster nutzen, die die Familienmitglieder in der Therapie neu erlernt haben, und sie sollten den Familienmitgliedern einen bestimmten Zeitpunkt anbieten, zu dem sie die Anwendung der im Kontext der Therapie entwickelten neuen Möglichkeiten üben können. Die Familie selbst kann am besten entscheiden, wie diese neuen Dimensionen in den Fluß des familiären Alltagslebens einbezogen werden können. Die Verantwortung für die Entwicklung solcher Hausaufgaben der Familie selbst zuzugestehen garantiert, daß die Familie die Aufgaben tatsächlich ausführen wird und daß dafür in ihrem Alltagsleben auch Raum vorhanden ist. Im übrigen ist der Prozeß der Entwicklung von Übungen und des Beschließens darüber, wie sie genutzt werden sollen, für die Familienmitglieder ein ausgezeichnetes Erlebnis, bei dem sie ihre eigenen Fertigkeiten und die ihrer Angehörigen zu schätzen lernen.

Die zweite Kategorie von Techniken, die der Familie helfen, die Meta-Position zu festigen, ist die der Unterbrechungs*signale*. In einer Familie, die Hilfe bei der Veränderung unbefriedigender Interaktionsmuster sucht, sind die Muster, die verändert werden sollen, zunächst meist so stark, daß ein Rückfall eines einzigen Familienmitglieds in ein altes Muster ausreicht, um die gesamte Familie wieder mit in die alten Gewohnheiten zurückzuziehen und die zeitweiligen Fortschritte zu unterminieren. Um dies zu verhindern, entwickeln Familientherapeuten Signale, mit deren Hilfe die Famimlienmitglieder einander signalisieren können, das ein altes unbefriedigendes Interaktionsmuster sich wieder zeigt. Alle Erwägungen, die in Teil II dieses Buches – wo es um Signale für das Auftauchen polarer Anteile ging – in Zusammenhang mit der Arbeit an Inkongruenzen beschrieben wurden, gelten auch hier. Beispielsweise bevorzugen wir kinästhetische Signale, weil diese besonders gute Dienste zu leisten scheinen, wenn die Muster, denen entgegengewirkt werden soll, die unscharfen Funktionen involvieren, welche die Grundlage der semantischen Fehlgeformtheit des Ursache-Wirkungs-Typs sind. Weil die in solchen Fällen typischerweise vorliegende unscharfe Funktion eine Sehen-Fühlen- oder eine Hören-Fühlen-Koppelung ist, lassen sich kinästhetische Signale leicht entdecken. Bei unserer Arbeit an der Veränderung unscharfer Funktionen geben wir häufig eine abgestufte Serie von Signalen, wobei das anfängliche Signal kinästhetisch ist und die folgenden sich in Richtung des assoziierten Repräsentationssystems bewegen. So könnte im Fall einer Sehen-Fühlen-Koppelung der anfängliche Hinweis eine Veränderung der Atmung sein und der abschließende Hinweis der tatsächliche visuelle Input. Auf diese Weise lernen die Familienmitglieder praktisch das Sehen-Sehen – was in jedem Fall schon an und für sich eine wertvolle Lernerfahrung ist.

Ein weiteres wirksames Signal, insbesondere in Familien mit kleinen Kindern, die noch nicht so versiert im Verbalisieren sind wie andere Familienmitglieder, ist das Sculpting. Dies ist eine Form von Meta-Kommentar, die keine verbalen Fertigkeiten erfordert, weil sie bestimmte Körperhaltungen der Person nutzt, die das Signal initiiert, und die visuellen Input-Kanäle der Person, die das Signal auffängt.

Wie bei den Hausaufgaben sollte die Familie auch so stark wie möglich in die Planung und das Proben der Unterbrechungssignale einbezogen werden. Bei diesen Hinweisen ist es besonders wichtig, sich darüber klarzuwerden, welche Input- und Output-Kanäle für alle Familienmitglieder am zuverlässigsten erreichbar sind.

5 | Formale Notation

In dem Buch *Struktur der Magie I* haben wir ein explizit verbales Therapiemodell vorgestellt. Dieses Modell zielt darauf, Therapeuten beizubringen, wie sie die Form der Oberflächenstrukturen ihrer Klienten hören und auf sie reagieren sollten. Der Inhalt kann unbegrenzt variieren; die vom Klienten benutzte Form ermöglicht es dem Therapeuten, im Sinne eines systematischen Musters zu reagieren, das dem Klienten hilft, sich zu verändern. Insbesondere durch seine Reaktion auf die Form der Oberflächenstrukturen gelingt es dem Therapeuten schnell, die Welt des Klienten, deren Einschränkungen und die Prozesse, mit deren Hilfe der Klient gewöhnlich seine Modelle konstruiert, zu verstehen. Er hört dem Klienten zu und antwortet ihm im Sinne der Meta-Modell-Unterscheidungen. So findet der Therapeut heraus, mit Hilfe welcher Techniken er den Klienten bei seinen Bemühungen um Veränderung unterstützen kann.

Das Meta-Modell, das wir in *Struktur der Magie I* vorgestellt haben, umfaßt eine Anzahl nützlicher Unterscheidungskategorien. Wie wir dort bereits erklärten, lassen sich diese zu natürlichen Gruppen oder Meta-Mustern von Meta-Modell-Unterscheidungen ordnen. Sowohl im Rahmen der therapeutischen Arbeit als auch in unseren Ausbildungsseminaren für Therapeuten hat es sich als nützlich erwiesen, die Meta-Modell-Unterscheidungen in drei Klassen zu gliedern:

a. Informationen sammeln;
b. die Grenzen des Weltmodells eines Klienten identifizieren;
c. die für die Veränderung vorgesehenen Techniken spezifizieren.

Funktionen

Funktionen sind Zuordnungsregeln, die eine Verbindung zwischen einem Element oder mehreren Elementen einer Menge (genannt Definitionsbereich) und denjenigen einer anderen (genannt Wertevorrat) herstellen. Schauen wir uns als Beispiel eine ganz alltägliche Funktion an, nämlich die Mutter-Funktion. Diese können wir als Zuordnungsregel verstehen, welche bezogen auf jeden beliebigen Menschen Aufschluß darüber gibt, wer die Mutter des Betreffenden ist. Man beachte, daß es hier um zwei Gruppen von Menschen geht, nämlich um *Menge I*, die Gruppe aller Menschen, und *Menge II*, die Gruppe aller Mütter, sowie um eine Zuordnungsregel *f*, die konkretisiert, welche Person welche Mutter hat. Bei Verwendung der üblichen funktionalen Notationen ergibt sich:

    (a) f (Menge I) ⟶ (Menge II)
oder
    (b) f (Menge I, Menge II)

Diese visuellen Repräsentationen kann man auch wie folgt verbal beschreiben:

a. Funktion *f* verknüpft (bildet ab) Elemente von Menge I mit (als) Elemente(n) von Menge II.
b. Funktion *f* spezifiziert Paare, deren erstes Element aus Menge I und deren zweites aus Menge II stammt.

Zu beachten ist hier, daß die beiden Mengen, deren Verknüpfung durch die Funktion spezifiziert wird, gemeinsame Elemente haben können. So sind im vorliegenden Beispiel alle Elemente von Menge II gleichzeitig Elemente von Menge I, doch alle männlichen Elemente von Menge I sind *nicht* gleichzeitig Elemente von Menge II.

Die funktionale Notation ist im Grunde nichts weiter als eine Möglichkeit, die Regeln, die unserem Erleben und Erfahren zugrunde liegen, visuell zu repräsentieren. Wenn uns klar ist, daß sich in einer bestimmten Art von Situation, mit der wir immer wieder konfrontiert worden sind, auf eine bestimmte Reaktionsweise unsererseits stets eine bestimmte neue Situation ergeben hat, dann entwickeln wir gewöhnlich eine Zuordnungsregel oder eine *Funktion*, um diese Regelmäßigkeit auszudrücken und um mit anderen darüber zu kommunizieren:

      HANDLUNG (Situation 1) ⟶ (Situation 2)
oder
      HANDLUNG (Situation 1, Situation 2)

Wir müssen nur die fraglichen Mengen sowie die Art der Beziehung zwischen den Elementen der einen und der anderen Menge identifizieren können. Den Veränderungsprozeß, der in einer Therapie stattfindet, könnten wir auf der höchsten Abstraktionsebene etwa wie folgt darstellen:

$$\text{Therapeut (Klientenzustand}_i) \longrightarrow (\text{Klientenzustand}_j)$$

Wir haben den Begriff der Funktion bereits an früherer Stelle verwendet – beispielsweise in Zusammenhang mit dem Meta-Modell. Um dieses in der hier vorgestellten visuellen Notationsweise darzustellen, müssen wir zunächst klären, welche Mengen abgebildet werden sollen. Wir werden dies anhand eines Beispiels erläutern. Der Klient sagt:

Ich habe Angst.

Diese Oberflächenstruktur ist das Resultat eines linguistischen Prozesses, der Ableitung genannt wird. Eines der Hauptforschungsgebiete der Transformationslinguistik sind die Ableitungen – womit die Beziehung zwischen vollständigen sprachlichen Repräsentationen (der Menge der Tiefenstrukturen) und ausgedrückten sprachlichen Repräsentationen (der Menge der Oberflächenstrukturen) gemeint ist. Im Sinne unserer funktionalen Notation dargestellt, ergibt sich:

$$\text{transformationale Syntax (Tiefenstrukturen)} \longrightarrow (\text{Oberflächenstrukturen})$$

oder

$$\text{transformationale Syntax (Tiefenstrukturen, Oberflächenstrukturen)}$$

Im konkreten Fall der Oberflächenstruktur *Ich habe Angst* gibt es eine mit ersterer verbundene Oberflächenstruktur, nämlich:

ÄNGSTIGEN [jemanden/etwas, mich]

Wenn wir den sprachlichen Prozeß der Tilgung durch das Symbol t bezeichnen, können wir den Prozeß, den der Klient durchlebt hat, als Ganzes wie folgt darstellen:

$$t\,(\text{ÄNGSTIGEN [jemanden/etwas, mich]}) \longrightarrow (\text{Ich habe Angst})$$

oder

$$t\,(\text{ÄNGSTIGEN [jemanden/etwas, mich], Ich habe Angst})$$

Wie bereits erwähnt, ermöglicht uns die funktionale Notation, Regeln, die unserem Erleben zugrunde liegen, visuell zu repräsentieren; dazu brauchen wir lediglich zu klären, um welche Mengen es konkret geht und welche Zuordnungsregel oder Funktion die Elemente der einen mit denjenigen der anderen Menge verbindet. Weil die Notation selbst formal ist, ist sie unabhängig von Inhalten. Mengen von Funktionen können sogar selbst die Mengen bilden, die mittels der gleichen Zuordnungsregeln verknüpft werden. Wenn es um die Beziehung zwischen Mengen von Funktionen geht, heben Mathematiker eine bestimmte Art von Beziehungen besonders hervor. Diese werden »inverse Funktionen« genannt. Auch dies werden wir anhand eines Beispiels erläutern.

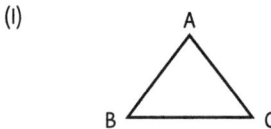

Denken Sie nun einmal darüber nach, welche unterschiedlichen Möglichkeiten es gibt, dieses Dreieck in zwei Dimensionen rotieren zu lassen. Sie könnten es beispielsweise wie folgt drehen:

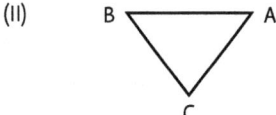

Wenn wir nun das ursprüngliche Dreieck um 120 Grad nach rechts drehen würden, wäre das Resultat:

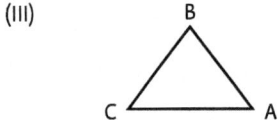

Oder wir stellen den Vorgang bei Verwendung einer entsprechenden Notation wie folgt dar:

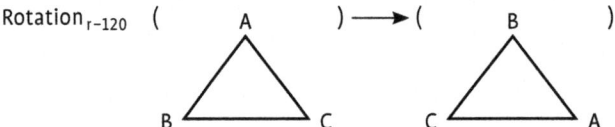

Oder wir verwenden auch in diesem Fall die bereits vorgestellte funktionale Notation:

$$R_{r-120} \quad (I) \longrightarrow (III)$$

Wir kehren nun zum ursprünglichen Dreieck (I) zurück und schauen uns an, was bei einer Rotation um 240 Grad nach links geschieht. Sie werden feststellen, daß das Resultat von R_{l-240} identisch ist mit R_{r-120}. Somit sind R_{l-240} und R_{r-120} inverse Funktionen.

Oder, symbolisch dargestellt:

Wenn R_{l-240} f ist, dann ist R_{r-120} f^{-1}

Diese Beispiele zeigen, daß man die Wirkung einiger Funktionen durch andere Funktionen umkehren kann. In solchen Fällen bezeichnet man die zweite Funktion als Umkehrfunktion (oder inverse Funktion) der ersten. Dieses Muster ist auch im therapeutischen Kontext zu finden.

Lassen Sie uns nun wieder untersuchen, wie das Meta-Modell vom Therapeuten eingeordnet wird. Dazu verwenden wir wieder das Beispiel einer Oberflächenstruktur, nämlich:

Ich habe Angst.

Bei vom Klienten präsentierten Oberflächenstrukturen wie *Ich habe Angst*, lautet die Frage, die der Therapeut entsprechend dem Meta-Modell stellt:

Angst vor wem/was?

Achten Sie darauf, daß der Therapeut als Input die Oberflächenstruktur verwendet, welche die Tilgung enthält, und daß sich seine Frage auf das getilgte Element bezieht. Eine andere Möglichkeit, diesen Prozeß zu repräsentieren, besteht in der Feststellung, daß die Frage im Sinne des Meta-Modells eine an den Klienten gerichtete Aufforderung des Therapeuten zu einer inversen Operation ist, was sich in Symbolform wie folgt ausdrücken läßt:

d^{-1} (Ich habe Angst) $\longrightarrow$ (ÄNGSTIGEN [jemanden/etwas, mich])

Das Ergebnis teilt der Klient dem Therapeuten mit.

Informationen sammeln

Um effektiv handeln und wirklich helfen zu können, muß der Therapeut das Weltmodell des Klienten und die Modellierungsprozesse verstehen, die letzterer zur Organisation seines Erlebens benutzt. Die erste Gruppe von Fragen oder Hinterfragungen nach dem Meta-Modell, die auf der Form der Oberflächenstrukturen des Klienten basieren, beinhaltet folgende Meta-Modell-Unterscheidungen:

- *Tilgung*
- *Fehlen von Referenzindizes*
- *nicht spezifizierte Verben*
- *Nominalisierungen*

Das formale Charakteristikum, das diese Unterscheidungen und die ihnen entsprechenden Hinterfragungen im Sinne des Meta-Modells miteinander verbindet, beinhaltet, daß die Hinterfragung sich invers zur verletzten Meta-Modell-Unterscheidung verhält.

Entdeckt der Therapeut parallel zum Tilgungsbeispiel eine Repräsentation der Oberflächenstruktur, welche eine Nominalphrase ohne Referenzindex enthält – d. h., wenn die Modellierungsbemühungen des Klienten auf dem Weg von der Referenzstruktur zur Tiefenstruktur zum Verlust eines Referenzindex führen –, besteht die Hinterfragung im Sinne des Meta-Modells darin, den inversen Modellierungsprozeß zu fordern. So kommt es zu folgendem Austausch:

> KLIENT: Menschen ängstigen mich.
> THERAPEUT: Wer genau ängstigt Sie?

Oder, in symbolischer Form:

> Klient (r) Therapeut [Klient (r^{-1})]

Die restlichen beiden Unterscheidungen und die ihnen entsprechenden Meta-Modell-Hinterfragungen sind ebenfalls Inversionen und werden in symbolischer Form entsprechend dem obigen Beispiel ausgedrückt.

Nicht spezifizierte Verben:

> KLIENT: Mein Vater ängstigt mich. Klient (v)
> THERAPEUT: Wie genau ängstigt er Sie? Therapeut [Klient (v^{-1})]

Und Nominalisierungen:

> KLIENT: Ich wünsche mir Respekt. Klient (n)
> THERAPEUT: Wer soll Sie respektieren? Therapeut [Klient (n^{-1})]

Somit besteht in der ersten Phase der therapeutischen Arbeit – der des Sammelns von Informationen – die formale Generalisierung darin, daß der Therapeut den Klienten zu einer inversen sprachlichen Modellierungsoperation auffordert. Verwenden wir das griechische Symbol α zur Repräsentation der Klasse der vier Meta-Modell-Unterscheidungen, die durch die Symbole

d, r, v und n

dargestellt werden, dann lautet die Generalisierung:

> KLIENT: α
> THERAPEUT: [Klient (α^{-1})]

Innerhalb dieser Gruppe gibt es noch zwei weitere Beziehungen, auf die wir besonders hinweisen möchten. *Erstens* handelt es sich bei den r- und v-Prozessen und den mit ihnen verbundenen Meta-Modell-Hinterfragungen r^{-1} und v^{-1} abgesehen vom Definitionsbereich um identische Prozesse. Der Prozeß r bildet Substantive mit Referenzindizes als Substantive ohne Referenzindizes ab (bzw. ordnet sie einander zu), wohingegen der Prozeß v relativ spezifizierte Verben auf weniger stark spezifizierten Verben abbildet. Die Prozesse r^{-1} und v^{-1} sind inverse Abbildungen:

r^{-1} (Nominalsatz ohne Referenzindex) ⟶ (Nominalsatz mit Referenzindex)
v^{-1} (relativ unspezifiziertes Verb) ⟶ (relativ spezifiziertes Verb)

Somit umfassen die Definitionsbereiche der Funktionen r und r^{-1} Nominalsätze, die Definitionsbereiche der Funktionen v und v^{-1} hingegen Verben.

Zweitens sind die ersten drei hier genannten Unterscheidungen an der Erzeugung der vierten beteiligt – mit anderen Worten: n und n^{-1} sind komplexe Funktionen, welche auf die drei zuerst beschriebenen Prozesse einwirken und zusätzlich einen Kategorienwechsel verursachen. Im Laufe des Nominalisierungsprozesses verwandelt sich die sprachliche Repräsentation von einer prädikativen in eine substantivierte und somit von einer Prozeß- in eine Ereignisrepräsentation. Der Klient geht also von einer Repräsentation der Tiefenstruktur aus:

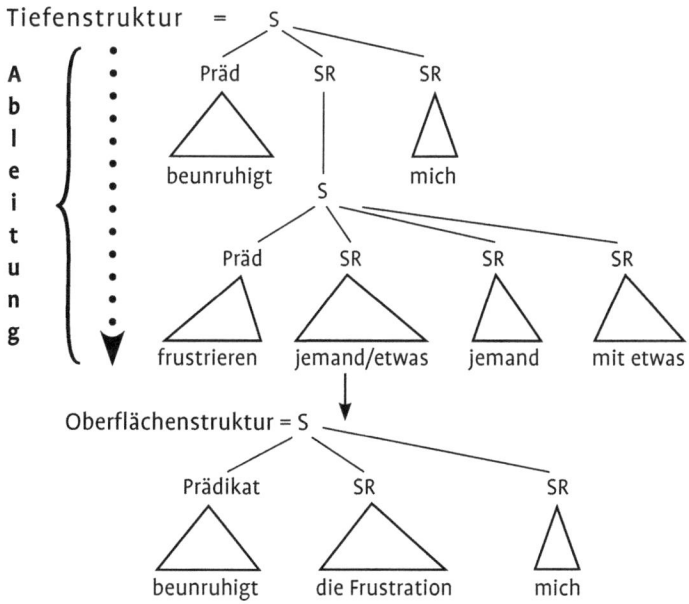

Die Oberflächenstruktur lautet also:

Die Frustration beunruhigt mich. Klient (n)

Der Therapeut reagiert darauf mittels Hinterfragen im Sinne des Meta-Modells:

Daß wer wen frustriert, beunruhigt Sie? Therapeut [Klient (n^{-1})]

In unseren Ausbildungsseminaren ist uns immer wieder ein Muster aufgefallen: Menschen, die versuchen, das Meta-Modell zu erlernen, neigen dazu, sich in einer Kreisbewegung zu verfangen. Was sie dabei erleben, beschreiben sie oft als »immer wieder im Kreis gehen und nirgendwo hingelangen«. Zu dieser Kreisbewegung kommt es, wenn der Therapeut in diesen Mustern der ersten Stufe steckenbleibt, nämlich in den Prozessen d, r, v und n sowie in deren Inversionen d^{-1}, r^{-1}, v^{-1} und n^{-1}. Dem Leser fällt wahrscheinlich auf, daß dieses Muster auch auf anderen Strukturebenen bekannt ist. Spielt der Therapeut beispielsweise bei der Arbeit an polaren Anteilen den polar gegensätzlichen Anteil aus – auf dieser Ebene die Umkehrung –, bleibt der Klient auf den dominierenden polaren Anteil fixiert bzw. auf den Anteil, der das Gegenstück zu dem vom Therapeuten ausgespielten ist.

Um diesen Teufelskreis zu durchbrechen, verfeinert der Therapeut seine Fähigkeit zu hören und hinterfragt die Unterscheidungen, die für die nächste Phase charakteristisch sind.

Die Grenzen des Modells des Klienten identifizieren

In der zweiten Therapiephase sind die Unterscheidungen nach dem Meta-Modell am nützlichsten, die erkennbar machen, wo die Grenzen des Modells liegen, das der Klient zur Organisation seines aktuellen Erlebens benutzt. Dazu zählen konkret:

- Modaloperatoren
- die semantischen Fehlgeformtheiten
  des Ursache-Wirkungs-Typs
  des Gedankenlesens
  des verlorengegangenen Performativs

Benutzt der Klient Oberflächenstrukturen, die einen Modaloperator der Möglichkeit oder Notwendigkeit einschließen, identifiziert er dadurch im Grunde die Grenzen seines Modells. Seine Kommunikation ist eine direkte sprachliche Repräsentation des Teils seines Modells, der inadäquate Wahlmöglichkeiten oder, was noch häufiger vorkommt, gar keine Wahlmöglichkeiten beinhaltet. Achten Sie darauf, daß die Meta-Modell-Hinterfragungen im Falle von Modaloperatoren an den Klienten gerichtete Aufforderungen sind, eine größere Tilgung auszufüllen, wobei sie die semantische Fehlgeformtheit des Ursache-Wirkungs-Typs voraussetzen. Ein Beispiel:

> KLIENT: Ich kann nicht von zu Hause fortgehen.
> THERAPEUT: Was würde geschehen, wenn Sie von zu Hause fortgingen?
> *Oder:*
> THERAPEUT: Was hindert Sie daran, von zu Hause fortzugehen?

Im Falle der ersten Reaktion des Therapeuten im Sinne des Meta-Modells wird die Äußerung des Klienten als eine Ursache von etwas akzeptiert, und der Klient wird aufgefordert, zu konkretisieren, welche Wirkung eintreten würde, wenn er das täte, was er als unmöglich bezeichnet hat. Im zweiten Fall wird die Äußerung des Klienten als eine Wirkung akzeptiert, und der Klient wird aufgefordert zu konkretisieren, was die Ursache dieser angeblichen Unmöglichkeit ist. In beiden Fällen akzeptiert der Therapeut die Äußerung des Klienten als einen Bestandteil einer semantisch fehlgeformten Ursache-Wirkungs-Beziehung (als entweder X oder Y in folgender Form):

> *X verursacht Y.*

Der Klient wird aufgefordert, das Material zu liefern, das beim Abbilden von der Referenzstruktur auf die Tiefenstruktur getilgt wurde. Somit treten auf dieser nächsten Ebene der Musterbildung die Muster t und t^{-1} in Erscheinung. In der ersten Phase waren die Prozesse t und t^{-1} zwischen der Tiefenstruktur und der Oberflächenstruktur aufgetreten; hier, in Phase 2, finden die Prozesse t und t^{-1} zwischen der Referenzstruktur und der Tiefenstruktur statt.

Die Antwort des Klienten auf die Hinterfragungen im Sinne des Meta-Modells bei Modaloperatoren ist eine der Formen semantischer Fehlgeformtheit. Weil die Hinterfragung des Therapeuten eine semantische fehlgeformte Ursache-Wirkungs-Beziehung voraussetzt, ist die Antwort des Klienten zumindest in dieser spezifischen Hinsicht fehlgeformt. Außerdem kann der Klient im Sinne der anderen Formen semantischer Fehlgeformtheit antworten:

Gedankenlesen
> *Ich weiß, daß mein Vater sich schlecht fühlen würde, wenn ich von zu Hause wegginge.*

Verlorengegangenes Performativ
> *Es wäre falsch, von zu Hause wegzugehen.*

Die Hinterfragung im Sinne des Meta-Modells ist im Falle von Gedankenlesen auf dieser Strukturebene die Hinterfragung v^{-1}.

THERAPEUT: Woher genau wissen Sie, daß Ihr Vater ...

Auf der ersten Strukturebene ist t^{-1} die Hinterfragung im Sinne des Meta-Modells im Falle eines verlorengegangenen Performativs – eine Tilgungsinversion, die zwischen Tiefen- und Oberflächenstruktur angewandt wird (denn bei der linguistischen Repräsentation der Performativtilgung handelt es sich tatsächlich um einen Prozeß, der sich zwischen Tiefenstruktur und Oberflächenstruktur abspielt). Antwortet der Klient mit einer Ursache-Wirkungs-Aussage wie:

> »*Daß mein Vater sich schlecht fühlen würde, wenn ich von zu Hause auszöge, hält mich davon ab, dies zu tun*«,

wird die normale Hinterfragung nach dem Meta-Modell v^{-1} angewandt, wozu der Klient den Prozeß, durch den diese angebliche Kausalbeziehung entsteht, konkretisieren muß.

Wichtiger für das Verständnis der allgemeinen Strategie ist jedoch die Tatsache, daß die beiden wichtigsten Formen semantischer Fehlgeformtheit, nämlich dysfunktionale Ursache-Wirkungs-Beziehungen und Gedankenlesen, die linguistischen Repräsentationen jener unscharfen Funktionen sind, auf die der Klient im Moment keinen Einfluß hat. Wenn also Modaloperatoren auftauchen und die Prozesse t^{-1}, r^{-1}, v^{-1} und n^{-1} auf Ebene 1 (zwischen Tiefenstruktur und Oberflächenstruktur) und auf Ebene 2 (zwischen Referenzstruktur und Tiefenstruktur) erfolgreich angewendet werden, signalisiert dies dem Therapeuten, daß es an der Zeit ist, zur dritten Phase überzugehen. Nun geht es darum, die Technik auszuwählen, die dem Klienten helfen soll, sich zu verändern.

Wahl der Veränderungstechnik

Der Therapeut kann nun die Technik auswählen, die dem Klienten helfen soll, sich zu verändern. In den ersten beiden Arbeitsphasen hat er die beeinträchtigten Anteile am Modell des Klienten und dessen Grenzen identifiziert. Durch die Überprüfung dieser Grenzen hilft er dem Klienten, den wichtigsten semantisch fehlgeformten Modellierungsprozeß zu identifizieren, der bei der Organisation dieses Teils seines Modells eine Rolle spielt. Die wichtigsten Aufgaben des Therapeuten sind in dieser Phase die Auswahl und Anwendung einer wirksamen Veränderungstechnik. Um eine gute Wahl zu treffen, kann er eine von uns so genannte *Ad-hoc-Beschreibung (instantaneous description* – früher: Kurzbeschreibung*)* des Klienten entwickeln und evaluieren. Darunter verstehen wir eine Repräsentation des Klienten, die gerade soviel Information liefert, daß der Therapeut mit ihrer Hilfe eine effektive Veränderungstechnik auswählen kann. Aufgrund unserer Erfahrungen haben wir ein von uns so genanntes *Sechs-Tupel* (engl.: *six-tuple*) entwickelt, einen Vektor, der sechs Positionen für Informationen hat. Jede dieser sechs Positionen oder Variablen kann verschiedene Werte annehmen, die als Wertebereich der Variablen bezeichnet werden. Der vollständige Vektor besteht aus der Ad-hoc-Beschreibung des Klienten und umfaßt Informationen, die für die Auswahl und Anwendung einer Veränderungstechnik ausreichen. Wir repräsentieren den Vektor wie folgt:

<I, R, O, S, F, M>

wobei

- I eine Variable ist, die sich auf den Input-Kanal bezieht, den der Klient bei diesem Problem anwendet;
- R eine Variable ist, die sich auf das bevorzugte Repräsentationssystem des Klienten bei der Arbeit an diesem Problem bezieht;
- O eine Variable ist, die sich auf den Output-Kanal bezieht, den der Klient bei diesem Problem benutzt;
- S eine Variable ist, die sich auf die Satir-Kategorie bezieht, die der Klient benutzt, wenn er in Zusammenhang mit diesem Problem unter Streß gerät;
- F eine Variable ist, die sich auf die Art semantischer Fehlgeformtheit bezieht, die der Klient in Zusammenhang mit seinem Problem verwendet;
- M der bei diesem Problem am häufigsten vorkommende Verstoß gegen die Meta-Modell-Unterscheidungen ist.

Nun führen wir die sechs Variablen und die mit ihnen verbundenen Wertebereiche nochmals auf:

- I = { V (visuell), K (kinästhetisch), A (auditiv), D (digital) }
- R = { V (visuell), K (kinästhetisch), A (auditiv), D (digital) }
- O = { V (visuell), K (kinästhetisch), A (auditiv), D (digital) }
- S = { 1 (beschwichtigend, 2 (anklagend), 3 (rationalisierend), 4 (ablenkend) }
- F = { UW (Ursache-Wirkung), GL (Gedankenlesen), VP (verlorengegangenes Performativ) }
- M = { t (Tilgung), v (unspezifisches Verb), r (fehlender Referenzindex), n (Nominalisierung) }

Hierzu folgendes Beispiel:

Michael berichtet seinem Therapeuten über seine Unfähigkeit, die Aufgaben, mit denen er sich am College auseinandersetzen muß, auszuführen. Er erklärt mit weinerlicher Stimme, er fühle sich von der Arbeit, die er zu bewältigen habe, völlig erdrückt. Außerdem zerstöre die Schule sein Selbstvertrauen. »Ich habe mich bei meinen Professoren über die Unzulänglichkeit des Erziehungssystems beklagt, aber auf meine Beschwerden hin nur herablassende Antworten bekommen. Noch übler ergeht es mir, wenn ich ihnen etwas zu erklären versuche und ihr Ausdruck mir dann zeigt, daß ich ihnen leid tue; das macht mich dann richtig krank.«

Während Michael seine Geschichte erzählte, hob er seinen Finger, als ob er ein Kind ausschimpfen würde, und klopfte mit seiner Hand immer wieder auf die Lehne des Stuhls.

Eine Ad-hoc-Beschreibung Michaels könnte wie folgt aussehen:

		Primär		
I = V		Input	visuell	Er sah eine Menge Arbeit vor sich, Ausdruck von Kummer.
R = K		Repräsentationssystem	kinästhetisch	Fühlte sich völlig fertig, fühlt sich nun noch schlechter, Magendrücken.
S = 2		Satir-Kategorie	anklagen	Ausgestreckter Zeigefinger, schroffer Ton, Beklagen bei Professoren. Referenzindex der Verantwortlichkeit.
F = UW		semantische Fehlgeformtheit	Ursache-Wirkung	Arbeit erzeugt Gefühl der Niedergeschlagenheit. Professoren machen ihn krank. Schule zerstört sein Selbstvertrauen.
M = n		Verletzung des Meta-Modells	Nominalisierung	Schule, Selbstvertrauen, Unzulänglichkeit des Schulsystems, Ausdruck von Kummer.
O = D		Output-Kanal	digital	Klagt beim Sprechen.

Man könnte die daraus resultierende primäre Gleichung oder Ad-hoc-Beschreibung auch wie folgt ausdrücken:

Michael – (V, K, D, 2, UW, n)

bei folgender allgemeiner Form des Vektors:

(I, R, O, S, F, M)

Nun erhebt sich die Frage, inwiefern diese Repräsentation dem Therapeuten nützlich sein kann. Mit anderen Worten: Welche Bedingungen würden es einem Therapeuten ermöglichen, unabhängig von einem konkreten Inhalt eine Strategie für eine wirksame Therapie zu formulieren? Damit kommen wir zum Konzept der *Überführungsfunktion (next-step function)*. Diese wäre eine adäquate Strategie für eine Therapie – eine Gruppe von Bedingungen, die anzeigen, welche Technik in einer Therapie zu einem wohlgeformten Resultat verhilft. Auch in diesem Zusammenhang wird die Idee der Wohlgeformtheit zu einem Werkzeug von unschätzbarem Wert.

Wie Sie sich erinnern werden, haben wir in den Teilen II und III dieses Buches erläutert, daß das wohlgeformte Ordnen polarer Anteile erforderlich ist, um Integration und

Wachstum zu fördern und die Bewältigung von Problemen zu ermöglichen. Und wahrscheinlich erinnern Sie sich auch noch an die Erklärung in Zusammenhang mit den unscharfen Funktionen, der gemäß fehlgeformte Gleichungen die Wahlmöglichkeiten einschränken und deshalb Unzulänglichkeit der Bewältigungsfähigkeiten zur Folge haben. Michaels Gleichung (siehe die obige Ad-hoc-Beschreibung) ist nicht wohlgeformt. Visuelle Information wird darin kinästhetisch repräsentiert – eine unscharfe Funktion, die ihm Schmerzen bereitet und die ihn daran hindert, das zu bekommen, was er sich im Leben wünscht. Um eine auf seiner Beschreibung basierende therapeutische Strategie zu entwickeln, müssen wir zunächst die (einschränkenden) Bedingungen für Wohlgeformtheit beschreiben.

Wohlgeformtheitsbedingungen für die Therapie

Im folgenden Abschnitt werden die formalen Bedingungen für Wohlgeformtheit in einer Therapie beschrieben; allerdings beabsichtigen wir nicht, diese Thematik im vorliegenden Buch wirklich erschöpfend und in seiner ganzen Komplexität zu behandeln. Weil die meisten Therapeuten nicht über umfassende Kenntnisse in höherer Logik oder in Gruppentheorie verfügen, bemühen wir uns im folgenden um eine möglichst allgemeinverständliche Darstellung. Deshalb werden wir nur die für eine effektive Therapie wirklich notwendigen Muster beschreiben. Obgleich unter diesen Voraussetzungen nur eine sehr einfache formale Notation der Vorgänge in einer Therapie möglich ist, sind wir der Auffassung, auf diese Weise den Bedürfnissen interessierter Praktiker am besten gerecht zu werden. Sie erhalten ein brauchbares Werkzeug, das sie verstehen und sowohl für die Diagnose als auch für die Behandlung von Klienten benutzen können, denen sie helfen wollen, sich in ihrem Leben mehr Wahlmöglichkeiten zu erschließen.

Um ein geeignetes Notationssystem für die Therapie zu entwickeln, müssen wir natürlich – wie wir es bereits im Abschnitt über unscharfe Funktionen getan haben – Inkongruenzen und polar gegensätzliche Anteile notieren können. Deshalb fügen wir unserem System das Element der *Doppelbeschreibung (double entry)* hinzu, wobei jede der beiden Beschreibungen eine Gruppe von Para-Botschaften repräsentiert.

    Ad-hoc-Beschreibung A (I, R, O, S, F, M)
    Ad-hoc-Beschreibung B (I, R, O, S, F, M)

Dies ermöglicht uns, zwei Ebenen von Bedingungen für Wohlgeformtheit in der Therapie zu konstruieren: *erstens* die Beziehung zwischen den Elementen einer Menge und *zweitens* die Beziehung zwischen verschiedenen Mengen von Ad-hoc-Beschreibungen. Es ergeben sich zwei Mengen notwendiger Bedingungen für eine wohlgeformte Ad-hoc-Beschreibung in einer Therapie. Sind diese gebildet, können wir Ableitungsregeln festlegen, mit deren Hilfe sich fehlgeformte Beschreibungen in wohlgeformte verwandeln lassen. So erhalten wir nicht nur explizite Strategien für eine Therapie, sondern haben auch die Möglichkeit festzustellen, wann wir die therapeutische Aufgabe gelöst haben und ob tatsächlich eine Veränderung eingetreten ist. Der Therapeut wird durch dieses Werkzeug endlich von der quälenden Ungewißheit befreit, nicht zu wissen, wann seine Arbeit abgeschlossen ist oder wann er tatsächlich etwas erreicht hat – was nach unseren Erfahrungen für die meisten Therapeuten eine gewaltige Belastung ist.

1. Eine Ad-hoc-Beschreibung ist wohlgeformt, wenn:

$$(I_i, R_j, \_, \_, \_, \_)$$

wobei i = j ist

(d. h., wenn das System, das die betreffende Person zur Repräsentation ihres Erlebens benutzt, dasjenige ist, das ganz natürlich mit dem Input-Kanal verbunden ist, über den dieser Klient die Information empfängt, z. B. als Input und als Repräsentationssystem),

und sie gilt als fehlgeformt, wenn:

$$(I_i, R_j, \_, \_, \_, \_)$$

wobei i ≠ j ist.

Diese Bedingungen beinhaltet im Grunde, daß unscharfe Funktionen nicht als wohlgeformt angesehen werden. Beispielsweise jede Beschreibung, in der visuelle Informationen gleichzeitig kinästhetisch repräsentiert werden, ist nicht wohlgeformt.

Die folgenden Ad-hoc-Beschreibungen in der linken Spalte sind fehlgeformt, wohingegen diejenigen in der rechten Spalte wohlgeformt sind.

(V, K, _, _, _, _)	(V, V, _, _, _, _)
(A, K, _, _, _, _)	(A, A, _, _, _, _)
(A, V, _, _, _, _)	(K, K, _, _, _, _)
(K, A, _, _, _, _)	(D, D, _, _, _, _)

2. Eine Ad-hoc-Beschreibung ist wohlgeformt, wenn:

$$(\_, R_j, \_, S_j, \_, \_)$$

Wobei i und j folgende gepaarten Werte bilden:

i	j
K	1
V	2
A	3

Alle übrigen Wertpaare werden in der Therapie als fehlgeformt angesehen.

3. Eine Ad-hoc-Beschreibung gilt als wohlgeformt, wenn:

$(\_, \_, O_i, S_j, \_, \_)$

wobei die gepaarten Werte i und j **nicht** einem der folgenden Paare entsprechen:

i	j
K	2
K	3

Man beachte, daß alle anderen Beziehungen nicht unbedingt wohlgeformt sind – sie können vielmehr bezogen auf die Werte anderer Variablen im sechsteiligen Vektor fehlgeformt sein. Beispielsweise sind die gepaarten Werte für die Variablen S und O, die durch die Ad-hoc-Beschreibung

$(\_, \_, K, 1, \_, \_)$

dargestellt werden, unserer Wohlgeformtheitsbedingung 3 gemäß wohlgeformt; doch wenn der Wert des Parameters M = n ist, ist die Ad-hoc-Beschreibung fehlgeformt. Mit anderen Worten: Während das Paar K1 für die Parameter O und S wohlgeformt ist, ist die Dreiergruppe

$(\_, \_, K, 1, \_, n)$

fehlgeformt. Wir sind uns darüber im klaren, daß die drei weiter oben beschriebenen Wohlgeformtheitsbedingungen diese Bedingungen für einen sechsteiligen Vektor nicht erschöpfend abhandeln. Sie sind in unserem Zusammenhang nur als Beispiel dafür zu verstehen, wie ein vollständiges Modell der Gruppe wohlgeformter Ad-hoc-Beschreibungen entwickelt werden kann.

Wohlgeformtheitsbedingungen für Paare von Ad-hoc-Beschreibungen

Wir werden nun anhand von zwei Beispielen veranschaulichen, wie sich die in diesem Buch beschriebenen Techniken in die formale Notation übersetzen lassen. Auf diese Weise wollen wir zeigen, wie das Sechs-Tupel Ihnen als Therapeut helfen kann, Ihre Erlebnisse im Rahmen Ihrer Arbeit zu organisieren. Mehrere simultane Beschreibungen sind bei der Arbeit an den Inkongruenzen eines Einzelklienten und im Kontext einer Familientherapie von Nutzen. In einer Einzeltherapie ermöglicht das Sechs-Tupel, Kongruenz und

Inkongruenz zu definieren. Wir definieren eine Funktion, Q, durch die Menge der Werte, die im Parameter O enthalten sind, also:

$Q(O_i)$ = Bedeutung der über den Ouput-Kanal O_i vermittelten Botschaft

Sind die Funktion Q und eine Ad-hoc-Beschreibung vorgegeben, kann Inkongruenz als eine Situation definiert werden, in der es mehr als einen Eintrag für den Wert des Parameters O gibt, was bedeutet, daß (für die gleiche Person)

$Q(O_i) \neq Q(O_j)$
ist (wobei »$\neq$« bedeutet: »stimmt nicht überein mit«).

Mit anderen Worten: Im Falle der folgenden sechsteiligen Repräsentation für eine Person

$(\_, \_, \{ {O_i \atop O_j} \}, \_, \_, \_)_c^1$

wobei $Q(O_i) \neq Q(O_j)$ ist

oder gleichbedeutend,

$(\_, \_, O_i, \_, \_, \_)_c^1$
und
$(\_, \_, O_j, \_, \_, \_)_c^1$

wobei $Q(O_i) \neq Q(O_j)$ ist,

ist das als »c^1« bezeichnete Individuum inkongruent. Werden O_i und O_j gleichzeitig dargestellt, belegen die obigen sechsteiligen Repräsentationen eine simultane Inkongruenz – der Fall, der im ersten Abschnitt von Teil II erörtert wurde. Der Klient präsentiert mehr als eine Botschaft, und diese unterschiedlichen Botschaften passen nicht zusammen. Wenn die obigen sechsteiligen Repräsentationen vom selben Klienten stammen, jedoch von zwei unterschiedlichen Zeitpunkten einer Therapiesitzung, dann stellen sie eine sequentielle Inkongruenz dar. Beispielsweise stehen dem Klienten in der zweiten Phase der Arbeit an der Inkongruenz einige Ad-hoc-Beschreibungen zur Verfügung, die folgende Bedingungen erfüllen:

$Q(O_i) \neq Q(O_j)$
für alle i und j

In der Sprache des Sechs-Tupels ausgedrückt, ist Kongruenz demnach der Zustand, der unter folgenden Bedingungen eintritt:

$$Q(O_i) = Q(O_j) = , \ldots, = Q(O_k) = , \ldots, = Q(O_n)$$

für einen Klienten und zu einem bestimmten Zeitpunkt.

Wir können diesen Prozeß auf andere Parameter übertragen und eine formale Beschreibung des Zeitpunktes entwickeln, zu dem der Therapeut wissen kann, daß Phase II der Arbeit an der Inkongruenz abgeschlossen ist und er sich zuversichtlich Phase III, der Integration, zuwenden kann.

Ein Paar (eine Menge) von Ad-hoc-Beschreibungen ist hinsichtlich des Abschlusses von Phase II der Arbeit an der Inkongruenz wohlgeformt, wenn jedes Sechs-Tupel die weiter oben beschriebenen Wohlgeformtheitsbedingungen erfüllt und wenn gilt:

$(\_, R_j, O_j, S_k, \_, \_)_c^1$
$(\_, R_j', O_j', S_k', \_, \_)_c^1$
wobei außerdem
$R_j \neq R_j'$
und
$Q(O_j) \neq Q(O_j')$
und
$S_k \neq S_k'$
für alle i, j und k gilt.

Diese Wohlgeformtheitsbedingung zeigt, daß Phase II der Arbeit an der Inkongruenz abgeschlossen ist, wenn eine maximale Trennung von Repräsentationssystem, Output-Botschaften und Satir-Kategorien erreicht ist.

Als zweites Beispiel werden wir nun auf ähnliche Weise die Technik des Ausspielens des polaren Gegensatzes beschreiben. Nehmen wir an, der Therapeut merkt, daß der Klient inkongruente Botschaften präsentiert – d.h., daß er dem Therapeuten die folgende Ad-hoc-Beschreibung anbietet:

$(\_, v, \begin{Bmatrix} O_j \\ O_k \end{Bmatrix}, 2, \_, \_)$

wobei gilt $Q(O_j) \neq Q(O_k)$

Nehmen wir weiterhin an, der Therapeut stellt fest, daß $Q(O_j)$ mit V übereinstimmt als Wert für die Variable des Repräsentationssystems und daß $Q(O_k)$ mit K und 1 als den Werten für die Variablen R und S übereinstimmt. Nun beschließt der Therapeut, so wie in Teil II dieses Buches beschrieben, den polaren Gegensatz auszuspielen. Im Grunde arrangiert der Therapeut in der hier entwickelten formalen Notation seine eigene Ad-hoc-Beschreibung so, daß sie stärker ist als diejenige, die der Klient anbietet. In diesem konkreten Fall hat er zwei Möglichkeiten:

$$(\_, K, O_k, 1, \_, \_)$$

oder

$$(\_, V, O_j, 2, \_, \_)$$

Weil der Klient dem Therapeuten bereits eine Ad-hoc-Beschreibung anbietet, die der soeben vorgestellten zweiten Ad-hoc-Beschreibung ähnlicher ist, interessiert den Therapeuten, wie konkret der Klient den weniger dominanten polaren Anteil darstellen wird. Deshalb entscheidet er sich dafür, den dominierenden polaren Anteil des Klienten auszuspielen, weil dann der Klient mit Sicherheit selbst zum entgegengesetzten polaren Anteil wechselt. Er konfrontiert den Klienten also mit folgendem:

$$(\_, V, O_j, 2, \_)$$

Auf dieses Manöver des Therapeuten reagiert der Klient, indem er zum weniger dominierenden polaren Anteil wechselt, der auf der Botschaft Q (O_k) basiert. Danach weiß der Therapeut, an welchen beiden polaren Anteilen des Klienten er arbeiten muß, um die Veränderungen zu erreichen, die sich der Klient wünscht und die er braucht.

Nun werden wir uns damit beschäftigen, wie nützlich der Sechs-Tupel-Ansatz für die Familientherapie ist. Ein Therapeut, der mit einer Familie arbeitet, muß sicherstellen, daß die Familienmitglieder in der Lage sind, Botschaften der gegenseitigen Wertschätzung (positives Feedback) auszutauschen. Der hier entwickelten Terminologie gemäß arbeitet der Therapeut an der Bereitstellung einer Anzahl (Menge) von Ad-hoc-Beschreibungen, bei denen sich die Input- und Output-Kanäle der Familienmitglieder zumindest so stark überlappen, daß sie einander positives Feedback übermitteln können. Die Evaluierung der Wohlgeformtheit des gesamten Familiensystems wäre also eine Möglichkeit, den Sechs-Tupel-Ansatz in der Familientherapie einzusetzen. Beispielsweise bezieht sich die folgende Gruppe von Ad-hoc-Beschreibungen auf ein Familiensystem, in dem zwischen den Mitgliedern 2 und 4 keine Kommunikation möglich ist – also eine hinsichtlich der familiären Kommunikation fehlgeformte Gruppe von Ad-hoc-Beschreibungen:

$$(V, V, D, \_, \_, \_)_c^1$$
$$(K, K, D, \_, \_, \_)_c^2$$
$$(A, K, K, \_, \_, \_)_c^3$$
$$(V, K, D, \_, \_, \_)_c^4$$

Man beachte, daß in diesem Familiensystem das Familienmitglied c^3 hinsichtlich der Kommunikation die Schlüsselrolle spielt. Bei allen anderen Familienmitgliedern ist das primäre Output-System das digitale (D – sprachliche); und da bei Familienmitglied c^3 das kinästhetische (K) Output-System das primäre ist, kann dieses Mitglied mit Familienmitglied c^2 kinästhetisch (beispielsweise mittels Berührung) kommunizieren und mit den beiden Familienmitgliedern c^1 und c^4 mittels Körperbewegungen (aufgrund des K-Output-Systems bei c^3), weil beide genannten die Fähigkeit haben, diese Körperbotschaften visuell zu erkennen. (Bei beiden ist das visuelle Input-System das primäre.)

Überführungsfunktionen (next-state functions)

Wie wir bereits zu Beginn dieses Teils erwähnten, lautet die allgemeinste Repräsentation des in einer Therapie stattfindenden Veränderungsprozesses mittels funktionaler Notation:

$$\text{Therapeut (Klientenzustand}_i) \longrightarrow \text{(Klientenzustand}_j)$$

Nun ist diese Repräsentation zwar zutreffend, aber für uns als Praktiker der Kunst der Therapie und der Veränderung zu allgemein, als daß sie uns bei der Organisation und Steuerung unseres Verhaltens im therapeutischen Kontext von Nutzen sein könnte. Bei Konzepten wie demjenigen des Weltmodells und bei den mit dem Verlust des Performativs verbundenen Gefahren haben wir bereits betont, daß der Wert jeder (mathematischen, verbalen usw.) Repräsentation dem beabsichtigten Gebrauch angepaßt werden muß. Die für unsere Arbeit entscheidende Frage lautet nicht, ob die Modelle, die wir konstruiert haben, wahr oder zutreffend sind, sondern ob sie unseren Bemühungen förderlich sind, unseren Klienten in den gewünschten Bereichen zu mehr Wahlmöglichkeiten zu verhelfen. Natürlich ist dabei für uns gleichzeitig von Interesse, ob wir auf diese Weise selbst zu effektiveren und dynamischeren Therapeuten werden.

Weiterhin erfordert die nutzbringende Anwendung der funktionalen Notation, daß wir folgendes zu identifizieren vermögen:

1. die Mengen von Erlebnissen, die einander zugeordnet werden (Definitionsbereich und Wertevorrat), sowie
2. die Regeln, die den Beziehungen dieser Mengen zueinander zugrunde liegen (die Funktion, die Korrespondenz- oder Zuordnungsregel, die diese Mengen miteinander verbindet).

Eines der nützlichsten Konzepte, die wir in unsere Arbeit aufgenommen haben, stammt aus dem Bereich der Mathematik und wird *Automatentheorie* genannt oder *Theorie abstrakter Maschinen*. Dieser Bereich der Mathematik ist eng mit der modernen linguistischen Theorie verbunden. Noam Chomsky beispielsweise, der Begründer der modernen Transformationslinguistik, hat mehrere der für den Bereich der Automatentheorie grundlegenden Beweise entwickelt. Im folgenden werden wir ein Konzept vorstellen, das bereits im gesamten fünften Teil unseres Buches implizit enthalten ist: Es wird *Überführungsfunktion* (engl.: *next-state function*) genannt. Die Überführungsfunktion ist im Grunde eine besondere Art, eine Funktion zu beschreiben. Vereinfacht ausgedrückt könnte man sie wie folgt charakterisieren: Aus einem bestimmten Zustand der Welt und einer Handlung resultiert ein neuer Zustand der Welt. Ebenso wie die vorgestellte funktionale Notation erfordert auch die Notation der Überführungsfunktion nur die Fähigkeit, folgende Dinge zu identifizieren:

a. eine Menge von Variablen, die für die Zwecke, für die wir das Modell benutzen wollen, den Anfangszustand der Welt (oder des Teils der Welt, den wir modellieren wollen) – den Wertevorrat der Funktion – beschreiben, sowie eine Menge von Variablen, die die Menge potentieller Folgezustände der Welt adäquat beschreiben;
b. eine Menge von Variablen, die die Menge der Handlungen adäquat beschreiben, die wir verstehen und aus denen wir ein Modell entwickeln wollen – die Funktion oder Zuordnungsregel, welche die Mengen miteinander verbindet.

Das Sechs-Tupel, das wir im Rahmen unserer Arbeit entwickelt haben, ist eine erste Annäherung an eine Menge von Variablen, die als Grundlage für eine adäquate Beschreibung eines formalen Modells für therapeutische Veränderung dienen wird. Glücklicherweise eignet sich die gleiche Menge von Variablen als adäquates beschreibendes Vokabular sowohl für den Definitionsbereich als auch für den Wertevorrat der Überführungsfunktion, der sich in unserer therapeutischen Arbeit bewährt hat und der auch bei unseren Bemühungen um die Entwicklung detaillierter Modelle der hochwirksamen therapeutischen Verfahrensweisen bekannter Therapeuten wie Virginia Satir und Milton H. Erickson von großem Nutzen war (siehe das Buch *Patterns – Muster der hypnotischen Techniken Milton H. Ericksons* von Bandler & Grinder, Paderborn, Junfermann 1996). Wie wir in Zusammenhang mit der Idee der Ad-hoc-Beschreibung erläutert haben, ist für jede der sechs Variablen die Anzahl möglicher Werte klein. Deshalb ist das Sechs-Tupel sowohl in unserer eigenen therapeutischen Praxis als auch in unseren Ausbildungsseminaren ein äußerst effizientes Modell. Es ermöglicht Ausbildungsteilnehmern, ihr Erleben in der komplexen Umgebung des therapeutischen Geschehens so zu organisieren, daß sie ihren Klienten helfen können, schnell dauerhafte und befriedigende Veränderungen zu erreichen. Unter Verwendung der funktionalen Notation können wir nun die sehr allgemeine Repräsentation der Veränderung in der Therapie, die wir weiter oben angeführt haben, wie folgt differenzieren:

$$F(I, R, O, S, I\text{-}F, M)_c \longrightarrow (I, R, O, S, I\text{-}F, M)_c$$

wobei die aufgeführten Variablen der Sechs-Tupel den gesamten möglichen und vorher spezifizierten Umfang haben,
und
f die Überführungsfunktion ist
und
der Index c das Sechs-Tupel als Ad-hoc-Beschreibung des Klienten markiert.

Das präsentierte Modell erhebt folglich den Anspruch, daß die Kunst therapeutischer Veränderung menschliche Veränderungen umfaßt, die sich mit Hilfe des Vokabulars des Sechs-Tupel adäquat beschreiben lassen.

Die Menge der Sechs-Tupel, die im Wertevorrat der Funktion f enthalten sein kann, ist eine echte Teilmenge der Menge aller logisch möglichen Kombinationen von Werten der Variablen des Sechs-Tupel. Das Resultat der therapeutischen Begegnung beschränkt sich also auf bestimmte Vektoren oder Ad-hoc-Beschreibungen des Klienten. Auf diese Weise kann man zum Ausdruck bringen, daß in einer Therapie nicht jede Veränderung als positives Resultat angesehen wird, sondern daß dies nur bei bestimmten Arten von Veränderungen der Fall ist. Wir nutzen deshalb die Bedingungen für Wohlgeformtheit des Sechs-Tupel. So können wir aus der Menge aller möglichen Ad-hoc-Beschreibungen diejenigen herausfiltern, die im Rahmen einer Therapie akzeptable Resultate (oder Folgezustände [engl.: *next-states*]) sind. Beispielsweise ist die folgende Ad-hoc-Beschreibung eines Klienten nach der Therapie unserem Modell gemäß nicht akzeptabel oder wohlgeformt:

$$(\_, \_, K, 2, \_, \_)$$

Wenn also ein Klient nach seiner eigenen Ad-hoc-Beschreibung als Ankläger mit einem kinästhetischen Output-System identifiziert wird, handelt es sich unserem Modell gemäß nicht um ein wohlgeformtes Therapieresultat. Wir können das präsentierte Modell und insbesondere den Wertevorrat der Funktion also wie folgt weiter differenzieren:

$$f(I, R, O, S, I{-}F, M) \longrightarrow (Y)$$

wobei Y die Menge akzeptabler Sechs-Tupel ist, die durch die Wohlgeformtheitsbedingungen für Ad-hoc-Beschreibungen spezifiziert wird.

Wir werden uns nun mit dem Definitionsbereich der Funktion befassen. In herkömmlichen medizinischen und psychotherapeutischen Modellen ist der Definitionsbereich der therapeutischen Funktion die Menge der Syndrome, Symptome-Muster oder Diagnosegrundlagen. Eine Diagnose ist für eine Therapie nur insofern von Wert, als sie häufig vorkommende Ad-hoc-Beschreibungen der Klienten identifiziert und gleichzeitig eine Menge adäquater und effektiver Verfahrensweisen oder Interventionen von Seiten des Therapeuten oder Arztes. Als wir das hier vorgestellte Modell entwickelten, hatten wir diese beiden Kriterien im Sinn. Wir haben den Funktionsbereich zur Zeit in keiner Hinsicht eingeschränkt – uns sind keine logischen Möglichkeiten in der Menge der Sechs-Tupel bekannt, die nicht vorkommen könnten. Wie wir im vorliegenden Buch mehrfach erwähnt haben, gibt es einige häufig vorkommende fehlgeformte Sechs-Tupel. Eine der häufigsten fehlgeformten Kombinationen ist:

$(I_i, R_j, \_, \_, UW, \_)$

wobei i ≠ j ist (d. h., wobei der Klient, um dessen Sechs-Tupel es sich handelt, eine unscharfe Funktion hat – er repräsentiert sein Erleben eines Input-Kanals in einem nicht mit diesem Kanal verbundenen Repräsentationssystem)

Die von uns empfohlene Meta-Taktik besteht in diesem Fall darin, dem Klienten zu helfen, die unscharfe Funktion zu durchbrechen, damit er wählen kann zwischen

$(I_i, R_j, \_, \_, \_, \_)$
wobei i = j ist

oder der weiter oben repräsentierten unscharfen Funktion.

Beachten Sie, daß wir im Rahmen unseres augenblicklichen Themas mit der Spezifikation der therapeutischen Funktionen begonnen haben – der Klasse, die in unserer Notation durch das Symbol *f* repräsentiert wird. Eine vollständige Spezifikation von *f* wäre eine Formalisierung der Menge effektiver therapeutischer Interventionen, die eine erwünschte therapeutische Veränderung herbeizuführen vermögen. Bei Anwendung des Konzepts der Überführungsfunktion ist *f* die Menge aller Funktionen. Folglich gilt:

$$f(X) \longrightarrow (Y)$$

wobei X die Menge aller möglichen Sechs-Tupel ist und Y die Menge aller wohlgeformter Sechs-Tupel

Verbal beschrieben ist *f* jede therapeutische Intervention, jede Handlung von Seiten des Therapeuten, die zu einem Folgezustand *(next-state)* führt und in Verbindung damit zu einer Ad-hoc-Beschreibung, welche die Wohlgeformtheitsbedingungen für Sechs-Tupel erfüllt. Die Meta-Modell-Hinterfragungen, die wir in *Struktur der Magie I* entwickelt haben, sind eine explizite und adäquate Gruppe von therapeutischen Interventionen auf der *verbalen* Ebene. Diese Hinterfragungen konkretisieren für die Menge aller möglichen *verbalen* Äußerungen des Klienten (für die Oberflächenstrukturen des Klienten) adäquate *verbale* Interventionen des Therapeuten. Diese *verbalen* Interventionen sind rein formaler Natur – also unabhängig von jedem konkretem Inhalt. Auf der Strukturebene des Sechs-Tupels erfüllen die von uns entwickelten Meta-Taktiken die gleiche Funktion wie die Meta-Modell-Hinterfragungen auf der verbalen Strukturebene. Schauen wir uns daraufhin als Beispiel die Gruppe der Meta-Taktiken für die Arbeit mit einem Klienten an, in dessen Kommunikation Inkongruenz zu erkennen ist. Nehmen wir an, daß dieser Klient eine Ad-hoc-Beschreibung wie die folgende entwickelt hat:

$(\_, K, \_, 2, \_, \_)_c$

Aufgabe des Therapeuten ist es hier, die simultane Inkongruenz in eine sequentielle Inkongruenz zu verwandeln – mit anderen Worten: das obigen Sechstupel in ein Paar von Sechstupeln zu verwandeln, die beide wohlgeformt sind:

$$f(\_, K, \_, 2, \_, \_)_c \longrightarrow \left\{ \begin{array}{l} (\_, V, \_, 2, \_, \_) \\ (\_, K, \_, 1, \_, \_) \end{array} \right\}$$

Im Sinne der im vorliegenden Buch beschriebenen Arbeit an Inkongruenzen bedeutet dies, daß der Therapeut die Para-Botschaften zwei kongruenten polaren Anteilen zuordnen muß. Wir haben in diesem Zusammenhang einige Meta-Taktiken aufgelistet, mit deren Hilfe sich eine wohlgeformte Aufteilung erreichen läßt. Schauen wir uns beispielsweise die Meta-Taktik 1 an – Film-/Schauspielregisseur. Der Therapeut verwendet dabei verbale und kinästhetische Instruktionen (er versetzt den Körper des Klienten in eine kongruentere Haltung). In diesem Fall besteht der Wert von f in der Menge der verbalen und kinästhetischen Inputs, die der Therapeut dem Klienten übermittelt. Eine andere Möglichkeit des Vorgehens besteht darin, daß der Therapeut die Technik des Ausspielens polarer Anteile nutzt (so wie es im Zusammenhang mit der Arbeit an Inkongruenzen beschrieben wurde). Angesichts der obigen Sechs-Tupel könnte er sich dafür entscheiden, alle seine Output-Kanäle so zu arrangieren, daß eine stärkere Wirkung entsteht, als wenn der Klient im obigen Sechs-Tupel einen der polaren Anteile teilweise ausspielt. Beispielsweise könnte der Therapeut dem Klienten folgenden Sechs-Tupel präsentieren:

$(\_, V, \_, 2, \_, \_)_{th}$,
wobei th = Therapeut ist

Wenn der Therapeut die Polarität auf diese Weise ausspielt, wechselt der Klient zum anderen polaren Anteil über, der teilweise im ursprünglichen Sechs-Tupel repräsentiert wird:

$(\_, K, \_, 1, \_, \_)_c$

In der Notation der Überführungsfunktion kann dieser Teil der therapeutischen Begegnung, in dem der Therapeut die inkongruenten Para-Botschaften des Klienten identifiziert und ordnet, wie folgt repräsentiert werden:

$$(\_, V, \_, 2, \_, \_)_{th} [(\_, K, \_, 2, \_, \_)_c] \longrightarrow (\_, K, \_, 1, \_, \_)_c$$

Diese Übersetzung einer Technik des Therapeuten in die formale Notation veranschaulicht einen wichtigen Aspekt: daß ein adäquates Vokabular zur Beschreibung der Menge therapeutischer Interventionen, der Menge f, das gleiche Vokabular benutzt, das auch für die Beschreibung des Definitionsbereichs und des Wertevorrats der Menge der f-Funktionen verwendet wird.

Eine vollständige Formalisierung der Therapie würde für jedes Element der Menge der logisch möglichen Sechs-Tupel (also für den Definitionsbereich der Funktion) eine Menge von Interventionen (die Menge f) und das spezifische Resultat oder den Folgezustand *(next-state)* des Klienten identifizieren (begrenzt auf die Menge der im Sinne der Therapie wohlgeformten Sechs-Tupel), die beide das Resultat des Wirkens jedes Mitglieds der Menge f sind, welche vom Klienten als für den jeweils vorgegebenen Anfangszustand adäquat bezeichnet wurde. Die vollständige Formalisierung therapeutischer Veränderung ist als Forschungsbereich für alle, die anderen Menschen helfen wollen, grundsätzlich von großer Bedeutung. Ein aufgrund solcher Bemühungen entwickeltes formales Modell kann nur dann nützlich sein, wenn es auf dem realen Erleben der Veränderungsarbeit im Kontext einer Therapie mit lebendigen Menschen basiert. Uns geht es in diesem letzten Teil des vorliegenden Buches darum, ein Notationssystem in Verbindung mit einem Vokabular vorzustellen, das geeignet ist, Therapeuten bei der Organisation und Kommunikation ihres Erlebens zu unterstützen, und zwar so, daß sie ihre Fertigkeiten als Helfer sofort verbessern und letztendlich ein umfassendes formalisiertes Modell der Veränderung entwickeln können, das die Bedürfnisse der Menschen, die uns um Hilfe bitten, zu erfüllen vermag. Im folgenden beschreiben wir ein Beispiel für eine effektive therapeutische Veränderung, in dessen Verlauf der Therapeut mehrere Meta-Taktiken anwendet; parallel wird unter Verwendung des bereits vorgestellten Systems formaler Notation die Formalisierung der therapeutischen Begegnung dargestellt. Wir hoffen, daß Ihnen dieses hilft, das neue System besser zu verstehen, und daß es seinen Zweck als einen ersten Schritt auf dem Weg zur Entwicklung eines umfassenden formalen Modells für therapeutische Veränderung erfüllt.

Veranschaulichung einer formalen Notation als Werkzeug für die Therapie

Die nun folgende formale Repräsentation eines Teils einer vollständigen Therapiesitzung soll Ihnen helfen, das im Vorangegangenen vorgestellte System im Rahmen Ihrer Arbeit – ob diese nun klinische Praxis, Forschung oder Theoriebildung ist – zu benutzen. Wir wollen veranschaulichen, daß diese formale Notation sowohl als Diagnosewerkzeug als auch als Strategie für klinische Interventionen fungieren kann – daß sie Therapeuten jeder Schule helfen kann, einen Plan zu entwickeln, der ihren Klienten ermöglicht, sich so zu verändern, daß sie der Erfüllung ihrer Wünsche näherkommen.

Tom wurde von seinem Bewährungshelfer zur Therapie geschickt. Als »jugendlicher Straftäter« sitzt er in einer Strafanstalt für Jugendliche eine Strafe ab, weil er nicht nur seine Schwester geschlagen hat, sondern auch jeden x-beliebigen anderen Menschen, der ihm zufällig in die Quere kam. Merkwürdigerweise bereut er sein Tun, was ihn jedoch nicht daran hindert, weiterhin zu stehlen und zu prügeln – wofür er sich allerdings stets entschuldigt. Der Klient wurde den Autoren als einer von jenen vorgestellt, bei denen angeblich kein Therapeut etwas ausrichten kann. Dies war zumindest die Meinung von befreundeten Kollegen, denen es große Freude zu machen scheint, die Autoren bei jeder sich bietenden Gelegenheit zu »testen«. Wir hielten dies für eine ausgezeichnete Gelegenheit, unseren Freunden einmal den Wert der formalen Notation zu demonstrieren (über die sie bisher stets gespottet hatten) und gleichzeitig, sofern dies möglich war, Tom zu helfen. Wir fragten Tom, ob er bereit sei, an unserer Demonstration teilzunehmen. Er war damit einverstanden und schien darüber hinaus sogar wirklich interessiert, seine »Probleme« zu überwinden. Zu Beginn der Sitzung erklärte Tom den Autoren, was er nach seiner eigenen Meinung bei sich ändern müßte. Während er sprach, schrieben wir folgende Ad-hoc-Beschreibung an die Tafel.

1. $(V, K, D, 2, UW, \_)_c$

Nach der Identifikation der fehlgeformten Ad-hoc-Beschreibung erläuterte einer der Autoren den zuschauenden Klinikern die Bedeutung der Variablen R und S, jeweils bezogen auf die Werte K und 2 sowie die Variablen I und R, jeweils in Verbindung mit den Werten V und K. Er beschrieb die Möglichkeiten der Anwendung der inversen Funktion von Fragen im Sinne des Meta-Modells und der Entwicklung neuer Repräsentationssysteme. Anschließend wurde die mit der Überführungsfunktion verbundene Möglichkeit erläutert, die als Ausspielen des polar gegensätzlichen Anteils bezeichnet wird; dazu nutzte der erklärende Autor einen Teil von Toms Beschreibung bei Tom als Überführungsfunktion.

2. $(\_, \_, D_V, \_, \_)_{th} [(V, K, D, 2, UW, \_)_c]$
wobei D_V den sprachlichen Output des Therapeuten unter Verwendung visueller Prädikate bezeichnet

Das Resultat war eine Veränderung in seiner Beschreibung:

3. $(V, K, D, 1, GL, V)_c$

Nun standen den Autoren zwei Ad-hoc-Beschreibungen zur Verfügung. Sie erklärten daraufhin, welche Möglichkeiten diese beiden Beschreibungen eröffneten, und zwar entweder direkt in Form der Entwicklung neuer Repräsentationssysteme oder durch Anwendung der inversen Funktionen im Sinne des Meta-Modells. Ein Double-bind konnte konstruiert werden. Viele Möglichkeiten standen offen, doch die naheliegendste war, die Vektoren polar gegensätzlichen Anteilen zuzuordnen, wozu man alle im vorliegenden Buch erläuterten Techniken zu diesem Zweck benutzen konnte. Wir entschieden uns für das räumliche Ordnen der polaren Anteile, weil Tom das kinästhetische Repräsentationssystem am höchsten schätzte und weil diese Technik bei ihm am leichtesten anzuwenden wäre. Wie bei einer Gestalttherapie stellten wir also zwei Stühle einander gegenüber. Die räumliche Zuordnung und die Ordnungsprinzipien der Satir-Kategorien sowie dem gewählten Repräsentationssystem entsprechende Prädikate fungierten als Kriterien für eine wohlgeformte Anordnung der Para-Botschaften und für maximale Trennung. Auf dieser Grundlage ergab sich eine Zuordnung, die aus zwei sequentiell ausgedrückten Polaritäten bestand:

$(V, V, D_i, 2, UW, \_)$
und
$(V, K, D_j, 1, GL, \_)$
wobei $Q(D_i) \neq Q(D_j)$ ist

Nachdem die polaren Anteile auf wohlgeformte Weise aufgeteilt und zugeordnet waren, erklärten die Autoren die Anzahl der Wahlmöglichkeiten, die dem Klienten zur Verfügung standen, um zur dritten Phase der Arbeit an Polaritäten, der Integrationsphase, zu gelangen. Beide polaren Anteile müssen nun im gleichen Repräsentationssystem abgebildet werden – wobei dies natürlich auf verschiedene Weisen und im Rahmen verschiedener Systeme geschehen kann. Allerdings hat eine für diese Abbildung notwendige Überführungsfunktion die gleichen formalen Charakteristika, unabhängig davon, welche Technik angewandt wird. Die formale Notation dieser Funktion selbst legt die Nutzung bestimmter Ansätze nahe; denn da beispielsweise gilt:

$(\_, V, \_, \_, \_, \_)$
und
$(\_, K, \_, \_, \_, \_)$

können wir das ungenutzte Repräsentationssystem für Phase 3 wählen.

An diesem Punkt unterbrachen die Autoren die Arbeit, um das bisher Geschehene zu rekapitulieren und den Beobachtern einige Strategien zu erläutern, mit deren Hilfe sie sich darüber klarwerden konnten, welche Technik sich am besten eignete, um die polaren Gegensätze in Kontakt zu bringen und den Klienten in eine Meta-Position zu versetzen. Wir gelangten zu folgender Ansicht: Da Tom das kinästhetische Repräsentationssystem (K) am höchsten schätzte und weil seine Fähigkeit, einen visuellen Zugang zu finden, nicht gut entwickelt war, würde eine Abbildung in V schwierig werden. In K abzubilden wäre hingegen leicht; doch würde die Wahl eines anderen Repräsentationssystems Tom ermöglichen, eine neue Art der Repräsentation seines Erlebens zu entwickeln. Nach unserer Auffassung wird die Information, die durch einen bestimmten Kanal eintrifft, in dem mit diesem Kanal verbundenen Repräsentationssystem repräsentiert, falls der betreffende Input-Kanal nicht völlig geschlossen ist; und dies gilt selbst dann, wenn die eintreffende Information in keinerlei Beziehung zu den polaren Gegensätzen und zu der Art der Bewältigung steht, die wir direkt anwenden. Da die wohlgeformteste Funktion in der Therapie diejenige ist, die eine kongruente Ad-hoc-Beschreibung oder einen Vektor hervorbringt, entschlossen wir uns auszuprobieren, was als komplexe Integration bezeichnet wird (damit ist eine Integration gemeint, die mehr ausrichtet, als nur ein fehlgeformtes Bewältigungsmuster aufzulösen – eine, die dem Klienten viele Kanäle zu Wachstum und Förderung seines Potentials erschließt. Dabei verfolgten wir die simple Strategie, Toms polar gegensätzliche Anteile gleichzeitig durch D und durch A in K abzubilden – was eine simultane Repräsentation (also eine Meta-Position) ergibt. Die gleichzeitige Repräsentation in K kann ziemlich unangenehm sein, wie Sie vielleicht schon bemerkt haben werden, wenn Sie jemals in einer Therapie ein sich streitendes Paar beobachtet und gehört haben, während Sie selbst entweder zum Sehen-Fühlen oder zum Hören-Fühlen tendierten. Um eine dramatische Demonstration durchführen zu können (die Autoren sind in ihrem tiefsten Inneren Showmen, und ihnen ist klar, daß dramatische Demonstrationen Kliniker dazu motivieren, sich der Mühe des Erlernens neuer Techniken und Therapieansätze zu unterziehen), entschieden wir, daß jeder von uns einen von Toms polaren Anteilen ausspielen sollte, als ob wir ein Teil von ihm wären. Dies wollten wir dann simultan und mit mehr Kraft tun, als er selbst es gekonnt hätte. Sehr ruhig erklärten wir ihm unser Vorhaben in folgenden Worten:

THERAPEUT: Tom, ist dir klar, daß es in dir zwei Teile gibt, von denen der eine, der dort auf dem Stuhl sitzt, wütend wird und brüllt? Er möchte, daß du dich für dich selbst stark machst und dich nicht herumschubsen läßt. Er sieht, daß Dinge geschehen, die ihm nicht gefallen, und er sagt zu dir, du solltest andere Menschen verprügeln und kein Weichei sein. Ist das richtig?

TOM: Ja.

THERAPEUT: Und dann hast du noch einen anderen Teil, der da drüben sitzt und manchmal Angst hat und der meint, es sei falsch, andere Menschen zu verletzen oder gemeine Dinge zu ihnen zu sagen und ihre Gefühle zu verletzen. Er sagt dir, du sollst dich entschuldigen und ein guter Junge sein, damit die anderen Menschen dich mögen. Richtig?

TOM: Ja, ich habe beides in mir, und diese beiden Seiten von mir kämpfen miteinander, genauso wie ich es auf diesen beiden Stühlen getan habe, nur daß es in meinem Kopf geschieht, so lange, bis ich explodiere. Und dann mache ich etwas falsch und bringe mich wieder in Schwierigkeiten. Das alles passiert, obwohl ich sehr genau weiß, was ich eigentlich tun sollte; aber ich verliere einfach die Kontrolle über den da (deutet auf den Stuhl des anklagenden polaren Anteils), und kawumm! Dann meldet sich jener andere (deutet auf den Stuhl des beschwichtigenden Anteils) und rät mir, mich zu entschuldigen, wobei er mich ausschimpft (man beachte den Wechsel der Prädikate), und dann halten mich alle für verrückt.

THERAPEUT: Du bist nicht verrückt, und ich glaube, daß wir dir helfen können, aus dieser Sache herauszukommen, wenn du dran bleibst und dich darauf einläßt, etwas zu tun, das dir vielleicht als ein wenig ungewöhnlich und vielleicht sogar ein wenig beängstigend erscheint. John wird den Anteil von dir spielen, der wütend wird, denjenigen, der da drüben sitzt. Ich werde den Anteil von dir spielen, der dich auffordert, dich zu entschuldigen und ein »guter Junge« zu sein, denjenigen, der dort sitzt. Wirst du mit uns spielen und uns versprechen, das Spiel bis zum Ende durchzuhalten?

TOM: Klar, wenn Sie meinen, daß es mir hilft.

THERAPEUT: Gut.

Daraufhin fingen die beiden Autoren sofort und unvermittelt an, miteinander zu streiten, so wie Tom es getan hatte, als seine polaren Anteile zunächst räumlich und dann im größtmöglichen Maße zu einem Paar wohlgeformter Vektoren aufgeteilt worden waren.

$$\left\{ \begin{array}{l} (\_, \_, D_v, 2, UW, v)\ \text{John} \\ (\_, \_, D_k, 1, GL, v)\ \text{Richard} \end{array} \right\} \longrightarrow \text{Tom}$$

Die Autoren übertrieben diesen Prozeß, indem beide Tom gleichzeitig aufforderten, ihnen zuzuhören, ihre Forderungen zu erfüllen und den jeweils anderen Autor zu ignorieren.

Dadurch wurde Tom in eine Meta-Position versetzt, was es ihm ermöglichte, seine beiden polar gegensätzlichen Anteile gleichzeitig in seinen Inputkanälen und in den mit diesen verbundenen Repräsentationssystemen zu empfangen.

$$\left\{ \begin{array}{l} Q\ (O_i)\ \text{John} \\ Q\ (O_j)\ \text{Richard} \end{array} \right\} \longrightarrow \text{als Input für Tom}$$

wobei $i \neq j$ ist

Zwischen den polaren Anteilen war nun Kontakt hergestellt, die Meta-Position war erreicht, und die daraus resultierende Botschaft/Reaktion – der Ouput-Kanal – war rein auditiv: ein Schrei und ein (digitales) »Halts Maul!«. Die endgültige Umdeutung und die Integration waren der nächste Schritt.

Die Autoren forderten Tom nun beharrlich auf, die Kontrolle über sie (als Teile von ihm) zu übernehmen, verbunden mit der Androhung, sonst das gleichzeitige Ausspielen beider polarer Anteile zu wiederholen. Sie forderten ihn auf, beiden Anteilen zuzuhören und aus einer Position der Kontrolle zwischen ihnen zu vermitteln und die Ressourcen beider verbal anzuerkennen. Er sollte selbst eine adäquate Struktur aufbauen, innerhalb derer beide Anteile zum Ausdruck gelangen könnten, wodurch er die Notwendigkeit anerkenne, beide zur Aufrechterhaltung des Gleichgewichts zu nutzen.

So deutete Tom seine Anteile, die ursprünglich die Quelle (engl.: *source*) seiner Schwierigkeiten waren, zu *Ressourcen* um, die ihm helfen würden, die Aufgaben, mit denen das Leben ihn konfrontierte, zu bewältigen. Nachdem er beide Anteile verbal umkodiert hatte, erreichte er in seinem kinästhetischen System die Integration. Zu diesem Zweck nahm er von den beiden Autoren die definierten Fähigkeiten entgegen, eine in jede Hand. Geschickt verband er sie miteinander und verteilte sie im ganzen Körper (Rumpf, Augen usw.). Die Umkodierung findet natürlich nicht außerhalb des Klienten, in seinen Händen statt, sondern der kinästhetische Vorgang geht einher mit der neurologischen Entwicklung einer neuen Landkarte für das Gebiet, für das es vorher zwei kontroverse Landkarten gegeben hatte. Die so entstehenden Vektoren waren eine Anzahl von Ad-hoc-Beschreibungen; Toms Wahlmöglichkeiten:

$(V, V, D_V, 2, UW, \_)_c$
$(K, K, K, 1, GL, \_)_c$
$(A, D, D, \_, \_, \_)_c$

Obwohl dies keine völlig wohlgeformte Ad-hoc-Beschreibung ist, waren die Veränderungen, die bei Tom innerhalb einer einzigen Sitzung stattgefunden hatten, erheblich und für die Menschen in seiner Umgebung deutlich erkennbar. Die hier beschriebene Sitzung ist ein adäquates Beispiel dafür, wie ein formales Notationssystem sowohl zur Klärung des Geschehens im Therapieprozeß beiträgt als auch Klinikern zu einer Orientierung bei der Entwicklung eigener Techniken und Strategien verhilft, mit denen sie ihren Klienten im Veränderungsprozeß helfen können.

Nachwort

In beiden Bänden von *Struktur der Magie* haben wir auf die beste uns bekannte Weise versucht, einige der vielen Muster zu veranschaulichen, die Therapeuten aller Schulen gemeinsam nutzen. Es lag nie in unserer Absicht, eine neue therapeutische *Schule* zu begründen; vielmehr ging und geht es uns darum, eine neue Art, über Therapie zu *reden*, zu entwickeln, um die Ähnlichkeiten zwischen den verschiedenen therapeutischen Schulen verständlich zu machen. Wir wollten nicht demonstrieren, daß ein bestimmter therapeutischer Ansatz wirksamer ist als ein anderer, sondern daß alle Therapieformen Klienten helfen, sich zu verändern. Es geht also nicht mehr darum, welcher Ansatz der beste ist, sondern darum, wie scheinbar so unterschiedliche Ansätze allesamt wirksam sein können.

In diesen beiden Bänden geben wir eine im Grunde genommen sehr einfache Antwort. Sämtliche Techniken aller Therapieformen beeinflussen Repräsentationsprozesse, die Art und Weise, wie der Klient sein Weltmodell entwickelt und organisiert. In dem Maße, wie Techniken das Weltmodell eines Klienten zu verändern vermögen, können sie dem Betreffenden helfen, sich zu verändern. Verändert sich das Weltmodell eines Klienten, wandeln sich auch seine Wahrnehmungen und sein Verhalten. Die Prozesse, die das Weltmodell eines Menschen verkümmern lassen, können es auch bereichern – gemeint sind die Prozesse der Tilgung, Verzerrung und Generalisierung. Alle Therapieformen und alle therapeutischen Techniken – im Grunde alle Formen des Lernens – kann man im Sinne von Repräsentationsprozessen verstehen.

Es hat uns immer wieder verblüfft, daß die therapeutischen Techniken so genau die psychischen Störungen spiegeln, die man in der geschlossenen Psychiatrie findet. Techniken der Altersregression; Techniken der Dissoziation wie die Ordnungstechniken, die in Teil II dieses Buches vorgestellt wurden; die Gestalt-Techniken; die projektiven Techniken der Kunsttherapie … die Liste läßt sich beliebig fortsetzen, und Varianten derselben sind in jeder Therapieform zu finden. Wir benutzen als Therapeuten im Grunde die im psychotischen und schizophrenen Verhalten enthaltenen formalen Muster, um unseren Klienten zu helfen, zu wachsen und sich so zu verändern, daß ihr Leben bereichert wird. Demnach liegt Ronald Laing mit seiner Auffassung richtig, wenn er Schizophrenie als einen natürlichen Veränderungsprozeß beschreibt. Ein Therapeut hat eher die Rolle eines Wegweisers, der die natürlichen Prozesse nutzt, die in den Menschen, die er betreut, ohnehin ständig stattfinden. Wir haben festgestellt, daß das Verhalten von Schizophrenen und Psychotikern sehr repetitiv ist – sie scheinen in einem sich unablässig wiederholenden Muster festzusitzen. Uns ist immer wieder der Gedanke gekommen, daß sie vielleicht in einem sich ständig wiederholenden Traum leben, den sie immer wieder träumen müssen, um so zur Auflösung eines unabgeschlossenen Musters zu gelangen.

Uns ist auch der Gedanke gekommen, daß diese »psychisch kranken« Menschen im Grunde nur in verstärktem Maße das tun, was auch die meisten anderen Menschen in ihrem Leben tun – daß man sie vielleicht nur deshalb eingeschlossen und damit den Blicken der Öffentlichkeit entzogen hat, weil sie ein Symbol für das repetitive, verdorrte und farblose Leben sind, das viele »normale« Menschen führen. In einem gewissen Sinne war dies der Sinn und Zweck der *Human-Potential-Bewegung*: die Erkenntnisse der Psychologie allen Menschen zu erschließen, so daß wir alle glücklicher und kreativer leben können. Fritz Perls hat einmal gesagt: »Der Mensch lebt in einem Zustand geringer Vitalität (auf Sparflamme). Er leidet zwar im allgemeinen nicht besonders stark, doch weiß er andererseits auch nicht viel über ein wahrhaft kreatives Leben.«

Von diesem Gedanken ausgehend, legen wir Ihnen nahe, unser Werk *Die Struktur der Magie* nicht nur als zwei Bücher über die Veränderung von Persönlichkeiten zu verstehen, sondern auch als die bislang ersten Bücher über die kreative und produktive Persönlichkeit.

Zum Abschluß möchten wir Sie als Leser der beiden Bände von *Struktur der Magie* gern noch einmal darauf hinweisen, daß das, was hier und im ersten Band beschrieben wurde, nur eine der möglichen Arten ist, über dieses Thema zu reden.

Anmerkungen

Teil 1 — Repräsentationssysteme

1 Es geht hier um die wichtigsten Input-Kanäle. Aufgrund unserer Erfahrungen sind wir zu der Überzeugung gelangt, daß wir alle ständig Informationen zumindest über die fünf allgemein bekannten Input-Kanäle aufnehmen: Sehen, Hören, Berührung, Riechen und Schmecken. Wir bezeichnen die drei Kanäle des Sehens, des Hörens und der Berührung als die wichtigsten Kanäle, weil die Informationen, die sie uns liefern, in der Regel unser Bewußtsein erreichen. Den Beweis dafür, daß wir außerdem auch mittels der übrigen beiden Kanäle Informationen empfangen, liefert uns die Aktivierung der Überlebensreaktionen – so erreicht Rauchgeruch unser Bewußtsein fast augenblicklich, und wir suchen daraufhin sofort nach dem Ursprung dieses Geruchs, ganz gleich, welcher Aktivität wir uns vorher gewidmet haben. Außerdem haben wir im Rahmen unserer therapeutischen Tätigkeit und auch bei unserer hypnotischen Arbeit festgestellt, daß das Erleben bestimmter Geschmäcke und Gerüche es Menschen ermöglicht, sich augenblicklich in Kindheitserlebnisse zurückzuversetzen, die mit diesen Geruchs- und Geschmackseindrücken assoziiert sind. Die neuronalen Pfade, die Geruchsinformationen (olfaktorische Informationen) übermitteln, sind die einzigen mit den fünf Sinnesorganen verbundenen Pfade, die auf dem Weg zum Kortex nicht den Thalamus passieren. Weiterhin sind wir überzeugt, daß Menschen nicht nur mit Hilfe der fünf allgemein akzeptierten Sinnesorgane Informationen empfangen, sondern auch auf andere Weisen.

2 Menschen schätzen gewöhnlich das Repräsentationssystem am höchsten, das sie benutzen, um Information zu Bewußtsein zu bringen – also das Repräsentationssystem, das sie benutzen, um die Welt zu repräsentieren und um sich ihr eigenes Erleben zu vergegenwärtigen. Wir werden in Teil 2 dieses Buches ausführlicher erläutern, daß ein Mensch auch mehrere Repräsentationssysteme besonders schätzen kann, denen er dann abwechselnd den Vorzug gibt. Bei Menschen, die inkongruent kommunizieren, kommt dies häufig vor – gemeint ist das Spiel mit polaren Anteilen. Nochmals sei darauf hingewiesen, daß keines der verfügbaren Repräsentationssysteme besser ist als ein anderes; allerdings kann es sein, daß ein bestimmtes für spezielle Aufgaben besser geeignet ist. Im Rahmen unserer Arbeit versuchen wir unseren Klienten generell zu helfen, sich bezüglich der Organisation ihres Erleben Alternativen zu erschließen.

3 Es könnten durchaus auch noch andere existieren. Außerdem nutzen wir den Geruchs- und Geschmackssinn, um alte Erinnerungen, insbesondere solche aus unserer Kindheit, zu reaktivieren, beispielsweise den *Geruch* von Feuer.

Teil 2 – Inkongruenz

1 Vielleicht erinnern Sie sich an dieses Muster noch aus Situationen, die Sie in Ihrer Kindheit erlebt haben: Frustrierte Eltern schreien ihr Kind an, es solle leiser sein. Die Botschaft in solchen Fällen lautet: *Tue, was ich sage, nicht, was ich tue!*

2 Die Zahl der Output-Kanäle und somit auch die der Botschaften, die von Output-Kanälen übermittelt werden können, variiert von Klient zu Klient. Theoretisch entscheidet die Anzahl der Muskelgruppen, die ein Klient unabhängig voneinander kontrollieren kann, über die Zahl der Botschaften, die er gleichzeitig übermitteln kann. Nach unseren Erfahrungen muß der Therapeut nicht unbedingt versuchen, sie alle zu überprüfen; vielmehr haben wir spezifische Methoden der Überprüfung auf Match (Passen) und Mismatch (Nichtpassen) von bestimmten Gruppen dieser Output-Kanäle entwickelt. Hierfür nutzen wir beispielsweise die neurologische Organisation, die allen Menschen gemeinsam ist, etwa die Kontrolle der einer Hirnhälfte gegenüberliegenden (der kontralateralen) Körperhälfte. Diese Prinzipien werden später in diesem zweiten Teil des Buches erläutert.

3 Dies entspricht nach unserer Auffassung eher Russells Intention. Ein Objekt kann einem anderen nur übergeordnet sein – beispielsweise ist die Gruppe aller Gruppen der Gruppe aller Stühle übergeordnet, weil erstere die Gruppe aller Stühle mit einschließt, umgekehrt jedoch nicht –, wenn das übergeordnete Objekt das untergeordnete einschließt. Doch wenn es sich um eine Gruppe gleichzeitig generierter Para-Botschaften handelt, schließt keine von diesen irgendeine der übrigen in dem Sinne ein, wie wir das *Einschließen* als für die Organisation unseres Erlebens als für die Therapie aufschlußreich erkannt haben. Russells Äußerungen zur Theorie der logischen Typen sind enthalten in seinem Buch *Principia Mathematica*, Band 1, Einleitung, Kapitel 11, 12 und 20, sowie in Band 2, Einleitung, sowie im *American Journal of Mathematics*, Bd. XXX, 1908, S. 222–262.

4 Dies ist insofern nur logisch, als dann, wenn ein Repräsentationssystem mehr als eine Botschaft gleichzeitig enthalten kann, eine Botschaft und eine ihrer Meta-Botschaften möglicherweise gleichzeitig repräsentiert werden. Doch da wir als Therapeuten die Botschaften, die im Repräsentationssystem eines Menschen repräsentiert werden, nur aufnehmen können, weil und wenn sie mit Hilfe der Output-Kanäle übermittelt werden, die nur jeweils eine einzige Botschaft übermitteln können, hat die Möglichkeit, daß in einem Repräsentationssystem mehrere Botschaften gleichzeitig repräsentiert werden können, offenbar keinerlei Konsequenzen für die Kommunikation und für die Therapie.

5 Indem der Therapeut alle Verhaltensweisen des Klienten vollständig akzeptiert, vermeidet er, daß sich beim Klienten *Widerstand* herausbildet; außerdem nutzt dessen er Fertigkeiten, seinen Veränderungsprozeß selbst zu fördern. Wir empfehlen in diesem Zusammenhang das ausgezeichnete Werk von Milton H. Erickson, M. D., in dem viele Beispiele für die Nutzung der Verhaltensweisen

von Klienten beschrieben werden. (*Advanced Techniques of Hypnosis and Therapy*, Hg. Jay Haley. Grune & Stratton 1967; Bandler & Grinder: *Patterns – Muster der hypnotischen Techniken Milton H. Ericksons*. Paderborn: Junfermann 1996).

6   Ein detaillierteres und feineres Modell zur Identifikation und Nutzung des Verhaltens von Klienten, das auf den zerebralen Asymmetrien basiert, beschreiben wir in unserem Buch *Patterns – Muster der hypnotischen Techniken Milton H. Ericksons* (Paderborn, Junfermann 1996). Dies ist einer der Bereiche, in denen Psychotherapie und Hypnose einander unmittelbar berühren.

7   Die sorgfältige Beobachtung des Klienten, während dieser seine Vorstellungsbilder aufbaut, liefert dem Therapeuten ausgezeichnete Anhaltspunkte für Vorschläge bezüglich der Einbeziehung von Elementen in sein inneres Bild. Beißt der Klient sich beispielsweise bei der Entwicklung seines inneren Bildes auf die Lippe – was eine Para-Botschaft ist, die den bereits im Bild repräsentierten entspricht –, so braucht der Therapeut nur die Para-Botschaft des Auf-die-Lippe-Beißens zu suggerieren, um dem Klienten zu helfen, eine kongruente phantasierte Polarität zu konstruieren.

8   Achten Sie darauf, daß der Klient in dem beschriebenen Beispiel nicht über die begleitenden kinästhetischen Präsentationen seiner polaren Anteile verfügt. Uns ist aufgefallen, daß Klienten beim Entwickeln visueller und auditiver Phantasien häufig ihre Körperhaltung und ihre Gestik verändern, so daß sie denjenigen entsprechen, die sie in der phantasierten Repräsentation ihrer selbst beschrieben haben. Wir sind zu der Auffassung gelangt, daß es besser ist, dies nicht zu fördern; wie wir zu dieser Auffassung gelangt sind, werden wir im nachfolgenden Teil III beschreiben.

9   Die Satir-Kategorie 4 (Ablenker) besteht gewöhnlich in der Manifestation der übrigen Satir-Kategorien in schneller Folge, wobei der betreffende Klient sowohl simultan als auch sequentiell inkongruent kommuniziert. Diese Kategorie ist für das Ordnen von Inkongruenzen zu Polaritäten deshalb nicht von Nutzen, weil sie schon an und für sich inkongruent ist.

10 Wir empfehlen Ihnen insbesondere die von Dimond und Beaumont (1974) bei John Wiley & Sons, N. Y., publizierte Artikelserie in dem Buch *Hemispheric Functions in the Human Brain*.

11 Wir benutzen den Begriff des *konträren polaren Anteils*, um die Gruppe der (die Weltmodelle des Klienten darstellenden) Para-Botschaften zu bezeichnen, die sich mit dem polaren Anteil, welcher den Ausgangspunkt bildet, am stärksten im Konflikt befindet. Welche Gruppe von Para-Botschaften den polaren Gegensatz zu einer bestimmten Polarität bildet, hängt vom jeweiligen Menschen und seinem Weltmodell ab. Die Art, wie polare Anteile in ihr Gegenteil umschlagen, ist ein wichtiger Indikator dafür, wie ein bestimmter Klient sich die Welt vorstellt. Wir werden uns dieser Frage später erneut zuwenden.

12 Generalisierung für alle Hinterfragungen nach dem Meta-Modell.

Teil 3 – Unscharfe Funktionen

1 In *Struktur der Magie I* identifizieren wir drei Arten von semantischer Fehlgeformtheit:

Ursache-Wirkung   Gedankenlesen   verlorengegangenes Performativ

Die dritte Art von Fehlgeformtheit gelangt in Sätzen wie den folgenden zum Ausdruck:

Alle Raucher sind verrückt.
Es ist wahr, daß Geld Glück bedeutet.
Liebe Mädchen schlagen Jungen nicht.

Ein verlorengegangenes Performativ beinhaltet, daß der Sprecher annimmt, sein Weltmodell sei *die* Welt, oder zumindest daß sein Weltmodell auch das Modell jedes anderen Menschen sein sollte. Dies ist im Grunde ein Verstoß gegen die Unterscheidung zwischen Landkarte und Gebiet. Wie bereits in der Analyse in *Struktur der Magie I* erwähnt, handelt es sich bei diesem Phänomen um einen Spezialfall von Tilgung – bei dem das Performativ, das die Landkarte-Gebiet-Unterscheidung beinhaltet, unterschlagen wird. Man kann das Phänomen des verlorengegangenen Performativs aber auch als eine besondere Art von Gedankenlesen verstehen, wobei der Sprecher sein Weltmodell verallgemeinert, und zwar nicht nur auf die Person, mit der er spricht, so wie es im folgenden Satz zum Ausdruck kommt:

»Es muß Sie langweilen, mir zuzuhören, während ich meine Probleme beschreibe«,

sondern auf die ganze Welt, so wie in dem Satz:

»Es ist langweilig, Menschen zuzuhören, die ihre Probleme beschreiben.«

2 Hier werden nur die beiden am häufigsten vorkommenden unscharfen Funktionen beschrieben, die durch Reize initiiert werden, welche sich außerhalb der Person, die das Phänomen erlebt, manifestieren. Allerdings haben wir durchaus auch die übrigen nach der Logik möglichen Varianten angetroffen, nämlich:

   a. Wenn eine Klientin Informationen aus dem visuellen Kanal aufnimmt und sie auditiv repräsentiert. Beispielsweise könnte sie eine andere Person beobachten, die mit einer Hand eine Geste ausführt, die einer Geste ähnelt, die normalerweise »Geh weg!« bedeutet, und dabei gleichzeitig Geräusche produziert, jedoch keine verbalen Äußerungen. Die Klientin behauptete in diesem Fall später, sie habe den Mann die Worte »Geh weg!« brüllen hören. Dies ist ein Beispiel für die unscharfe Funktion Sehen-Hören.

   b. Wenn eine Klientin Informationen, die sie über den auditiven Kanal erreichen, visuell repräsentiert. Beispielsweise hört sie eine andere Person brüllen: »Geh mir aus dem Weg!«, und gleichzeitig wirft der Betreffende seine Jacke auf den Stuhl, der zwischen beiden steht. Die Klientin behauptete später, der Mann habe seine Jacke nach ihr geworfen. Dies ist ein Beispiel für die unscharfe Funktion Hören-Sehen.

3   Auch hier beschreiben wir nur die beiden bekanntesten unscharfen Funktionen, die mit der Form semantischer Fehlgeformtheit mit Namen Gedankenlesen assoziiert sind. Wir haben jedoch auch andere mögliche Arten kennengelernt, nämlich:

   a. Wenn ein Klient Informationen aufnimmt, die visuell gespeichert werden und seinen auditiven Input so verzerren, daß er dem gespeicherten visuellen Material entspricht. Wenn beispielsweise Menschen von sich selbst das *Bild* haben, daß sie wertlos sind, dann verstehen sie freundlich gemeinte Bemerkungen anderer oft als sarkastisch oder ironisch; somit handelt es sich um die unscharfe Funktion Sehen-Hören.
   b. Wenn ein Klient aufgrund gespeicherter auditiver Informationen seinen visuellen Input verzerrt, um ihn auf erstere abzustimmen. Nehmen wir beispielsweise an, daß ein Bekannter einer Klientin sich ihr gegenüber in der Vergangenheit immer sarkastisch geäußert hat. Beide stehen in einer Gruppe zusammen, und die Klientin beschreibt etwas kürzlich Erlebtes. Während sie einen Teil des Erlebten erzählt, der amüsant ist – was einige in der Gruppe zum Lachen veranlaßt –, fällt ihr auf, daß die betreffende Person lächelt. Sie deutet diese visuelle Information als mit ihrer gespeicherten auditiven Information übereinstimmend – im konkreten Fall, daß die andere Person sarkastisch über ihr aktuelles Verhalten lächelt, daß sie also an der Geschichte, welche die Klientin gerade erzählt, ihren Spaß hat. Somit handelt es sich um Hören-Sehen.

Teil 4 – Familientherapie

1   Nach unseren Erfahrungen kann das Zerbrechen eines Familiensystems unter bestimmten Umständen für die Beteiligten das positivste Resultat sein, was ihre Fähigkeit, sich zu verändern und zu wachsen, betrifft – also das akzeptabelste und nicht das am wenigsten akzeptable Resultat. Dem Leser wird sicher sofort einleuchten, daß dies gegeben ist in einem Familiensystem mit einem Indexpatienten, der schizophren ist und darum kämpft, sich von den Mustern familiärer Interaktion zu befreien, in denen er gefangen ist.

2   Dies ist nach unserer Auffassung das Grundmuster der in der traditionellen Psychotherapie so wichtigen Phänomene der Übertragung, der negativen Übertragung und der Gegenübertragung.

3   R. D. Laings Buch (1972, S. 140–158) *Die Politik der Familie* enthält eine interessante Beschreibung von Regeln und Meta-Regeln. Unserem Eindruck gemäß bilden die Meta-Regeln eines Menschen die Grundlage für die Möglichkeit, einen Input- oder Output-Kanal vollständig zu blockieren. Beispielsweise könnte jemand zunächst folgende Regel entwickelt haben:

   Achte nicht auf (visuelle) Inkongruenz.

   Nach einer gewissen Zeitspanne entspricht das Verhalten des Betreffenden dann der Meta-Regel:

   Achte nicht darauf, daß du die (visuelle) Inkongruenz nicht beachtest.

Literatur

Altshuler & Conalli, in *Journal of Auditory Research*. Washington, D. C.

Bach-y-Rita, R., *Brain Mechanisms in Sensory Substitution*. Academic Press, New York 1965.

Bandler, R., & Grinder, J., *Patterns – Muster der hypnotischen Techniken Milton H. Ericksons*. Junfermann, Paderborn 1996.

Bandler, R., & Grinder, J., *Meta-Sprache und Psychotherapie. Die Struktur der Magie I*. Junfermann, Paderborn 1981.

Bateson, G., *Ökologie des Geistes*. Suhrkamp, Frankfurt a. M. 1981.

Chomsky, N., *Aspekte der Syntax-Theorie*. Suhrkamp, Frankfurt a. M. 1973.

Chomsky, N., *Strukturen der Syntax*. Mouton, Den Haag 1973.

Dimond, S., & Beaumont, K., *Hemispheric Functions in the Human Brain*. New York: John Wiley & Sons, 1974.

Fagen, J. (Hg.), *Gestalt Therapy Now*. Palo Alto: Science and Behavior Books, 1970.

Gazzaniga, M. *The Bisected Brain*. New York: Appleton, Century & Croft, 1974.

Haley, J. (Hg.), *Advanced Techniques of Hypnosis and Therapy: Selected Papers of Milton H. Erickson, M. D*. New York: Grune and Stratton, 1967.

Haley, J., *Strategien der Psychotherapie*. Pfeiffer, München 1978.

Jackson, D. D., *Therapy, Communication and Change*. Palo Alto: Science and Behavior Books, 1968.

Korzybski, A., *Science and Sanity*. Lakeville, Connecticut: The international Non-Aristotelian Library Publishing Company, 4th Edition, 1933.

Laing, R. D., *Die Politik der Familie*. Kiepenheuer & Witsch, Köln 1974.

Perls, F., *Grundlagen der Gestalt-Therapie*. Pfeiffer, München 1976.

Russell, B., *Einführung in die mathematische Philosophie*. Vollmer, Wiesbaden 1975.

Russell, B., *Principia Mathematica*. Cambridge University Press, London 1910–1913.

Satir, V., Familienbehandlung. *Kommunikation und Beziehung in Theorie, Erleben und Therapie*. Lambertus, Freiburg i. Br. 1973/1979.

Satir, V., *Praxiskurs Familientherapie*. Junfermann, Paderborn 2000.

Satir, V., *Kommunikation, Selbstwert, Kongruenz – Konzepte und Perspektiven familientherapeutischer Praxis*. Junfermann, Paderborn 1990.

Schuchman, G., & Burgi, E. J., in *Journal of Auditory Research*, Washington, D. C.

Watzlawick, P., Weakland, J., & Fisch, R. *Lösungen. Zur Theorie und Praxis menschlichen Wandels*. Huber, Bern 1974.